U0797325

编委会

主　编

李　萍

副主编

李丽娟

编写组核心成员

李　萍　李丽娟　柳玉芝　李　文

史志杰　张增建　苏耀忠　胡亚蓉

肖明光　范国栋　雒相维　吴建平

核心素养视域下的试题情境创设策略

李 萍◎主 编

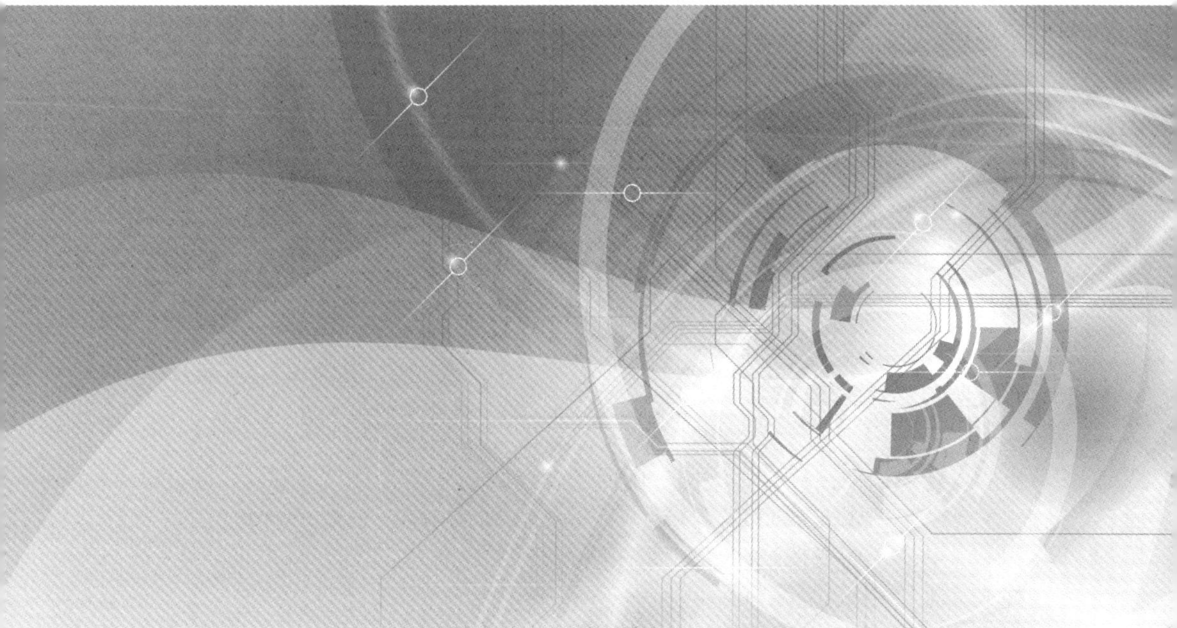

山西出版传媒集团 山西教育出版社

图书在版编目(CIP)数据

核心素养视域下的试题情境创设策略 / 李萍主编
.— 太原 : 山西教育出版社, 2024.4
ISBN 978-7-5703-3882-5

Ⅰ.①核… Ⅱ.①李… Ⅲ.①中学化学课—课堂教学
—教学研究—初中 Ⅳ.①G633.82

中国国家版本馆 CIP 数据核字(2024)第 063039 号

核心素养视域下的试题情境创设策略

HEXIN SUYANG SHIYU XIA DE SHITI QINGJING CHUANGSHE CELÜE

责任编辑 李 磊
复 审 冉红平
终 审 康 健
装帧设计 孟庆媛
印装监制 蔡 洁

出版发行 山西出版传媒集团 · 山西教育出版社
（太原市水西门街馒头巷 7 号 电话:0351-4729801 邮编:030002）
印 装 山西聚德汇印务有限公司
开 本 720×1020 1/16
印 张 20
字 数 306 千字
版 次 2024 年 4 月第 1 版 2024 年 4 月山西第 1 次印刷
书 号 ISBN 978-7-5703-3882-5
定 价 96.00 元

如发现印装质量问题,影响阅读,请与出版社联系调换。电话:0351-4729718

目 录

第一章
考试命题情境化的时代背景及理论依据

本章导读

随着《义务教育国家课程方案（2022 年版）》和语文等 16 个学科课程标准的公布，素养立意的命题原则引起基础教育界的高度关注，如何以情境为载体，依据学生在真实情境下解决问题的过程和结果评定其素养水平，不仅是中考命题必须应对的挑战，也是一线教研员、教师都应该思考的问题。基于此背景，探讨核心素养视域下的试题情境创设策略具有重要的现实意义。

本章从情境与考试命题的关系谈起，具体阐释了“一核・六维・四手段”命题理论中的“真实任务情境”的内涵，剖析了试题情境创设的重要性，从而使读者对于中考命题情境化的时代背景及理论依据可以有较为全面的认知。

所谓“情境”，在《辞海》中的释义为“一个人在进行某种行动时所处的社会环境，是人们社会行为产生的具体条件”。可见，较之“情形”“情景”，“情境”的特点在于必然有“人的行动”，可以理解为人通过某种行动，与所在环境发生相互作用，从而形成的某种场景。近年来，“情境”这一概念被引入基础教育教学领域，在试题命制语境中更是频繁出现。试题情境指的是与试题相联系的文本（语料、素材）所构建的背景、环境和场景等，是问题或任务的载体。情境化命题旨在使考试内容与学生的生活经验、社会体验相结合，从而能真正考查出学生理解和运用所学知识与技能解决实际问题的能力，对学生的课程核心素养作出评价。

随着《义务教育国家课程方案（2022 年版）》和语文等 16 个学科课程标准的公布，素养立意的命题原则引起了基础教育界的高度关注，如何以情境为载体，依据学生在真实情境下解决问题的过程和结果评定其素养水平，不仅是中考命题必须应对的挑战，也是一线教研员、教师都应该思考的问题。基于此背景，探讨核心素养视域下的试题情境创设策略具有重要的现实意义。

一、情境与考试命题的关系

我国传统教育非常重视环境与育人的关系，不仅有“蓬生麻中，不扶自直”“近朱者赤，近墨者黑”之说，这些更多关注的是环境对德行品格的涵养和影响作用；还有“格物致知”，强调的是外物与自我的关系，但没但有从人与环境的相互作用出发，认识情境对人的发展的促进作用。随着生产力水平不断提高，社会经济的发展、科学技术的腾飞带来了人才培养目标的更新迭代。特别是当今世界，网络新媒体迅速普及，人们生活、学习、工作方式不断改变，人才培养面临新挑战，对自主意识、创新精神和实践能力等的关注度越来越高。这些变化意味着真实的学习不能满足于纸上谈兵，应当于一定的情境中发生，在任务驱动下解决实际问题，或模拟科学发现、学术探索等，这样学生才能在过程中学习，在实践中提高，在反思中进步，在运用中将所学知识内化于心、外显于行。

2019 年 6 月，《国务院办公厅关于新时代推进普通高中育人方式改革的指导意见》颁布，要求“积极探索基于情境、问题导向的互动式、启发式、探究式、体验式等课堂教学”；同月，《中共中央国务院关于深化教育教学改革全面提高义务教育质量的意见》出台，在“优化教学方式”中指出，“融合运用传统与现代技术手段，重视情境教学”；2019 年 11 月，《教育部关于加强初中学业水平考试命题工作的意见》发布，对于“提升试题科学化水平”给予明确指导，强调“充分考虑城乡学生学习和生活实际，增强情境创设的真实性、典型性和适切性，提高试题情境设计水平”。自此，“情境”一词带着现代教育做中学、用中学、创中学的理念，正式进入人们视野，而情境创设也与考试命题“结缘”，成为试题与时俱进的重要标志。

2022 年 4 月，《义务教育国家课程方案（2022 年版）》和语文等 16 个学科课程标准出台，确立了“使学生有理想、有本领、有担当，培养德智体美劳全面发展的社会主义建设者和接班人”的育人目标，将“学会在真实情境中发现问题、解决问题，具有探究能力和创新精神”作为“有本领”的重要标志，不仅在课程实施中要求“加强知识学习与学生经验、现实生活、社会实践之间的联系，注重真实情境的创设，增强学生认识真实世界、解决真实问题的能力”，而且将“素养立意”作为初中学业水平考试命题的第一原则，相应地，“以情境为载体，依据学生在真实情境下解决问题的过程和结果评定其素养水平”也成为考试命题的应有之义。

二、“一核 · 六维 · 四手段”命题理论中的“真实任务情境”

山西中考命题改革从 21 世纪初开始，与国家新一轮课程改革同步而行，致力于改变课程实施过程中过于强调接受学习、死记硬背、机械训练的现状，努力在先进理念与教学实际、命题人的期待和社会接受程度之间寻找合适的平衡点，大胆设想，小心求证，不仅命制了符合教育改革方向的优质试题，而且逐渐形成了“一核 · 六维 · 四手段”命题理论，使中考命题在服务立德树人、助推教学发展方面的作用得以充分发挥。

“一核”指中考命题的核心思想，即立德树人、素养立意，导向教学，通过确立这一核心思想回答了“命题宗旨是什么”的问题。“六维”指中考命题的“六个维度”，分别是立足核心素养、加大开放探究、注重阅读能力、关注交流共享、强调问题解决、落实活动建议。“六个维度”具体表现为考查学生的思维认知能力、学习发展能力、综合实践能力，回答了“考什么素养”的问题。“四手段”则是把多个考查维度在试题中真实体现出来的有效措施，具体包括真实任务情境、跨学科整合、不确定性结构、理性思维和批判质疑，从某种意义上回答了命题人“怎样命题”的问题。

“一核·六维·四手段”命题理论是在长期实践中“生长”出来的理论成果。简而言之，中考命题“六个维度”形成于2015年，是针对当时一线教学中普遍存在的与发展素质教育相悖的问题，对命题提出的具体要求，最终将其归纳为“六个维度”。而“四手段”的提出则要回溯到2016年9月，《中国学生发展核心素养研究成果》公布，教育部颁布《关于进一步推进高中阶段学校考试招生制度改革的指导意见》，山西省义务教育学科专家团队深入贯彻文件精神，“减少单纯记忆、机械训练的内容，增强与学生生活、社会实际的联系，注重考查学生综合运用所学知识分析问题和解决问题的能力”，在进一步深化中考命题“六个维度”的同时，初步提炼出了推动核心素养在中考命题中落地的“四大手段”。2019年，随着“考试不仅是评价，更是立德树人”这一理念的日趋成熟和不断深化，“一核·六维·四手段”命题理论建构成型，“四手段”也从理论层面得到更加准确的解读，从操作层面形成更加有效的策略。时至今日，“一核·六维·四手段”命题理论仍在实践中不断调整，日臻完善，显现出强大的自我更新能力。

“一核·六维·四手段”命题理论中的真实任务情境是相对于纯粹知识任务情境而言的。我们知道，进入课程的知识是普适性的，而与此相联系的知识任务情境则往往是特异性的，以往的情境创设是脱离现实生活、为“用知识”而“用知识”的“纯净”情境，这便与真实世界纷繁多样的问题解决形成了鲜明反差。尽管教育改革如火如荼，但不可否认仍然存在停留于刻板、机械的知识教学的课堂。从促进和引领教学的角度出发，有必要在中考命题中自觉设置真实任务情境，在有限的卷面中为学生提供“具体真实的世界”，考查出学生灵活应对实际问题的能力。从学理上讲，“具体真实的世界”实为各学科知识的载体，创设真实任务情境，等于把来自具体真实世界的知识返还回去。学生某种意义上是在接受发现和解决实际问题能力的考查。这就要求教师在日常生活中使知识的活性和真实世界的本质同时在学生的意识中得以呈现。

众所周知，真实的世界是一个浑然的整体，并不因学科分野而在人的感觉中有所分化。情境创设将试题与生活对接，为跨学科整合提供了可靠的基础。而不确定性结构，指的是在命题中不断合理地变化试题呈现和设问方式，引导学生从中捕捉新信息，发现新问题，找到新规律，探索新路径，得出新结论。一系列“新”的背后，离不开灵活多变的试题情境。理性思维和批判质疑则是以学生的独立思考意识为前提，其背后的理念是：面对纷繁复杂的现象，学生能够作出基于证据的判断、合乎逻辑的推理，能够对约定俗成、习以为常的观点进行审辩性思考，并形成自己的看法。学生在试题中何以面对“纷繁复杂的现象”，必然需要合理地创设情境。可见，真实任务情境实为中考命题的基础条件。“一核·六维·四手段”命题理论将真实任务情境作为“四手段”的第一位，足见其重要性。之所以在“情境”前加两个定语，即“真实”与“任务”，是为了对试题情境的特征作更直观、明确的表达。“真实”主要表现在试题与鲜活的时代、社会、自然、生活无缝对接，“任务”主要表现为在真实情境下解决实际问题的能力，这样的情境将现实生活微缩到试题中，使学生在纸笔测试的同时，不仅经历了一次大考，更是心灵净化、精神升华的过程。

作为一个完整的命题理念结构，“一核·六维·四手段”不单纯是命题原理，还有具体的命制技术，在多年实践经验的基础上，提炼形成了真实任务情境创设的基本原则和操作策略，为命制素养立意的试题奠定了基础。

多年来，情境创设在山西中考命题中的应用集中体现在以下方面：

一是回应时代主题，凝聚之化自信的磅礴之力。山而中考各科试题在全面落实立德树人上下工夫，情境素材的选取和任务背景的创设关注社会热点，回应时代重大主题，凝聚文化自信的磅礴之力，引导学生树立崇高理想，厚植爱国情怀，关心时代和社会发展，践行社会主义核心价值观，体现了考试评价的育人功能。

二是加强整体设计，提供深度思维的展示空间。爱因斯坦曾经说过：“教育的价值不在于学习很多事实，而在于训练大脑会思考。”试题重视情境创设，意味着试题跳出了碎片化答题的套路，更便于将学生置于解决相对完整的任务背景之下。山西中考各科试题重视情境的整体设计，致力于为学生提供深度思维的展示空间，较为有效地引领日常教学重视学生思维发展而非识记性知识的掌握上。

三是关注阅读能力，考查交流、共享的基本素养。在中考命题“一核·

六维·四手段”理论中，注重阅读能力和关注交流共享指向了学生发展能力的考查。因此，试题情境创设体现出素材丰富的特色，包括理科在内的各科试题呈现文字、图片、图表等不同文本，创设任务情境，引导学生合理组织调动相关知识与能力，通过多种方式和渠道获取信息，整合分析信息，灵活运用各种文本形式准确传递信息，表达个人的情感、思维和观点，以达到交流、共享的目的，并在此过程中寻求有效的问题解决办法。

第四，强调问题解决，凸显学科实践的迭代升级。2022 年版的义务教育国家课程方案和各学科课程标准均强化了“做中学、用中学、创中学”的要求。山西中考命题在情境创设方面坚决摒弃为情境而情境、“穿靴戴帽”的形式主义，试题任务真正从情境中提炼而出，指向基于真实生活的有价值的问题解决，引领基层教学把静态的书本上的内容变为学生活动，在实践中开展有效的教与学。

第五，重视学科跨界，强化关键能力的综合考查。真实的生活是完整的、不分科的。《义务教育国家课程方案（2022 年版）》明确要求，各学科要用不少于 10%的课时设计跨学科主题学习。山西中考命题积极回应国家课程对综合育人的关注，充分发挥情境创设的优势，设计具有项目化学习特征的跨学科整合试题，实现在多学科知识背景下有效考查学生课程核心素养的目标。

三、试题情境创设的作用

纵观近年来我国命题改革进程，始终有一个“三贴近原则”，让题目贴近学生生活、贴近生产实际、贴近社会。

每个学生都有自己的日常生活，每一天都有各种新的生活体验，包括感受各种科学现象，这些感受和体验帮他们积累了丰富的生活经验。在课堂上指导学生把生活经验与书本知识整合起来，将会产生强大的实践能力。因此，中考命题把现实生活作为背景融入题目，是近几年中考改革的方向。

2022 年版义务教育课程方案和课程标准以核心素养为导向，重组课程结构，体现正确价值观、必备品格和关键能力的培养要求，从内容上强调回到知识学习为人服务的初心，依据学生终身发展和社会发展的需要，明确育人主线，注重培养学生的爱国情怀、社会责任感、创新精神和实践能力；从方法上强调变革育人方式，加强课程与生产劳动、社会实践的结合，突出学科思想方法和探究方式的学习，优化综合实践活动实施方式与路径，开展跨学科主题教学，强化课程协同育人功能；从考试命题上强调减少“裸考”知识现象，让测评发生在知识处于生成状态或应用状态的情境中，强化对思维过程、探究过程和做事过程的测量和评价。这就要求中考试题体现出学科知识与生活实际的密切联系，并且需要把二者的联系通过考试充分展示出来。具体而言，就是把问题置于真实情境中，激发学生探究和解决问题的欲望，让考试从课堂向生活伸延，让学生在生活中学习，在生活中体验学科的科学性和实用性，彰显课程育人的价值。

山西中考命题从 2017 年起明确要求创设真实任务情境，在有限的卷面呈现与学生真实的生活、成长环境相关联的场景、条件和境况。迄今为止，中考各科试题表现出“无情境不成题”的特点，其情境类型从学科内容上可分为政治、经济、法治、文化等，从复杂程度上可分为简单情境和复杂情境，从结构化程度上可分为结构不良情境和结构良好情境，从知识和能力应用的现实生活领域、使用的场合或目的上，可分为：①学习探索情境：这类情境源于真实的研究过程或实际的探索过程，涵盖学习探索与科学探究过程中所涉及的问题，学生在解决这类情境中的问题时，必须启用已有知识开展智力活动，同时在解决问题的过程中运用创新的思维方式；②日常生活情境：体现与学生个人和日常活动直接相关的问题，将知识和能力用于解决学生身边的问题，如个人生活、家庭生活、社区生活；③生产劳动情境：体现在各行各业工作中，如工农业生产、劳动等；④国家社会和人类发展情境：体现国家的重大事件、社会热点问题、人类面临的重大问题，例如疾病防控、环境保护等。通过多维度地创设试题情境，实现对学生核心素养的科学考查和合理评价。

在“一核·六维·四手段”理论指导下，试题的情境创设丰富多元。试题既依托教材，立足课堂，又融合课外实践，紧密联系学生身边的生活实际，让学生在情境和任务之中进行思考、探究。实践证明，在试题命制中创设情境有如下效能：

1. 有利于激发学生探究的欲望。命题从学生熟悉的生活背景出发，将抽象的知识与情境相融合，设计符合学生认知需求的问题和任务，抓住学生考试时的注意力和好奇心，激发其求知欲，引导其积极思考。

2. 有利于学生体验知识再创造的过程。试题中的真实任务情境，通过揭示思维的本质，理解概念、结论的形成过程，使测量指向学生在解决问题过程中表现出的素养水平，从而使学生确立积极进取的人生态度，形成健全的人格和健康的个性品质。

3. 有利于将测试内容与行为目标有机结合起来。真实任务情境能有效地测量学生对社会、生活的关注及真实体验，营造良好的考试评价氛围，能有效地测量学生运用所学知识发现、处理和解决真实情境中问题的能力。此外，真实任务情境能实现试题的高远立意，考查学生能否应用学到的知识去思考、探索、完成内生于情境中的任务，通过完成这些任务，检验学生掌握的必备知识和关键能力，检验学生的核心素养发展水平。

4. 有利于“基于情境、问题导向、深度思维、高度参与的课堂教学模式”的形成。对于学生来说，每个知识概念都有实际的应用范围和潜在的应用范围，当知识的潜在应用范围转化为实际的知识运用时，知识在学生头脑中的外延才得以真正扩大，潜在的应用范围才对个体产生真实意义。试题命制中创设情境使教学充分认识到指向核心素养的学习必须是真实学习，真实学习必须有真实情境与任务的介入，同样地，只有在真实情境下运用某种或多种知识完成特定的任务，才能评估价值观念、关键能力与必备品格，有效引导一线教学从真实生活出发，在问题解决过程中培养学生的实践能力和创新精神。

总之，命制试题根本上取决于国家、社会发展对人才的需求，科学合理地创设试题情境正是把这种需求融入命题过程的实际行动。党的二十大报告提出，要“全面提高人才自主培养质量，着力造就拔尖创新人才”。“拔尖创新人才”并不是靠偏题、怪题、一味拔高难度的试题所能训练出来的，这不符合新课程改革的育人方向。实际上，利用学生身边的生活现实创设情境，将知识学习与技能培养融入其中，是最好的和最有效的学习方式。当题目以真实任务情境考查学生的知识运用时，就是在考查学生能否对知识灵活运用，能否进行周密的思考、新颖的推测和大胆的创新，这本质上就将新课改提倡的对创新思维的培养和考查落在了实处。

第二章
情境创设的基本原则及操作策略

本章导读

试题情境创设应遵循导向性、真实性、适切性、关联性和多样性的原则。简而言之，导向性指情境素材有正面导向功能，在考查学生学科能力和素养的同时，借助情境传递出正确价值观、审美能力、健康意识和劳动观念的积极、正面的引领等；真实性指情境来源于真实生活中的实际现象与实际问题，必须符合生活逻辑；适切性指考虑学生的生活和学习经历以及知识范畴和理解水平；关联性指从情境中提出直达学科本质的问题，情境与问题做到水乳交融；多样性则是从学校、家庭、社会、自然等多领域选取情境，兼顾知识应用和学习活动的多种境况。本章将通过呈现不同学科的命题实践案例，对情境创设的基本原则及操作策略进行具体的说明和解读。

第一节　导向性——积极正面的价值引领

教育的根本任务是立德树人。考试命题要坚持正确的政治方向，体现对学生正确价值观的引领，因此，导向性是考试命题情境创设需要遵循的首要原则。

一、基本原则

试题情境创设的导向性原则，是指试题创设的情境能够落实立德树人的根本任务，有效检测学生核心素养发展水平。

1. 落实立德树人的根本任务

试题情境创设要以习近平新时代中国特色社会主义思想为指导，落实立德树人的根本任务，全面体现有理想、有本领、有担当的时代新人培养要求。

试题情境创设要体现政治性、教育性，坚持正面、积极的价值导向，加强对政治素质、理想信念、爱国主义、品德修养等方面的考查，体现科学精神和人文精神，有助于培养德智体美劳全面发展的社会主义建设者和接班人。

2. 有效检测学生核心素养发展水平

试题情境创设要聚焦中国学生发展核心素养，体现正确价值观、必备品格和关键能力的培养要求，有益于学生积淀丰厚的文化底蕴，提升思维的品质，培养高雅的审美情趣和求真创新的精神、实践能力，形成良好个性和健全人格。

试题情境创设要符合各学科义务教育课程标准中考试评价的要求，强调人与自然、社会协调发展的现代意识，反映新时代中国特色社会主义理论和建设新成就，引导学生树立国家自豪感和民族自信心，筑牢中华民族共同体意识，引导学生扩大国际视野，增强人类命运共同体意识。

二、操作策略

情境创设导向性原则的操作策略可以归纳为四个要点：试题立意——落实立德树人的宗旨，蕴含育人目标；素材选取——体现权威、丰富的特点；情境创编——符合学生认知水平和生活经验；任务设计——突出学科实践的能力。具体关系如下图：

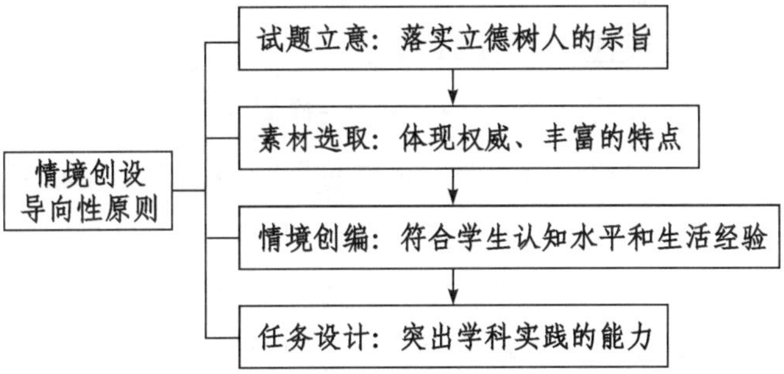

情境创设的导向性原则示意图

策略一：试题立意落实立德树人的宗旨

情境立意要落实立德树人的根本任务，蕴含育人目标。要指向正确价值观和必备品格的考查，包括学生应具备的良好政治素质、道德品质和科学的思想方法等。要回应社会热点，体现社会主义先进文化、革命文化、中华优秀传统文化的传承，关注国家安全、生命健康、法治意识、责任担当、劳动精神等重大教育主题，引导学生做立场坚定、视野开阔、心怀家国、勇于担当的社会主义建设者和接班人。

策略二：素材选取体现权威、丰富的特点

素材选取是情境创设的第一步，必须把好选材关，确保素材的来源正、方向明、站位高。要依据课程标准中关于情境创设的要求，面向学生、面向生活、面向时代选取素材。选取的素材要具有现实意义和价值引领作用，要指向关键能力的考查，引导学生应用学到的知识去思考、探索、完成内生于情境中的任务，在此过程中检验学生表现出的素养发展水平。

策略三：情境创编符合学生认知水平和生活经验

试题创设的情境要贴近学生的生活，从学生的认知水平和学习经验出发，将价值观引导自然渗透于情境之中，让学生受到感染，引起共鸣，引发思考，获得启迪，避免脱离生活的空洞说教和不符合生活逻辑的“煽情”。根据测量要求，要对情境素材进行合理加工，适当简化信息或增补相应内容，剔除情境中无关的问题，控制情境素材的阅读量。摒弃影响不同性别、民族、种族、地区、家庭、经济、文化背景的考生作答的素材，同时要避免使用学生不熟悉的术语。

策略四：情境任务突出学科实践能力

学科实践指将学习视为“像学科专家一样思考和实践”的过程，强调学生通过应对真实情境中的复杂问题，在学科探究活动中不断获取、理解和运用学科概念、思想与工具，从而形成灵活运用所学知识分析问题、解决问题的能力。情境任务设计要立足学科育人优势，突出学科实践能力，基于情境设计辨识记忆、概括关联、分析解释、辩论探究、推论预测、鉴赏评价、综合问题解决等多种任务类型的试题，适当增大试题的开放度、综合度，引发学生的深度思维，在此过程中将情境蕴含的价值观导向内化于其心。

三、命题实践

案例 1　语文（2023・山西）

◎试题初稿：

哪有什么岁月静好，只是有人替你负重前行。为弘扬革命文化，引导同学们坚定革命理想，树立家国情怀，学校开展了系列综合性学习活动，请你积极参与。

【活动一　回望历史烽烟，诵读声声怀英烈】

左权是抗日战争中八路军牺牲的最高将领。1942 年 5 月，日军调集 3 万多人的部队向根据地腹地扑来。左权指挥大部队转移时，一块弹甲击中了他的头部，5 月 25 日下午 5 时，左权壮烈牺牲，年仅 37 岁。鲜血浸透了十字岭，染红了太行山。1942 年 9 月 18 日，应山西民众请求，左权的牺牲地山西“辽县”更名为“左权县”。

左权同志碑志	悼　文	写给妻子的最后一封家书（节选）
壮志未成，遗恨太行 露冷风凄 恸失全民优秀之指挥 隆冢丰碑 永昭坚贞不拔之毅魄 ——彭德怀	吾儿抗日成仁，死得其所 不愧有志男儿 现已得着民主解放成功 牺牲一身，有何足惜 吾儿有知，地下瞑目矣 ——左权之母	有时仿佛有你及北北 与我在一起玩着、谈着 特别是北北特别调皮 一时在地下 一时爬到妈妈怀里 又由妈妈怀里转到爸爸怀里来…… ——左权

3. 活动开始，同学们在朗读会上分享了左权将军生平事迹，并饱含感情地朗读了碑志、悼文及家书。请你将下列朗读脚本补充完整。

朗读碑志时，语调先低沉再转为________；朗读悼文时，应读出母亲虽痛苦但自豪骄傲的语气；朗读最后一封家书时，应读出左权将军________的情感。

※发现问题：

1. 试题初稿的情境设置体现导向功能，阅读材料包含左权将军的生平事迹、《左权同志碑志》《悼文》《写给妻子的最后一封家书（节选）》，既是革命文化材料，又有地域特色，引导学生体悟先烈精神，珍惜幸福生活，具备积极的引领作用。但初稿将情境主题定为“坚定革命理想，树立家国情怀”，与全卷主题“文化的力量”契合度不够。

2. 初稿中的任务设计为“将朗读脚本补充完整”，指向朗读技巧的考查，未能很好地挖掘材料的内涵，体现所选材料的思想导向价值，也未落实情境设置中“坚定革命理想，树立家国情怀”的既定目标，暴露出素材选取和情境创设不够吻合的问题。

※优化情境：

1. 将情境改为“为弘扬优秀文化，厚植家国情怀，学校开展了主题为‘从中国文化中汲取力量’的系列活动”。与初稿的“弘扬革命文化，坚定革命理想，树立家国情怀”相比，这一情境设置的更改对学生行为方面的引导性更强，情境的导向性更突出。

2. 将初稿的任务设计“完善朗读脚本”改为“分享阅读感言”，与情境设置相匹配。撰写感言属于书面表达，指向综合运用能力层级，试题的思维含量更高，引导学生从英雄人物身上获得启示并表达出来。

◎**试题改稿：**

为弘扬优秀文化，厚植家国情怀，学校开展了主题为“从中国文化中汲取力量”的系列活动。

【活动一　回望历史烽烟，诵读声声怀英烈】

左权是抗日战争中八路军牺牲的最高将领。1942 年 5 月，日军调集 3 万多人的部队向根据地腹地扑来。左权指挥大部队转移时，一块弹甲击中了他的头部，5 月 25 日下午 5 时，左权壮烈牺牲，年仅 37 岁。鲜血浸透了十字岭，染红了太行山。1942 年 9 月 18 日，应山西民众请求，左权的牺牲地山西“辽县”更名为“左权县”。

左权同志碑志	悼　文	写给妻子的最后一封家书（节选）
壮志未成，遗恨太行 露冷风凄 惚失全民优秀之指挥 隆冢丰碑 永昭坚贞不拔之毅魄 ——彭德怀	吾儿抗日成仁，死得其所 不愧有志男儿 现已得着民主解放成功 牺牲一身，有何足惜 吾儿有知，地下瞑目矣 ——左权之母	有时仿佛有你及北北 与我在一起玩着、谈着 特别是北北特别调皮 一时在地下 一时爬到妈妈怀里 又由妈妈怀里转到爸爸怀里来…… ——左权

3. 同学们分享了左权将军的生平事迹以及相关的碑志、悼文及家书。请参考示例，以“左权将军是一个好将领/好父亲”为开头，写下你的感言。

示例：左权将军是一个好儿子，他抗日成仁，是令母亲骄傲的有志男儿。

感言：____

____

※**发现问题：**

1. “活动一　回望历史烽烟，诵读声声怀英烈”这一活动，与问题设计情境不符，未能凸显“从中国文化中汲取力量”的主题。

2. 所选材料对左权将军生平事迹的介绍比较复杂，增加了学生阅读负担，而且与试题回答关系不大。

※**优化情境：**

1. “活动一”修改为“活动一　分享选文　缅怀革命先烈”，与系列活动主题保持一致，导向性更突出。

2. 将叙述左权将军生平事迹的细节和抒情类语句删减，只保留事件主要信息，在不影响试题材料育人价值的基础上，减少干扰信息，在降低阅读量的同时增加了思维含量。

◎试题终稿：

为弘扬优秀文化，厚植家国情怀，学校开展了主题为“从中国文化中汲取力量”的系列活动。

【活动一　分享选文　缅怀革命先烈】

1942 年 5 月 25 日，左权在与日军的战斗中牺牲在太行山上，年仅 37 岁，是抗日战争中八路军牺牲的最高将领。后应山西民众请求，左权的牺牲地山西“辽县”更名为“左权县”。

左权同志碑志	悼　文	写给妻子的最后一封家书（节选）
壮志未成，遗恨太行 露冷风凄 惋失全民优秀之指挥 隆冢丰碑 永昭坚贞不拔之毅魄 ——彭德怀	吾儿抗日成仁，死得其所 不愧有志男儿 现已得着民主解放成功 牺牲一身，有何足惜 吾儿有知，地下瞑目矣 ——左权之母	有时仿佛有你及北北 与我在一起玩着、谈着 特别是北北特别调皮 一时在地下 一时爬到妈妈怀里 又由妈妈怀里转到爸爸怀里来…… ——左权

3. 同学们分享了左权将军的生平事迹以及相关的碑志、悼文及家书。请参考示例，以“左权将军是一个好将领/好父亲”为开头，写下你的感言。

示例：左权将军是一个好儿子，他抗日成仁，是令母亲骄傲的有志男儿。

感言：____

____

※情境解读：

本题选取具有地域特色的革命文化材料，创设了主题为“从中国文化中汲取力量”的系列活动情境，引导学生学习革命先烈精神，珍惜幸福生活，形成正确的世界观、人生观和价值观，体现了课程标准中“感悟革命领袖、革命英雄、模范人物的理想、信念和奋斗精神，运用多种方式交流自己的阅读感受”的发展型学习任务群的要求。本题的材料选择、情境创设、任务设计契合试卷主题，导向清晰明确。

（案例撰写：屈艳）

案例2　物理（2023·山西）

◎试题初稿：

17. 2023年5月30日9时31分，搭载“神舟十六号”载人飞船的“长征二号F遥十六”运载火箭在酒泉卫星发射中心成功发射，如图所示。驾驶员景海鹏、飞行任务专家朱杨柱、载荷专家桂海潮三名航天员，将到达空间站。火箭发射过程中，下列说法正确的是（　　）

A. 以火箭为参照物，“神舟十六号”飞船是运动的

B. 火箭在加速上升过程中，运动状态发生变化

C. 火箭变轨时，受到平衡力的作用

D. 加速上升过程中，火箭动能保持不变

※发现问题：

课程标准要求“了解人类探索太阳及宇宙大致历程，知道人类对宇宙的探索将不断深入，关注人类对宇宙的探索将不断深入，关注人类探索宇宙的一些重大活动”。初稿情境设置对接课程标准，具有正面导向功能，借助情境传递了正确的价值观，但是题目选项中存在语言不准确、表达不严谨的问题，需要作相应修改。

※优化情境：

1. 物理学科作为一门自然科学，试题情境设计要真实，语言表达也必须严谨，科学用语和生活用语要严格区分，不能混为一谈。试题C选项“火箭变轨时，受到平衡力的作用”，通过查阅资料可知，“变轨”是专业用语，指卫星等航天器在太空中调整高度。为了便于学生理解，先改为“火箭上升过程中到达一定高度会‘转弯’”，后把“转弯”改为“改变飞行方向”。

2. 语言准确是题干表述的基本要求。针对初稿中的D选项“加速上升过程中，火箭动能保持不变”，考虑到在分析火箭动能大小变化时要用到动能公式才能进一步分析，而动能公式不符合初中学生认知水平，且火箭质量、速度的变化也无法定量分析，因此改为“加速上升过程中，‘神舟十六号’飞船动能保持不变”，保证了题目的科学性和严谨性。同时本题结合火箭上升过程中，分析运动状态的变化，飞行方向改变时是否受平衡力，加速上升过程“神舟十六号”飞船动能的变化，将多个力学知识纳于此题，也解决了知识覆盖面的问题。

◎试题改稿：

17. 2023 年 5 月 30 日 9 时 31 分，搭载“神舟十六号”载人飞船的“长征二号 F 遥十六”运载火箭在酒泉卫星发射中心成功发射，如图所示。驾驶员景海鹏、飞行任务专家朱杨柱、载荷专家桂海潮三名航天员，将到达空间站。火箭发射过程中，下列说法正确的是 （ ）

A. 以火箭为参照物，“神舟十六号”飞船是运动的

B. 火箭在加速上升过程中，运动状态发生变化

C. 火箭飞行方向改变时，受到平衡力的作用

D. 加速上升过程中，“神舟十六号”飞船动能保持不变

※发现问题：

试题题干的表述需要简洁、清晰、准确，尽量避免使用学生不熟悉的术语。当前题稿在情境表述方面不仅语言冗长，而且涉及一些学生很生疏的专业术语，不仅干扰学生答题，也影响了本题情境创设的导向功能的落实。

※优化情境：

将“飞行任务专家”“载荷专家”等术语删掉，便于学生通过简洁的语言了解我国航天成就，同时快速进入题目，找到答题的切入点。这样试题的情境既体现导向性，又符合适切性。

◎试题终稿：

17. 2023 年 5 月 30 日 9 时 31 分，搭载“神舟十六号”载人飞船的“长征二号 F 遥十六”运载火箭在酒泉卫星发射中心成功发射，如图所示。由景海鹏、朱杨柱、桂海潮三名航天员组成的全新飞行乘组，将与“神舟十五号”

乘组在空间站胜利会师。火箭发射过程中，下列说法正确的是 （　　）

A. 以火箭为参照物，“神舟十六号”飞船是运动的

B. 火箭在加速上升过程中，运动状态发生变化

C. 火箭飞行方向改变时，受到平衡力的作用

D. 加速上升过程中，“神舟十六号”飞船动能保持不变

※情境解读：

本题素材取自最新科技动态，创设了“神舟十六号”飞行乘组与“神舟十五号”乘组胜利会师的情境，体现了引导学生关心时事、关心现代科技发展的命题追求。试题将全新的素材与物理知识结合，在考查学生物理学科素养的同时引导学生坚定民族自信，培养爱国情怀。

（案例撰写：姜晓娟　阎晶森）

案例3　历史（2023·山西）

◎试题初稿：

16. 中华民族的文化自信从历史传承中来，从革命奋斗中来，从开拓建设中来。九年级同学以“树立文化自信”为主题开展项目化学习，请你一起参与完成。

【阅读文学典籍——弘扬传统文化】

一组同学阅读文学典籍后，制作了下面的读书卡。请你参与一起完成。

茅檐低小，溪上青青草。醉里吴音相媚好，白发谁家翁媪？ 大儿锄豆溪东，中儿正织鸡笼。最喜小儿亡赖，溪头卧剥莲蓬。 ——辛弃疾《清平乐·村居》 体裁及特点________________（2分） 生活风貌________________（1分）
玄德闻言，顿首拜谢。只这一席话，乃孔明未出茅庐，已知三分天下，真万古之人不及也！ ——《三国演义》第三十八回 体裁及流行原因________________（2分） 文学成就________________（1分）

【整理文物图片——感悟初心使命】

二组同学搜集到下面一组文物图片，请你分别写出其所属的历史时期及共同反映出的共产党人的初心。

革命根据地农民获得的土地分配证

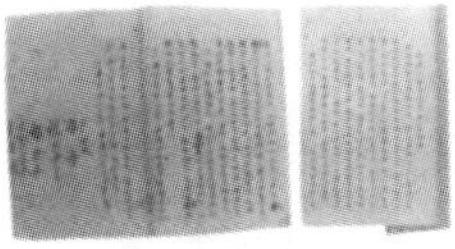

《双十协定》原稿

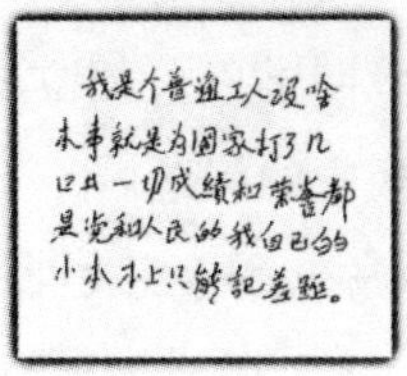

《王进喜日记》

贰角车票

※发现问题：

1. 本题以“文化自信”为切入点，创设了项目化学习的情境，但题干对于项目化学习展示方式没有表述明白，情境创设不完整，也不够真实。

2. 阅读典籍后制作读书卡的情境依托两则文字史料呈现，分别是学生学过的宋词和明代小说《三国演义》的节选片段，体现了情境创设的适切性。但是读书卡节选内容不够恰当，如《三国演义》的节选不能很好地展示出主人公的雄心壮志，情境导向性不明确。

3. 问题的设计没有深挖情境内容，指向不够明确，体现不出历史学科特点。

※优化情境：

1. 将原稿“九年级同学以‘树立文化自信’为主题开展项目化学习，请你一起参与完成”更改为“下面是九年级同学以‘树立文化自信’为主题开展项目化学习的成果展板，请你完成展板中的问题”，并根据试题立意设置了展板主题。修改后的情境符合主题要求，贴近学生的日常学习生活，更加真实合理。

2. 针对情境素材典籍内容呈现不恰当的问题，从权威著作中进行重新摘录，形成人物对话的模式，使素材信息量更加充分，在控制阅读量的同时，既可以体现主人公的雄心壮志，又有助于学生依托情境对中国传统文化形成正确的认知，感受中华优秀传统文化的魅力，情境的导向性更加明确。

3. 深挖情境内容，按照由易到难的顺序，对问题进行了重新的设计和排列，使问题内生于情境中，逻辑性更强。同时结合学情，分别给予了示例作为参考，以降低作答难度，凸出了学科素养的培养和价值观的导向。

◎**试题改稿：**

16. 中华民族的文化自信从历史传承中来，从革命奋斗中来，从开拓建设中来。下面是九年级同学以“树立文化自信”为主题开展项目化学习的成果展板，请你完成展板中的问题。

弘扬优秀传统文化·传承红色革命文化

展板一【阅读文学典籍——弘扬优秀传统文化】

（1）一组同学阅读文学典籍后，制作了下面的读书卡。请按照要求完成空白处内容的填写。

作品一　《清平乐·村居》
作　者　辛弃疾（宋）
茅檐低小，溪上青青草。醉里吴音相媚好，白发谁家翁媪？
大儿锄豆溪东，中儿正织鸡笼。最喜小儿亡赖，溪头卧剥莲蓬。
体裁：________________
特点：________________
生活风貌：反映了家人相亲，共同劳动的田园生活风貌。

作品二　《三国演义》（第三十八回节选）
作　者　罗贯中（明）
玄德曰：“大丈夫抱经世奇才，岂可空老于林泉之下？愿先生以天下苍生为念，开备愚鲁而赐教。”
孔明笑曰：“愿闻将军之志。”
体裁：________________
特点：章回体；情节生动；大众化。
历史价值：________________
____

展板二【整理文物图片——感悟初心使命】

（2）二组同学搜集到下面一组文物图片，请你分别写出其所属的历史时期及共同反映出的共产党人的初心。

革命根据地农民获得的土地分配证

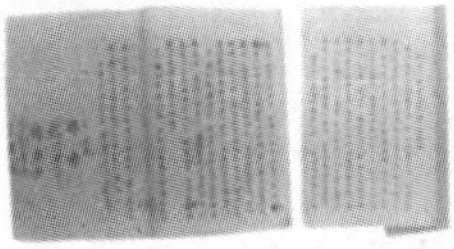

《双十协定》原稿

《王进喜日记》

贰角车票

※发现问题：

1. 展板二中的小标题与主题“弘扬优秀传统文化·传承红色革命文化”不匹配，需根据主题和学生的心理认知水平重新拟定。

2. 展板二中的情境素材全部来自不同历史时期的文物图片，学生要结合所学知识对文物图片中的信息进行释读，从而确定其所属时期，最终形成对革命文化和社会主义先进文化等的认知。但在磨题时发现展板二中的信息与其他试题考点有重合，需进行替换。

3. 展板二中的个别图片信息不全，需进行补充。

※优化情境：

1. 针对展板二中小标题的设计与主题思想不匹配的问题，将题干中的小标题由“整理文物图片——感悟初心使命”修改为“释读文物图片——传承红色革命文化”，使情境价值观导向更加精准，实现更深层次的精神传承。

2. 针对展板二中的文物图片信息不完整的问题，对关键信息进行了增加。第一幅图“革命根据地农民获得的土地分配证”变更为“1931 年革命根据地农民获得的土地分配证”，使时空条件更加明确，有助于学生作答。

3. 对考点重合的图片进行了更替，把第二幅图“《双十协定》原稿”变更为“淮海战役时支前民工使用的担架”，把第四幅图“贰角车票”更换为“1950 年‘抗美援朝号’履带拖拉机”，最后按照时序性对四张图片重新排序，根据情境素材重构整个版面，更便于学生依托情境进行作答。通过对四张文物图片的释读，引导学生在思辨中增强对伟大祖国和中华民族的认同感，体现了情境的价值导向功能。

◎试题终稿：

16. 中华民族的文化自信从历史传承中来，从革命奋斗中来，从开拓建设中来。下面是九年级同学以“树立文化自信”为主题开展项目化学习的成果展板，请你完成展板中的问题。

弘扬优秀传统文化·传承红色革命文化

展板一【阅读文学典籍——弘扬优秀传统文化】

（1）一组同学阅读文学典籍后，制作了下面的读书卡。请按照要求完成空白处内容的填写。

作品一 《清平乐·村居》 **作　者** 辛弃疾（宋） 茅檐低小，溪上青青草。醉里吴音相媚好，白发谁家翁媪？ 大儿锄豆溪东，中儿正织鸡笼。最喜小儿亡赖，溪头卧剥莲蓬。 体裁：________ 特点：________ 生活风貌：反映了家人相亲，共同劳动的田园生活风貌。
作品二 《三国演义》（第三十八回节选） **作　者** 罗贯中（明） 玄德曰：“大丈夫抱经世奇才，岂可空老于林泉之下？愿先生以天下苍生为念，开备愚鲁而赐教。” 孔明笑曰：“愿闻将军之志。” 体裁：________ 特点：章回体；情节生动；大众化。 历史价值：________

展板二【释读文物图片——传承红色革命文化】

（2）二组同学展示了下面一组文物图片，它们分别为研究哪一时期的历史提供了史料？写出你从中感悟到的红色文化内涵。

图一　1931 年革命根据地农民获得的土地分配证

图二　淮海战役时支前民工使用的担架

图三　1950 年“抗美援朝号”履带拖拉机

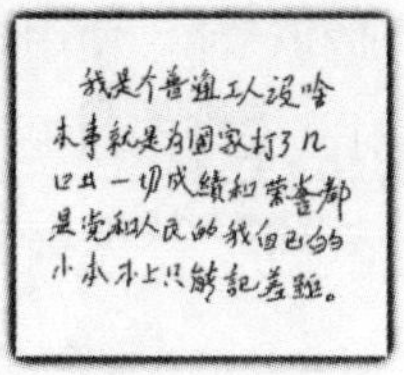

图四　王进喜日记

※情境解读：

本题以“文化自信”为切入点，确立“弘扬优秀传统文化·传承红色革命文化”的主题，在情境创设中体现了课程标准所要求的跨学科主题学习活动“古代典籍中的中华优秀传统文化”“探寻红色文化的历史基因”，形成了学科间的融合。

情境创设选取的素材符合试题主题和学生的认知水平，体现正面导向功能，在考查学生学科能力和学科素养的同时，借助情境传递出正确价值观的引领、审美能力的引导等。

试题以项目化学习成果展板的形式呈现，设计了符合学生认知水平的真实任务情境，既可以提升学生学科核心素养，也可以让学生依托情境多维度认同中华优秀传统文化和红色革命文化，更好地发挥历史学科培根铸魂的作用，最终达到立德树人的目的。

（案例撰写：李相伯）

案例 4　化学（2023·山西）

◎试题初稿：

【化学与工程】

图 1　海（中国航母）

图 2　陆（中国高铁）

图 3　空（中国空间站）

21. 我国航母用到了特种钢材，这种材料应具备的化学特性是________。

航母作为大型军舰，航行过程需要较强动力，提供这些动力的资源为常规燃油和核能。使用燃气轮机工作时能量转化是________。使用核燃料棒工作时，对其安全问题提出的要求是________。

22. 未来高铁的生产制造中，镁合金将作为轻型结构材料，镁合金属于________材料。高铁上限制携带的物品较多，例如火柴和打火机，其原因是________。我国铁路电气化率达到 74.9%，与燃油相比，其优点是________。

23. 问天舱中，通过无土栽培种植了螺旋生长的水稻，栽培时营养液中所含的一种营养元素为________（用符号表示）。空间站的太阳能电池翼为柔性翼，这种电池翼具有良好的________性。空间站的太阳能电池翼应用了我国自主研发的、全球第一的砷化镓太阳能技术。砷和镓的原子结构示意图依次为

、

，其中 X =________，二者相比，原子结构不同之处为 ________（写 1 点）。

24. 航母上的生活用水处理措施是________。高铁还可使用的绿色能源是________。为保证航天员身体健康，吃上温热的食物，应做到________。

※发现问题：

1. 初稿情境设置真实可信，价值导向也正面积极，但没有提纲挈领的题干统领，情境的价值观导向体现不够明确。

2. 试题情境创设不够圆满，内容要求直接与问题解答对应，缺少自然过渡，题与题之间也没有体现由低到高的问题层级。

3. 问题设置兼顾了学科知识的各个方面，但由于情境与问题之间的联系仅仅停留在知识层面上，欠缺对能力素养的考查，所以显得有些单薄。

※优化情境：

1. 将题干情境进行加工。添加了试题情境的描述，“科技缔造生活，创新筑梦未来。我国飞速发展的科学技术，在让青少年深感骄傲和自豪的同时，对培养创新意识、科学精神和家国情怀都具有深远的意义”，将试题的立意和价值给予统领和概括，让学生对我国科技领域引起世界关注的三大典型实例有了高位的认知。

2. 将试题情境与问题设置有效融合。原稿21题以材料性质切入，缺少感染力，加上“十年砺剑跨越发展，大国重器挺进深蓝。航母作为大型军舰，航行过程需要较强动力，提供这些动力的资源为常规燃油和核能”，完善了试题的构成要素，体现了科技进步对增强综合国力的巨大意义。对原稿22题、23题、24题也以同样的方式进行修改，更好地落实了情境创设的导向性。

◎试题终稿：

【化学与工程】

科技缔造生活，创新筑梦未来。我国飞速发展的科学技术，在让青少年深感骄傲和自豪的同时，对培养创新意识、科学精神和家国情怀都具有深远的意义。下面是我国科技领域中引起世界关注的三个典型实例。请分析图文信息，解答21~24题的相关问题。

图1　海（中国航母）

图2　陆（中国高铁）

图3　空（中国空间站）

21. 图1：十年砺剑跨越发展，大国重器挺进深蓝。航母作为大型军舰，航行过程需要较强动力，提供这些动力的资源为常规燃油和核能。当使用燃油工作时，能量转化是________。当使用核能工作时，对其安全问题提出的要求是________。

22. 图2：我国铁路电气化率达到74.9%，与燃油相比，其优点是________。“和谐号”列车车体内用到了许多环保材料，其中的塑料属于________材料。乘坐高铁时，限制携带的物品中包括火柴和打火机，其原因是________。

23. 图3：我国空间站的问天舱中，通过无土栽培种植了螺旋生长的水稻，其栽培过程用到的营养液中，需要量较大的一种营养元素为________（用符号表示）。值得赞誉的是，空间站的太阳能电池翼应用了我国自主研发的、全球第一的砷化镓太阳能技术。砷化镓中，砷和镓的原子结构示意图依次为(+33) 2 8 18 5、(+31) 2 8 18 x，其中X = ________，二者相比，原子结构不同之处为________（写1点）。

24. 在航母、高铁和空间站建设中，钛和钛合金以其优良的性能而得到普遍应用。钛是用铝粉与二氧化钛（TiO_2）在高温条件下发生置换反应制得的，同时生成氧化铝，该反应的化学方程式为________________。

※情境解读：

本题选取我国科技领域中航母、高铁、空间站三个引起世界关注的典型实例为素材，设置了体现化学与材料、健康、能源、资源、科技、工程等方面的学习任务情境，彰显了化学推动人类社会可持续发展的重要力量，在应对能源危机、环境污染、突发公共卫生事件等人类面临的重大挑战中发挥着不可替代的作用，促进学生对我国现代科技发展的认知，激发学生对物质世界的好奇心，有助于学生发展科学思维，激发创新精神，提高实践能力。

（案例撰写：赵晅）

案例5　英语（2023·山西）

◎试题初稿：

I can still remember the day mom talked with me about my science. At that time, although I was quite good at science, I had given up a bit with it by Grade 8. I didn't really see the point in trying. I just thought I'd leave school as soon as I could.

That afternoon, mom sat down next to me. She asked me what I wanted to do with the rest of my life. I could answer the question easily because I had been thinking about it. I wanted to work in garage, I love cars.

"So you'd like to fix cars?" he said. "What about making them?"

"Making them?" I said. "Like in a factory, do you mean?"

"No, I mean being an engineer, getting proper training to design cars, maybe the best cars in the world."

"That sounds pretty cool," I said. "It was something I never thought I might be able to do."

"Well," said mom. "But you are not really trying."

“I just find everything a bit boring.” I said.

“It is sometimes boring. But it is like climbing a mountain. You can’t get to the top until you have worked your way from the bottom. There is no view on the way, but when you get yourself up to the top, you’ll see the most amazing views.”

Mom was right. By the time I was at the beginning of Grade 9, I was really starting to enjoy science. And I am now an engineer. I really feel like I’m on top of that mountain at last.

(　　)11. When did the talk happen?

A. In Grade 7.　　B. In Grade 8.　　C. In Grade 9.

(　　)12. What did the boy want to do?

A. Fix cars.　　B. Make cars.　　C. Sell cars.

(　　)13. Why did the writer give up science?

A. Because he felt it was hard and boring.

B. Because he needs time to do what he loves.

C. Because he always couldn’t answer questions.

(　　)14. How did mom helps the writer know what he should do?

A. By asking him to move from the bottom.

B. By inviting him to climb the mountain together.

C. By telling him amazing views come after no views.

(　　)15. What does the story remind us?

A. The secret of success lies in one’s interest.

B. Chances belong to those who get proper training.

C. A clear goal in mind guides people to keep moving.

※发现问题：

1. 在立意上，根据“考试不只是评价，更是立德树人”这一评价理念审视后发现，情境设置虽然具有正面导向性功能，传递了“对待学习要坚持不懈”的价值观，但立意的高度不够。

2. 在内容上，材料中的生词较多，个别语言表达较为复杂，给学生获取和理解关键信息造成了一定障碍。材料中对话内容较多，给录音和听力理解带来一定的困难，须精简。

3. 个别问题未能根据故事的主线提出，不能充分考查学生对关键信息的理解。

※优化情境：

1. 深入挖掘语篇所蕴含的育人价值，体现更高的立意。结合“科技强国”这一战略方针，经过推敲，把“学习就像爬山一样，需要坚持不懈”改为“要坚持不懈，勇攀科学高峰”，这样的导向性更突出，同时语篇中增加了关于科学学科的内容。

2. 初稿的个别语言表达较为复杂，给考生在听力上造成了障碍。因此对语篇进行了适当的修改。删除了复杂句“I just thought I’d leave school as soon as I could.”，将复杂句“There is no view on the way，but when you get yourself up to the top，you’ll see the most amazing views.”改写为“Only when you get to the top，can you see something really beautiful.”。简化了语言的表达形式，使其更符合学生的知识水平。

3. 将第13题的问题改为“What did the writer’s mom encourage him to do?”，体现出对于青春期的孩子，家长应起到积极的引导作用。

◎试题改稿一：

I can still remember the day mom talked with me about my science. At that time,although I was quite good at science,I had given up a bit with it by Grade 8. I didn’t really see the point in trying.

That afternoon,mom sat down next to me. She asked me what I wanted to do with the rest of my life. I could answer the question easily because I had been thinking about it. I wanted to work in garage,I love cars.

“So you’d like to fix cars?” he said. “What about making them?”

“Making them?” I said. “Like in a factory,do you mean?”

“No,I mean being an engineer,getting proper training to design cars,maybe the best cars in the world.”

“That sounds pretty cool,” I said. “It was something I never thought I might be able to do."

"Well," said mom. "But you are not really trying."

"I just find everything a bit boring." I said.

"It is sometimes boring. But it is like climbing a mountain. You can't get to the top until you have worked your way from the bottom. Only when you get to the top, can you see something really beautiful."

Mom was right. By the time I was at the beginning of Grade 9, I was really starting to enjoy science. And I am now an engineer. I really feel like I'm on top of that mountain at last.

( )11. When did the writer's mom talk with him?

A. In Grade 7. B. In Grade 8. C. In Grade 9.

( )12. What did the writer's mom encourage him to do?

A. To fix cars. B. To make cars. C. To sell cars.

( )13. Why did the writer give up science?

A. Because he wasn't good at it.

B. Because he didn't know why he had to try.

C. Because he needed time to do what he loved.

( )14. How did mom helps the writer know what he should do?

A. By telling him a story of an engineer.

B. By asking him to get help from teachers.

C. By giving him an example of climbing mountain.

( )15. What does the story remind us?

A. It is necessary to ask mom for advice.

B. A clear goal guides us to keep moving.

C. We should always enjoy what we're doing.

※发现问题：

1. 第 11 题的问题偏离故事主线，未能捕捉到语篇的关键点。

2. 第 12 题选项在编写时没有注意到结构、长短、难度等方面的一致性，第 15 题选项没有充分表达试题的立意。

※优化情境：

1. 为了让问题指向语篇中的主题意义，便于学生理解关键信息，围绕“坚守是科学探索的关键”这一主线，将第 11 题修订为“When did the writer become less interested in science?”，这样的设问关注作者学习科学的态度转变的时间，反映了青春期孩子们的困惑、迷茫，也说明在攀登科学高峰的途中，需要一个明确的目标指引前行的方向。

2. 根据故事情节的发展调整了第 12 和 13 题的顺序，并对“Why did the writer give up science? ”这一问题的选项进行了改写，选项 A 改为“Because he thought it was very hard. ”，与其他选项难度基本一致。将第 15 题选项“We should always enjoy what we're doing. ”改为“A good habit can help us grow up. ”。

◎试题改稿二：

(　　)11. When did the writer's mom talk with him?

A. In Grade 7.　　B. In Grade 8.　　C. In Grade 9.

(　　)12. Why did the writer give up science?

A. Because he thought it was very hard.

B. Because he didn't know why he had to try.

C. Because he needed time to do what he loved.

(　　)13. What did the writer's mom encourage him to do?

A. To fix cars.　　B. To make cars.　　C. To sell cars.

(　　)14. How did Mom helps the writer know what to do?

A. By telling him a story of an engineer.

B. By asking him to get help from teachers.

C. By giving him an example of climbing mountain.

(　　)15. What does the story remind us?

A. A good habit can help us grow up.

B. It is necessary to ask Mom for advice.

C. A clear goal guides us to keep moving.

※发现问题：

1. 第12题选项A干扰性过大，试题过难，不符合整个试题的难度设置。

2. 第15题选项C未能充分体现试题立意。

※优化情境：

1. 第12小题A选项改为“Because he often got very bad grades”，表述更为简洁，也符合常理，且与原文有一定关联，考查了学生通过听获取信息、分析信息的能力。

2. 第15小题的问题“What does the story remind us?”修订为“What does the story mainly tell us?”更好地引导学生理解语篇的写作意图，并且在设置选项中提出了“坚守梦想是成功的关键”，更好地体现了语篇的内涵，导向性更加突出，引导学生形成积极的学习态度，在科学探索的征程中不忘初心，坚持不懈。

◎试题终稿：

I can still remember the day Mom talked with me. At that time I was in Grade Eight. I began to become less interested in science. Although I was very good at science, I gave up a bit with it. I didn't work so hard as before. I didn't really see why I had to try.

That afternoon, Mom asked me what I wanted to do when I grew up. I could answer the question easily. I love cars, so I told her I wanted to fix cars.

"What about making cars? I mean being an engineer. Maybe you can make the best cars in the world," said Mom.

"That sounds pretty cool. It is something I've never thought about," I said.

"Well," said Mom. "You're good at science. But you are not really trying."

"It is something boring," said Mom. "But studying is like climbing a mountain. As long as you stick to your goal and keep moving, you can get to the top. Only when you get to the top, can you see something really beautiful."

Mom was right. I came to know my dream when I was really enjoying science. And I am now an engineer. I really feel like I'm on top of that mountain at last!

三、语篇理解(每小题1分,共5分)

本题你将听到一篇短文。请你根据短文内容和所提出的5个问题,从每小题所给的A、B、C三个选项中,选出一个最佳选项,并在答题卡上将该项涂黑。

(　　)11. When did the writer become less interested in science?

A. In Grade Seven.

B. In Grade Eight.

C. In Grade Nine.

(　　)12. Why did the writer want to give up science?

A. Because he often got very bad grades.

B. Because he didn't see why he had to try.

C. Because he needed time to do what he loved.

(　　)13. What did the writer's mom encourage him to do?

A. To fix cars.　　B. To sell cars.　　C. To make cars.

(　　)14. How did Mom help the writer know what to do?

A. By telling him a story of a scientist.

B. By asking him to get help from teachers.

C. By giving him an example of climbing mountains.

(　　)15. What does the story mainly tell us?

A. A good habit can help us grow up.

B. It is necessary to ask Mom for advice.

C. Sticking to dreams is the key to success.

※情境解读:

本题所选语篇为记叙文，讲述了作者在青春期因为找不到学习科学的动力和目标而产生了厌学情绪，母亲在了解了作者的情况后，循循善诱，鼓励他去做一名汽车设计师，并用爬山的事例告诉作者学习科学有时会枯燥，需要坚持才能攀登科学高峰的道理。作者所讲述的经历与学生的学习生活非常接近。改写后的语篇语言简洁达意，内容清晰，主题明确。材料蕴含了深刻的启示，对于同样处于青春期的学生来说具有积极的引导作用。

问题基于语篇中的关键信息提出，既有理解基本事实的问题，也有理解语篇主旨的问题，帮助学生整体理解语篇内容，考查提取信息、分析信息和理解作者意图的能力，在考查听力技能的同时考查了学生的思维能力。

（案例撰写：申彦敏）

第二节　真实性——真实场景中的问题解决

一、基本原则

情境创设的真实性是指测试方法特征与将来某一特定知识使用的情境特征相关的程度。一般来说，情境越真实，越能有效测评学生利用所学知识发现、处理和解决问题的能力，也越能引导学生关注生活。

情境创设坚持真实性原则，意味着情境从学生熟悉的生活背景出发，将抽象的知识设计成符合学生认知需求的生动活泼的学习情境，以激发学生的兴趣，引导其积极思考，展现综合素养。另外，情境能有效地测量学生对社会、对生活的关注度及真实体验，考查学生能否应用所学到的知识去思考、探索、完成内生于情境中的任务，通过完成这些任务，检验学生正确的价值观以及应掌握的必备知识和关键能力。

二、操作策略

试题创设真实任务情境，其目的是在有限的卷面中提供“具体、真实的世界”，考查学生灵活应对实际问题的能力。真实任务情境创设需依据命题立意和测量目标，对素材进行取舍加工、重组建构、解释说明，使之符合测试要求，最后设置适切的问题，引导学生在情境中解决问题，考查其核心素养的发展水平。情境创设真实性原则的操作策略可以归纳为三个要点，具体如下图所示：

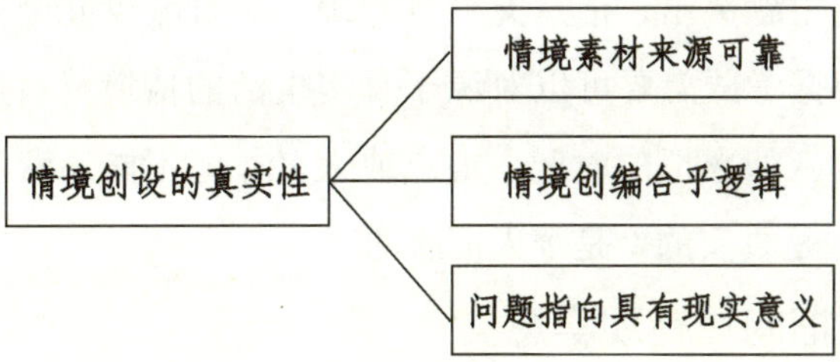

情境创设的真实性原则示意图

下面对情境创设的真实性从情境素材来源可靠、情境创编合乎逻辑及问题指向具有现实意义三个方面，就可操作的策略加以具体说明。

策略一：情境素材来源可靠

情境的创设要服从试题的立意，应反映现实生活现象与问题，能引导学生综合运用所学知识，在实际生活中分析和解决问题。素材选取是真实情境创设的起点，只有取自于真实生活中的科学、合理的素材才能够依据试题立意裁剪、重构，进而生成恰当的情境。因此，情境素材来源要具有权威性，要源于真实资料和相关数据，有可靠的出处或依据，不可根据原理推论来编写，也不可以为了考查某个知识点而随意编造有悖于生活逻辑的内容。

素材选取要根据测试目标和试题立意，结合学生的生活经历，从学生经常接触到的生活实践情境中，选取具有育人价值的、典型的学习情境、生活情境、学术情境和社会情境，找到学科与情境的有机融合点，将体现学科本质和育人价值的测评内容体现在真实情境与真实任务中，考查学生在解决真实问题、完成真实任务的过程中体现出的价值观念、必备品格和关键能力。

对于阅读任务而言，文本即情境。较好的阅读任务与考生在将来的目标情境中能遇到的阅读需求相似，要根据考查目标选择相应的文本材料。因此，要拓宽试题材料的选择范围，丰富材料类型，考虑文本话题的熟悉度、文本特征、语言难度、文本长度、文本的构成方式、非言语信息的量和特征等对阅读的影响。此外，要确保所选文本具有典型性，语言规范、地道，无政治性、科学性错误，不涉及商业宣传等。

策略二：情境创编合乎逻辑

情境的真实性意味着情境是合理的，是符合现实生活逻辑的。情境创编时所使用的语言文字表述要准确、规范、简洁、无歧义、符合表达习惯、语义连贯。情境要主题突出，信息充分且明确，尽量减少冗余信息，减轻学生的阅读负担。根据考试需要可以对源于真实生活的情境材料进行改写，引入一些虚拟的元素，如虚拟的时间、地点或人名，但不能违背生活常识，也就是“底色”必须是真实的，是令人信服的。

策略三：问题指向具有现实意义

试题情境应让学生体会到知识和技能的应用是为了解决实际问题，而不是为了再现学科知识。因此，基于真实情境的问题指向要有现实意义，体现知识的价值。

1. 要通过问题引导学生解决来自生活中的真实问题，完成来自生活中的真实任务，让学生真实地参与到知识构建、知识应用、社会发展等的探究、实践活动中，从而体现在做事中学习、在做事中成才的目的，发挥考试的育人价值。

2. 要挖掘情境中蕴含的信息，设置与真实生活相关联的任务，激发学生在真实的生活场景中探究和解决问题的动机，让考试从课堂向生活延伸，引导学生积极参与校外考察和社会调查，在实践中发现问题，并运用已有的知识、技能和方法去解决问题，提高实践能力，在生活中体验学科的科学价值和实用价值。

3. 生活中真实问题的解决不可能只依赖一门学科的知识或技能，要挖掘情境中不同学科之间的联系，站在宏观、综合的角度去考查学生的认识，关注高阶思维能力的考查，通过跨学科问题，引导学生综合运用所学知识解决问题，在不同学科领域之间建立更完整的知识体系，引发深度的思考。但是要注意跨学科整合涉及的学科概念、方法等必须严谨，经得起推敲。

三、命题实践

案例 1　语文（2023 · 山西）

◎试题初稿：

请阅读下面材料，完成第 16 题。

传统文化作为中华民族的瑰宝，如何将现代科技赋能传统文化新表达，努力实现中华优秀传统文化的创造性转化与创新性发展，成为一道时代必答题。班级开展了“当传统文化遇到现代科技”综合性学习活动，下面是成果汇报的内容。

【数字文化兴起来】

近年来，我国数字经济持续快速增长，成为推动经济高质量发展的重要力量。数字经济总量跃居世界第二，成为引领全球数字经济创新的重要策源地。数字文化的蓬勃发展离不开政策的支持和引导，我国数字文化体系建设加快了脚步。

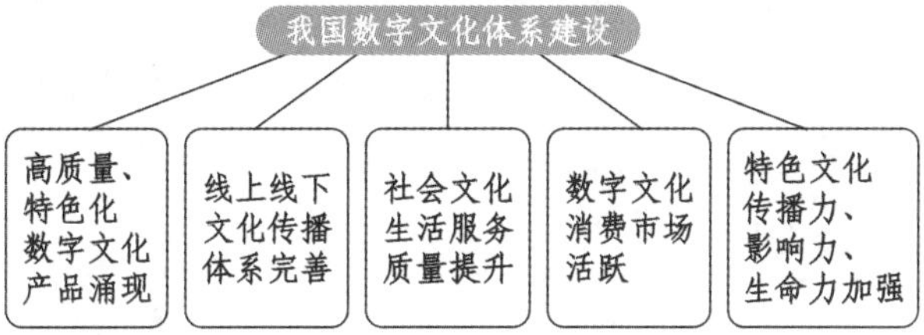

【科技赋能活起来】

“云端”旅游——天涯若比邻

以前需要飞越茫茫戈壁才能看到的承载着厚重传统文化的艺术珍品，如今，动动手指就可与之“亲密接触”。自20世纪90年代，敦煌开始数字化探索，为莫高窟的保护与传承开辟了全新路径。数字技术更让敦煌文物走出洞窟，跨出国门。

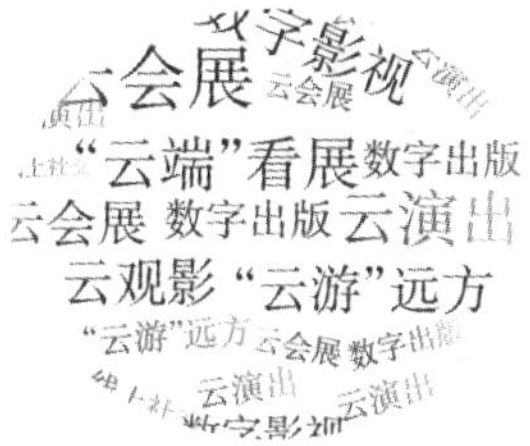

“云文化经济”形态快速涌现

不只敦煌，近年来，长城、三星堆、故宫等文博界“大咖”纷纷牵手高科技，古老文明在前沿科技助力下跨越千年与人们相见。而这些只是我国数字文化的一个缩影。随着文化与数字科技的深度融合，“云端”看展、“云游”远方……都不再是新鲜事。

情景再现——人在画中游

人在画中游，画在景中走。大型文化节目《诗画中国》就是通过技术的力量打通古典与新潮、历史与现代的关系，将传统文化与当代审美融合。艺术团队以中国经典名画作为内容载体，通过新媒体技术还原画中的特定场景，通过情景演绎和动态再现，运用影视化拍摄手段以及数字合成技术，让古诗、古画“活”起来……令观众能够更加代入式地感受诗画所营造的情景，充分展现中华历史之美、山河之美、文化之美。

人物模拟——飞天在人间

数字人，即虚拟或仿真人，通过计算机图形渲染、动作捕捉、深度学习、语音合成等技术打造而成。他们或化身为文博场所的导游，或成为文化短剧的主角，或担任对外传播的文化大使，以多种方式讲述着传统文化的故事。

数字人不仅能“说”，还能“演”。以“天好”为主角的系列短剧《千壁寻踪》及番外一经推出，立即圈粉无数，视频播放量目前已超3亿。通过这些短剧，观众领略了即将失传的巾舞的无穷魅力，见识了传说中的“反弹琵琶”的精妙绝伦，实现了传统之美与科技之美的融合。

【文化自信强起来】

党的二十大报告提出：“推进文化自信自强，铸就社会主义文化辉煌。”“增强中华文明传播力影响力。”面对世界舞台，我们应该坚持中华文化立场，坚定文化自信，在创造性转化与创新性发展中充分利用数字技术，创新表达方式，提升中华文化影响力，更好地推动中华文化走向世界。青少年是科技创新的“生力军”，肩负着传承文化、科技创新的使命。青少年不仅创造着多元的网络文化生态，也改变了传统文艺生产模式下的消费形态。新时代的青少年和文艺彼此“赋能”，共同走向时代的广阔舞台。

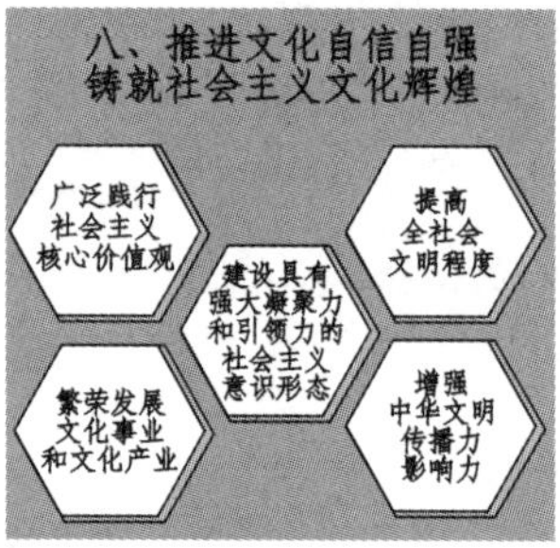

（摘自党的二十大报告）

16.（1）在文化传播领域，数字人承担着越来越多的任务。请阅读材料，捕捉相关信息，为数字人下定义。

（2）活动接近尾声，你将作为小组代表向大家介绍数字文化飞速发展给我国文化传播带来的影响，交流我国以数字科技助力传统文化取得的成果，

分享在当前国际形势下树立文化自信的重要性。请把你要说的话写下来。（不少于150字）

※发现问题：

1. “数字文化兴起来”板块中，相关政策的解读资料权威性不够。

2. 整道试题的文本素材文字内容较多，学生的阅读量偏大。

3. 数字人“天好”的插图和党的二十大报告内容要点摘录的图示不够生动，影响了任务情境的真实性和代入感。

4. 第（1）题的问题设计为考查“下定义”，与真实情境贴合度不高，不具备“真任务”的特点，对学生兴趣驱动性不高。

※优化情境：

1. 将第一板块中的内容更换为2022年中共中央办公厅、国务院办公厅印发的《关于推进实施国家文化数字化战略的意见》中的相关内容要点，并标明出处，确保政策摘录和解读的权威性。

2. 尊重学生的阅读体验，考虑学生真实的在考场中的感受，对素材文字进行适当删减，保留与考查目标相关联的重要信息，减少阅读量，增加思维含量。

3. 对图文内容加以丰富和充实。初稿材料中数字人“天好”的插图摘自《光明日报》，可将《光明日报》中其他介绍“天好”的文字改成“天好”自述的口吻批注于图片下方：“我叫天好，设计灵感来自传统飞天和唐代女俑。”这样修改使图文匹配更生动、更贴近学生心理。将第三板块展现党的二十大报告中关于文化自信自强内容的图片进行编辑，使画面更显稳重大气。

4. 修改问题设计，体现真情境下的“真任务”。初稿第（1）题的考查点仅停留在提取、筛查信息上，并且与现实生活联系不够紧密。将任务情境修改为运用数字科技为濒临失传剧种的传承与发展“赋能”，考查学生提取、概括、归纳、运用信息的能力，使问题与真实生活有机融合。

◎试题改稿：

请阅读下面材料，完成第16题。

传统文化作为中华民族的瑰宝，如何将现代科技赋能传统文化新表达，努力实现中华优秀传统文化的创造性转化与创新性发展，成为一道时代必答题。班级开展了“当传统文化遇到现代科技”综合性学习活动，下面是成果汇报的内容。

【数字文化兴起来】

数字文化的蓬勃发展离不开政策的支持和引导。2022 年，中共中央办公厅、国务院办公厅印发了《关于推进实施国家文化数字化战略的意见》。我国数字文化体系建设加快了脚步。

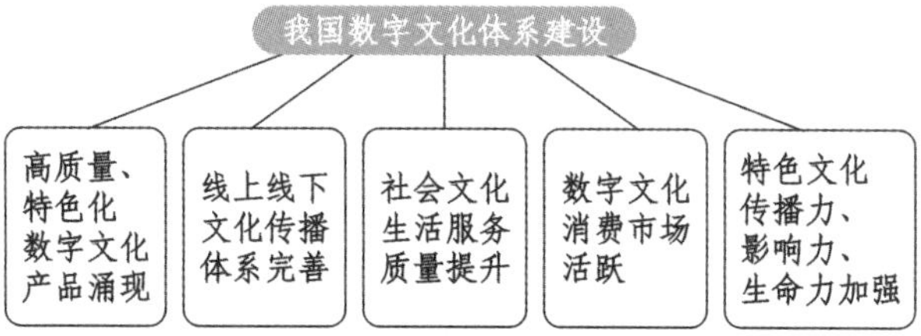

【科技赋能活起来】

“云端”旅游——天涯若比邻

以前需要飞越茫茫戈壁才能看到的承载着厚重传统文化的艺术珍品，如今，动动手指就可与之“亲密接触”。自 20 世纪 90 年代，敦煌开始数字化探索，为莫高窟的保护与传承开辟了全新路径。数字技术更让敦煌文物走出洞窟，跨出国门。

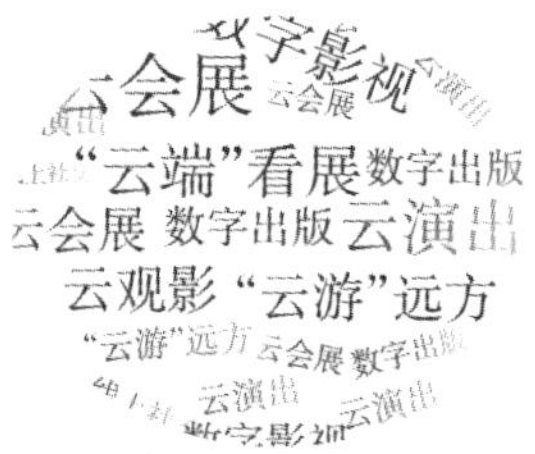

“云文化经济”形态快速涌现

随着文化与数字科技的深度融合，“云端”看展、“云游”远方……都不再是新鲜事。

情景再现——人在画中游

人在画中游，画在景中走。大型文化节目《诗画中国》就是通过技术的力量打通古典与新潮、历史与现代的关系，将传统文化与当代审美融合。艺术团队以中国经典名画作为内容载体，通过新媒体技术还原画中的特定场景，通过情景演绎和动态再现，运用影视化拍摄手段以及数字合成技术，让古诗、古画“活”起来……令观众能够更加代入式地感受诗画所营造的情景，充分展现中华历史之美、山河之美、文化之美。

人物模拟——飞天在人间

我叫“天好”，我的设计灵感来自传统飞天和唐代女俑

数字人，即虚拟或仿真人，通过计算机图形渲染、动作捕捉、深度学习、语音合成等技术打造而成。他们或化身为文博场所的导游，或成为文化短剧的主角，或担任对外传播的文化大使，以多种方式讲述着传统文化的故事。

数字人不仅能“说”，还能“演”。以“天好”为主角的系列短剧《千壁寻踪》，带领观众领略了即将失传的巾舞的无穷魅力，见识了传说中的“反弹琵琶”的精妙绝伦，实现了传统之美与科技之美的融合。

【文化自信强起来】

党的二十大报告提出：“推进文化自信自强，铸就社会主义文化辉煌。”“增强中华文明传播力影响力。”面对世界舞台，我们应该坚持中华文化立场，坚定文化自信，更好地推动中华文化走向世界。青少年是科技创新的“生力军”，肩负着传承文化、科技创新的使命。青少年不仅创造着多元的网络文化生态，也改变了传统文艺生产模式下的消费形态。新时代的青少年和文艺彼此“赋能”，共同走向时代的广阔舞台。

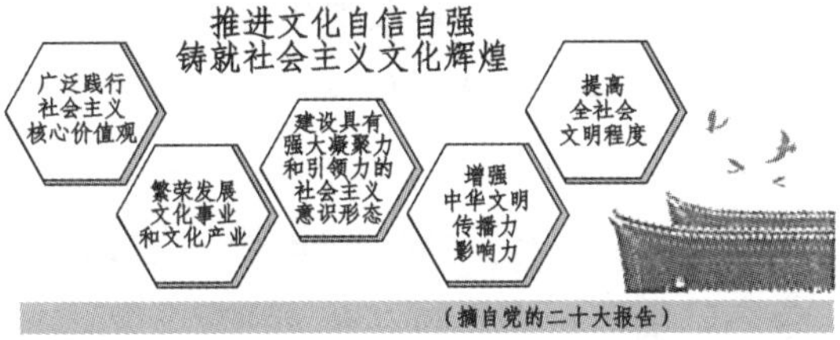

16. (1) 中国戏曲种类众多，部分地方剧种由于诸多因素濒临失传。如何运用数字科技为濒临失传剧种的传承与发展“赋能”？请结合成果材料的内容，提出一条建议并加以解释。

(2) 活动接近尾声，你将作为小组代表向大家介绍数字文化飞速发展给我国文化传播带来的影响，交流我国以数字科技助力传统文化取得的成果，分享在当前国际形势下树立文化自信的重要性。请把你要说的话写下来。（不少于150字）

※发现问题：

1. 本题只在引导语中提及“班级开展了‘当传统文化遇到现代科技’综合性学习活动”，下面的素材对此情境的体现不够，使得导语形同虚设，对学生的引导不够、代入感不强。

2. 第（2）题题干语句较长，任务指向层次不清晰，不易于学生理清答题思路，且作为综合性表达交流类试题，仅停留在考查提取、筛查信息的中低阶思维层级上。

※优化情境：

1. 创设更贴近学生的真实任务情境。修改关于活动背景的导语，还原了班级开展本次活动的真实情景，增加了小组名称及各小组交流成果汇报的方式，即“博学小组呈现了展板”“慎思小组拍摄了视频”“笃行小组分享了心得”，大大增加了真实性和可读性。

2. 将第（2）题的任务情境进行修改，改后的题干为“作为主持人进行总结性发言，分享收获与思考，展现新时代青少年的责任与担当”。这一设问指向“理解与运用”的高阶认知操作类型，体现课程标准中“思辨性阅读与表达”的发展型学习任务群，考查学生在真实情境下解决实际问题的能力，关注了学生思维品质的发展，有利于激发学生的探究欲望，体验知识再创造的过程。同时，改稿题干简洁、明确，便于学生捕捉问题的核心信息，对具体任务描述科学准确。例如，“总结性发言”意在统观全局，“收获与思考”意在要进行信息提炼加工、再创造，“展现新时代青少年的责任与担当”意在结合阅读材料，阐述自己的感悟和观点。精准描述任务要求，也是情境设置真实性的体现，改稿题干的部分要求以“写作提示”的形式出现，使题干层次更清晰，要求更明确，便于学生有条理地表达真情境下的“真体验”。

◎试题终稿：

请阅读下面材料，完成第 16 题。

传统文化作为中华民族的瑰宝，如何将现代科技赋能传统文化新表达，努力实现中华优秀传统文化的创造性转化与创新性发展，成为一道时代必答题。班级开展了“当传统文化遇到现代科技”综合性学习活动，下面是成果汇报的内容。

【“博学”小组呈现展板——数字文化兴起来】

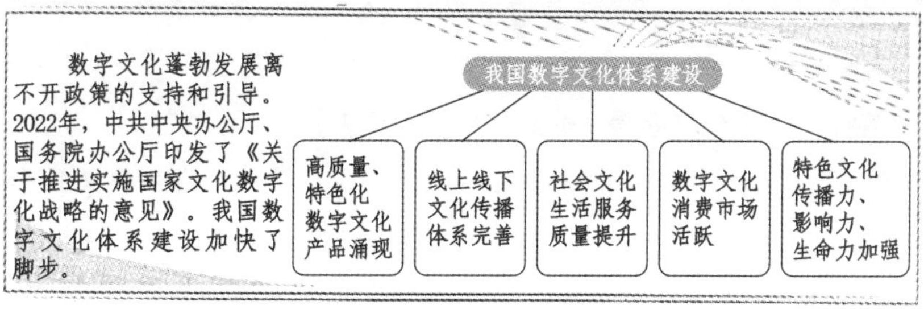

【“慎思”小组播放视频——科技赋能活起来】

“云端”旅游——天涯若比邻

以前需要飞越茫茫戈壁才能看到的承载着厚重传统文化的艺术珍品，如今，动动手指就可与之“亲密接触”。自20世纪90年代，敦煌开始数字化探索，为莫高窟的保护与传承开辟了全新路径。数字技术更让敦煌文物走出洞窟，跨出国门。

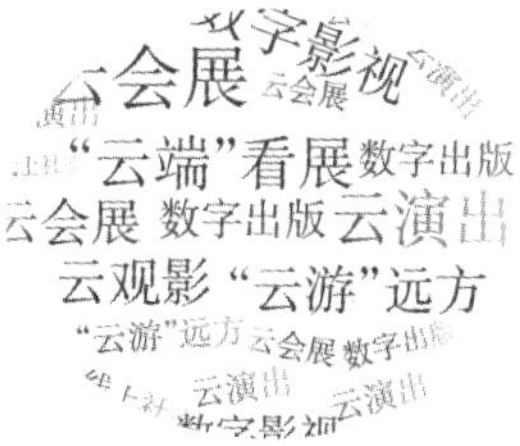

“云文化经济”形态快速涌现

随着文化与数字科技的深度融合，“云端”看展、“云游”远方……都不再是新鲜事。

情景再现——人在画中游

人在画中游，画在景中走。大型文化节目《诗画中国》就是通过技术的力量打通古典与新潮、历史与现代的关系，将传统文化与当代审美融合。艺术团队以中国经典名画作为内容载体，通过新媒体技术还原画中的特定场景，通过情景演绎和动态再现，运用影视化拍摄手段以及数字合成技术，让古诗、古画“活”起来……令观众能够更加代入式地感受诗画所营造的情景，充分展现中华历史之美、山河之美、文化之美。

人物模拟——飞天在人间

数字人，即虚拟或仿真人，通过计算机图形渲染、动作捕捉、深度学习、语音合成等技术打造而成。他们或化身为文博场所的导游，或成为文化短剧的主角，或担任对外传播的文化大使，以多种方

我叫“天妤”，我的设计灵感来自传统飞天和唐代女俑

式讲述着传统文化的故事。

数字人不仅能“说”，还能“演”。以“天好”为主角的系列短剧《千壁寻踪》，带领观众领略了即将失传的巾舞的无穷魅力，见识了传说中的“反弹琵琶”的精妙绝伦，实现了传统之美与科技之美的融合。

【“笃行”小组分享心得——文化自信强起来】

党的二十大报告提出：“推进文化自信自强，铸就社会主义文化辉煌。”“增强中华文明传播力影响力。”面对世界舞台，我们应该坚持中华文化立场，坚定文化自信，更好地推动中华文化走向世界。青少年是科技创新的“生力军”，肩负着传承文化、科技创新的使命。青少年不仅创造着多元的网络文化生态，也改变了传统文艺生产模式下的消费形态。新时代的青少年和文艺彼此“赋能”，共同走向时代的广阔舞台。

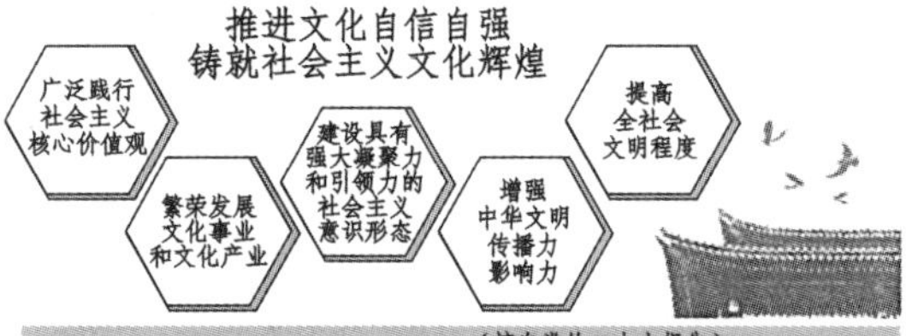

（摘自党的二十大报告）

16.（1）中国戏曲种类众多，部分地方剧种由于诸多因素濒临失传。如何运用数字科技为濒临失传剧种的传承与发展“赋能”？请结合成果材料的内容，提出一条建议并加以解释。

（2）活动接近尾声，你将作为主持人进行总结性发言，分享本次活动给你带来的收获与思考，展现新时代青少年的责任与担当。

写作提示：①发言主题为“当传统文化遇到现代科技”；②结合三个小组成果汇报内容；③不少于150字。

※情境解读：

试题情境创设的真实性原则，意味着要重视所选材料的来源真实权威，尊重学生真实考场感受，设计符合真情境的“真任务”，唤醒学生真情境下的“真体验”。

本题为非连续性文本阅读，材料源自权威媒体《光明日报》，紧密联系当前社会科技发展，以“当传统文化遇到现代科技”为话题，创设了学生学习生活中比较熟悉的综合性学习活动的任务情境，着力考查学生的语文听说读写能力，落实课程标准中要继承和弘扬社会主义先进文化的要求。

（案例撰写：屈艳）

案例2　物理（2023·山西）

◎试题初稿：

戈壁滩上的“向日葵”

在甘肃省敦煌市西南方向约15千米的戈壁滩上有一处充满科幻感的设施（如图甲所示），这是目前全球装机容量第二的熔盐塔式光热电站。光热电站的镜场面积约140多万平方米，1万多面巨大的定日镜在计算机的精确控制下，能如同向日葵一样随着太阳位置变化而变化，使太阳光时刻都能聚集到260米高的吸热塔的吸热器上。

甲

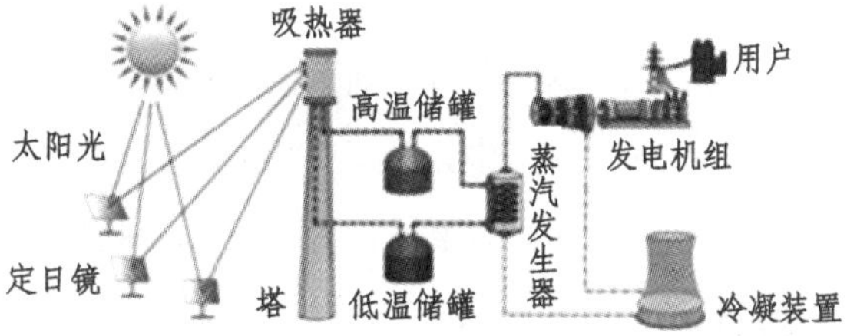

乙

在北半球的正午，太阳光由南往北倾斜照射，位于吸热塔北面的定日镜，阳光的入射角极小，定日镜的面积可以全部作为有效面积反射阳光。而位于吸热塔南面的定日镜，阳光的入射角很大，反射阳光的有效面积大大缩小了。

在塔式太阳能热发电系统中，吸热器是最关键的核心部位，吸热器内部有多个平行排列的吸热管组成的管屏，它将定日镜所捕捉到的太阳光直接转化为可以高效利用的热能，将热量存储在液态熔盐中，为汽轮发电机组提供所需的热源。夜晚，低温熔盐通过储热系统与储热材料交换，把白天储存的热量提取出来，产生高温熔盐，推动汽轮机工作，提供电能。

※发现问题：

《义务教育物理课程标准（2022年版）》明确要求“从能源开发与利用的角度体会可持续发展的重要性”，了解太阳能、风能、氢能等能源的开发对可持续发展的意义，了解有关低碳生活的信息，调查当地使用的主要能源及其对当地经济和环境的影响，提出开发当地可再生能源的建议。

为此我们选择了“全球装机容量第二的熔岩电站”为切入点，考查能源与可持续发展。本题情境来源于《科学世界》（第362期）中的一篇文章，文章内容符合课程标准中对能源方面的考查要求，指向学生在真实情境中获取信息、分析和解决问题的能力。这样的试题情境不仅激发了学生浓厚的学习兴趣，还从根本上提高了学生的科学素养和交流表达能力。

由于原文较长，字数达3000多字，选取整合素材资源是试题命制的第一步。从目前的初稿来看，有些文字表达和学生日常学习过程中的表述不同，需要修改。

※优化情境：

初稿中提到的“热量”一词在初中物理中属于“过程量”而不是“状态量”，所以不能说“热量存储在液态熔盐中”，应当修改为符合学生认知的“内能”一词。初稿中还出现“高效利用的热能”，尽管“热能”也是“内能”，但是为了便于学生尽快理解文章，把它改为学生熟悉的“内能”，可以减少学生对这篇科普文章的陌生感。

◎试题改稿：

戈壁滩上的“向日葵”

在甘肃省敦煌市西南方向约15千米的戈壁滩上有一处充满科幻感的设施（如图甲所示），这是目前全球装机容量第二的熔盐塔式光热电站。光热电站的镜场面积约140多万平方米，1万多面巨大的定日镜在计算机的精确控制下，能如同向日葵一样随着太阳位置变化而变化，使太阳光时刻都能聚集到260米高的吸热塔的吸热器上。

在北半球的正午，太阳光由南往北倾斜照射，位于吸热塔北面的定日镜，阳光的入射角极小，定日镜的面积可以全部作为有效面积反射阳光。而位于吸热塔南面的定日镜，阳光的入射角很大，反射阳光的有效面积大大缩小了。

甲

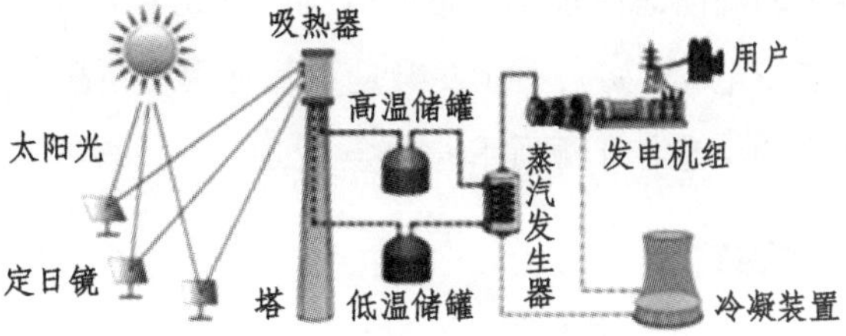

太阳能光热发电的原理

乙

在塔式太阳能热发电系统中，吸热器是最关键的核心部位，吸热器内部有多个平行排列的吸热管组成的管屏，它将定日镜所捕捉到的太阳光直接转化为可以高效利用的内能，将内能存储在液态熔盐中，为汽轮发电机组提供所需的热源。夜晚，低温熔盐通过储热系统与储热材料交换，把白天储存的热量提取出来，产生高温熔盐，推动汽轮机工作，提供电能。

※发现问题：

创设真实情境首先要保证阅读材料的真实、准确、权威、可靠。其次，图示要能有效辅助学生阅读。甲图选择了镜阵分布图作为全景图，意在让学生了解光热电站的整体分布，宏观感知光热发电的壮观景象。乙图是太阳能光热发电的原理图，其中清晰标注了光热电站各部分的名称，意在引导学生从图中获取信息，为后续的任务完成作好铺垫。但是在情境整合过程中发现，原图已经给出定日镜分布方向，不利于后续任务设定。另外，试题希望通过阅读引发学生思考“光热发电如何实现24小时持续发电，晚上是如何继续发电的”，所以再次对材料进行修改，并根据情境设置符合学生思维顺序的任务。

※优化情境：

情境确定后，根据课程标准要求，结合学生认知设定任务，务求情境与任务水乳交融，情境与目标一体化设置，且问题设计遵循由易到难的原则，设问逐层深入，最后指向高阶思维。第（1）题考查提取信息的能力，学生阅读材料可知入射角不同，定日镜有效面积不同。为了让学生通过材料分析定日镜的分布情况，删掉图中“南”“北”的提示信息。第（2）题需要分析图片，在能量转化流程图中，通过分析发电过程才能获得正确的答案，考查了学生的高阶思维能力。同时，为更好地促使学生对“晚上如何发电”“晚上能不能发电”“如果不能发电是不是利用率不高”等系列问题进行思考，把原素材中的信息作了删除和增补等处理。

◎试题终稿：

38. 阅读短文，回答问题。

戈壁滩上的“向日葵”

在甘肃省敦煌市西南方向约 15 km 的戈壁滩上有一处充满科幻感的设施（如图甲所示），这是目前全球装机容量第二的熔盐塔式光热电站。光热电站的镜场面积约 140 多万平方米，1 万多面巨大的定日镜在计算机的精确控制下，能如同向日葵一样随着太阳位置变化而变化，使太阳光时刻都能聚集到 260 m 高的吸热塔的吸热器上。

在北半球的正午，太阳光由南往北倾斜照射，位于吸热塔北面的定日镜，阳光的入射角极小，定日镜的面积可以全部作为有效面积反射阳光。而位于吸热塔南面的定日镜，阳光的入射角很大，反射阳光的有效面积大大缩小了。

甲

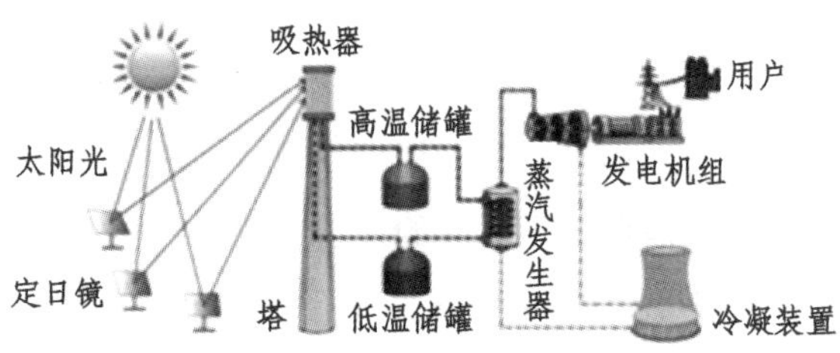

乙

在塔式太阳能热发电系统中，吸热器是最关键的核心部位，吸热器内部有多个平行排列的吸热管组成的管屏，它将定日镜所捕捉到的太阳光直接转化为可以高效利用的内能，将能量存储在液态熔盐中，为汽轮发电机组提供所需的热源。

（1）太阳能光热电站利用平面镜________太阳光，聚集到吸热塔上进行加热。在镜阵最外层的大圈，定日镜呈现明显的分布不对称，吸热塔南边的定日镜比北边少，原因是________________________________。

（2）请结合图乙完成太阳能光热发电的能量转化流程图。

太阳能→内能→________→电能

（3）熔盐储热是利用高温熔化状态下的无机盐把能量储存起来，当熔盐温度________时，便可把储存的内能释放出来，可以实现 24 小时均有高温熔盐推动汽轮机工作，实现持续发电。

※情境解读：

“注重阅读能力”是山西“一核·六维·四手段”命题理论中的“六个维度”之一。本题选取“甘肃敦煌塔式太阳能光热发电”为科普阅读素材，落实课程标准“渗透新科技的理念，引导学生关注科技发展，关注技术进步，也关注生态的改变”的要求，该试题情境的选择具有时代性，引导学生追踪科技前沿，通过阅读增长知识，开阔视野，深挖情境材料中涉及的物理问题，并运用所学物理知识进行解答。这样的试题不仅拓展了学生的思维空间，还培养了自主学习的能力，引导学生阅读科普文章，经历提取信息、分析处理信息、得出结论、在真实场景中寻求真问题解决的过程，并对科学技术的进步产生自豪感。

如何用精练的语言阐述情境，减少学生繁重的阅读量，而且要让学生明晰材料的内容和重点所在，一直是阅读题命制的关注点。本题阅读材料取自课外，材料中包含初中物理所学习的知识点，在此基础上确立考点，从以下三个层次进行设问：一是直接从材料中获取信息；二是对材料中的信息进行简单加工再作答，这样难度会高于第一层次；三是在理解材料的基础上再深度加工后才能够作答。考点的设置遵循由易到难的原则，设问逐层深入，指向学生的学习能力和思维能力。

（案例撰写：姜晓娟　阎晶森）

案例 3　数学（2023·山西）

◎试题初稿：

14. 中国古代的“四书”是《论语》《孟子》《大学》《中庸》四部著作的总称，它蕴含了儒家思想的核心内容，是中华文化的精华．小乐想从书柜顶层平放的这四部著作中随机抽取两本（先随机抽取一本，不放回，再随机抽取另一本），则抽取的两本恰好是《论语》和《大学》的概率是________.

※发现问题：

1. 试题以“在中国古代的‘四书’中随机抽取两本”为任务情境，目的是渗透中华优秀传统文化的同时，考查用列举法求随机事件的概率。但从试题设置的“小乐想从书柜顶层平放的这四部著作中随机抽取两本（先随机抽取一本，不放回，再随机抽取另一本）”的任务情境分析，读书活动是反映一个人的阅读兴趣、习惯、目的等主观愿望较强的学习活动，试题只是强调了随机抽两本书，没有说明抽取这两本书的目的是什么，情境的真实性不够，情境与任务之间的关联性不强。

2. 试题设想的任务情境为“从书柜顶层平放的四部著作中随机抽取两本，求抽取到的两本恰好是《论语》和《大学》的概率”，但考虑到学生可能因不明确“放不放回”以致影响答题，所以初稿任务情境为“先随机抽取一本，不放回，再随机抽取另一本”，但这样表述的情境又显得不够自然。

※优化情境：

为了保持本题原有的命题意图不变，在考查用列表或画树状图法求随机事件概率的同时，渗透和弘扬中华优秀传统文化，引导学生形成积极正确的价值取向，同时考虑到本题在全卷中的位置是第 14 题，预估难度为 0.85，且阅读量不宜过大，对试题情境作了如下思考和优化：

删掉了初稿中“小乐想从书柜顶层平放的这四部著作中随机抽取两本”的任务设定，删掉小乐在书柜抽取书的图片，以“假设抽取两本书为前提”，在四部书中“先随机抽取一本，不放回，再随机抽取另一本”为任务情境，求抽取到的两本书恰好是《论语》和《大学》的概率。这样的修改既达到考查“学生用画树状图法或列表法求简单随机事件的概率”的目的，同时还能更好地体现情境的真实性。

◎**试题改稿：**

14. 中国古代的“四书”是《论语》《孟子》《大学》《中庸》四部著作的总称，它蕴含了儒家思想的核心内容，是中华文化的精华．若从这四部著作中随机抽取两本（先随机抽取一本，不放回，再随机抽取另一本），则抽取的两本恰好是《论语》和《大学》的概率是________．

※**发现问题：**

中华文化博大精深，在中国文明不断进步的过程中，产生了许许多多优秀的传统文化，试题情境中将儒家思想表述为“中华文化的精华”不够准确。

※**优化情境：**

将改稿中“蕴含了儒家思想的核心内容，是中华文化的精华”修改为“是儒家思想的核心著作，是中华传统文化的重要组成部分”，使得试题情境的表述更为准确严谨。

◎**试题终稿：**

14. 中国古代的“四书”是《论语》《孟子》《大学》《中庸》，它是儒家思想的核心著作，是中华传统文化的重要组成部分．若从这四部著作中随机抽取两本（先随机抽取一本，不放回，在随机抽取另一本），则抽取的两本恰好是《论语》和《大学》的概率是________．

※**情境解读：**

试题创设了以中国古代的儒家思想核心著作“四书”为背景的情境，考查学生用列表、画树状图等方法求简单随机事件的概率，渗透和弘扬中华优秀传统文化，激发学生的文化自信。

反思本题情境创编的过程，再次提醒命题人在选取日常生活中的素材创设情境时，要符合人们的真实行为，同时要注意情境与学习任务之间的关联性。

（案例撰写：雒相维）

案例 4　历史（2023·山西晋中）

◎试题初稿：

晋华中学为培养学生了解家乡、热爱家乡的情感，开设了地方史课程，编写了地方史教材《人文山西》。下面是该书的部分目录，请你据此完成第14、15题。

目录

第一章	华夏文明的“主题公园”	1
第二章	地处中原的地理位置	15
第三章	民族交融的舞台与熔炉	53
第四章	勇于创新的山西人	73
第五章	多彩多姿的文化艺术	95
第六章	奋斗中的近代山西	117
第七章	与共和国一起成长的山西	147
第八章	改革开放中崛起的山西	165
……		

14. 下列能入选第四章内容的是　（　　）

A. 叔虞封唐——晋国建立　　B. 走西口——安土重迁

C. 鲜卑内迁——建立北魏　　D. 山西票号——汇通天下

15. 下面是该书第七章中的片段，据此推断当时的时代背景是　（　　）

 “抗美援朝号”履带拖拉机	1950 年，山西机器公司（山西机器厂）研制生产出我国第一台拖拉机——“抗美援朝号”履带拖拉机。

A. 人民解放战争的胜利　　B. 新生政权建立和巩固

C. 三大改造的基本完成　　D. 人民公社化运动开展

※发现问题：

1. 情境创设要符合真实性。本题的题干语句描述不够严谨，同时不符合生活真实。如“了解家乡”不是一种情感，也不适合用“培养”。不当的表述给学生阅读造成一定的理解障碍，需进行修改。

2. 为了体现情境的真实性，试题特意编制了地方史教材《人文山西》的目录表，设置了章节栏目，每一章都按照时序性对山西进行了介绍，突出其地方史教材的作用和地位。但是个别章节标题的拟定不够准确，如第二章“地处中原的地理位置”，内容与整本书的立意不够吻合，需进行修改；第四章“勇于创新的山西人”涵盖范围、内容过多，指向不清晰。

※优化情境：

1. 以真实性为情境创设的基本原则，对情境题干语言描述进行了修改，把“晋华中学为培养学生了解家乡、热爱家乡的情感”改为“晋华中学为培养学生热爱家乡的情感”，把“编写了地方史教材《人文山西》”改为“编写了校本教材《人文山西》”。修改后的情境更加真实可信，语言也更加简洁流畅。

2. 针对章节目录的概括性不够全面、个别主题不够突出、指向不够明确的问题，把第二章“地处中原的地理位置”变更为“天下形势必有取于山西”，把第四章“勇于创新的山西人”变更为“称雄商海五百年的晋商”。修改后的目录更能体现校本教材《人文山西》的人文性特点，指向更加清晰，学生可以快速依据情境素材提取有效信息进行作答，有助于试题考查目标的达成。

◎试题改稿：

晋华中学为培养学生热爱家乡的情感，开设了地方史课程，编写了校本教材《人文山西》。下面是该书的部分目录，请你据此完成第14、15题。

目录

14. 下列能入选第四章内容的是（　　）

A. 叔虞封唐——晋国建立　　B. 走西口——安土重迁

C. 鲜卑内迁——建立北魏　　D. 山西票号——汇通天下

15. 下面是该书第七章中的片段，据此推断当时的时代背景是（　　）

 “抗美援朝号”履带拖拉机	1950 年，山西机器公司（山西机器厂）研制生产出我国第一台拖拉机——“抗美援朝号”履带拖拉机。

A. 人民解放战争的胜利　　B. 新生政权建立和巩固

C. 三大改造的基本完成　　D. 人民公社化运动开展

※发现问题：

1. 第 14 题考查山西古代史内容，四个选项中的历史事件都与山西有关，学生需要根据情境选择一个最符合主题的答案。磨题时发现个别选项内容对于学生比较陌生，比如“走西口——安土重迁”所反映的史事，不利于学生依托情境进行解答，选项需要进行重新设置。

2. 第 15 题考查山西近现代史内容，情境由图片和文字共同构成，学生需要进行图文互证，根据图片和文字史料提取有效信息，进行归纳总结。但是选项中内容描述用词不够严谨，需进行调整。

※优化情境：

1. 考虑到本试卷使用区域为晋中地区，原选项中的“走西口——安土重迁”在知识领域方面对于学生来说比较陌生，结合学情特点，变更为“山西大学堂——高等教育”，方便学生快速提取有效信息，得出历史结论。

2. 第 15 题选项中的表述不够严谨，容易引发歧义，结合教材内容，将 B 选项“新生政权建立和巩固”变更为“新中国的建立和巩固”，使表述更精准，便于学生根据情境图片和文字史料提取信息，进行作答，体现了价值观导向的要求，有助于核心素养的培养。

◎试题终稿：

晋华中学为培养学生热爱家乡的情感，开设了地方史课程，编写了校本教材《人文山西》。下面是该书的部分目录，请你据此完成第 14、15 题。

目录

14. 下列能入选第四章内容的是 （ ）

A. 叔虞封唐——晋国建立 B. 山西大学堂——高等教育

C. 鲜卑内迁——建立北魏 D. 山西票号——汇通天下

15. 下面是该书第七章中的片段，据此推断当时的时代背景是 （ ）

“抗美援朝号”履带拖拉机

1950 年，山西机器公司（山西机器厂）研制生产出我国第一台拖拉机——“抗美援朝号”履带拖拉机。

A. 人民解放战争的胜利 B. 新中国的建立和巩固

C. 三大改造的基本完成 D. 人民公社化运动开展

※情境解读：

本题以山西地方史为主题，创设真实任务情境“编写地方史教材《人文山西》”，试题立意突出弘扬山西优秀历史文化和红色文化。通过情境的创设，实现情与境的互动共振，由此筑牢价值观发展的基石，培养学生时空观念、史料实证、家国情怀等历史核心素养，实现学科育人功能。

本题题型为选择题，经过修改的试题情境更加符合学生的实际学习生活。学生在依托情境作答时，从史料中获取历史信息，并以情境内容为依据进行归纳、得出结论，突出了史证意识，增强了对家乡的热爱，培养了正确的价值观。

（案例撰写：李相伯）

案例 5　道德与法治（2023 · 山西）

◎试题初稿：

我该怎么办？

学校心理咨询室接到下列 3 个电话：

电话 1：上了初中，其他男生都变声了，我却没有变化；别人有小胡须，我却没有；别人的脸光洁帅气，我的脸却被讨厌的痘痘“占领”。现在我是又急又烦。

电话 2：考试时同桌让我给他递纸条，我没听从，这段时间他就不理我。我主动找他沟通，他还是不理。现在，我好郁闷，踢了两场足球也不顶用。

电话 3：我才练了几天小提琴，家门就被邻居贴上纸条，说得有点不客气：“不要在晚上 9 点后练琴，不是第一次了！扰民，扰民！”

假如你是值班老师，你该如何回应？

电话 1：答：________________________。

电话 2：答：________________________。

电话 3：答：________________________。

※发现问题：

情境的真实性原则体现在真实场景中对问题的解决，反映在试题中，就是情境应有一些细节的描写和铺垫。而且，既然要真正解决问题，也需要有分析和思考的时间，这同样是生活真实的必然要求。但考试不能把生活原原本本搬到试题中，而是要根据评价任务和目标，对生活情境进行加工。情境可以创编，但一定要源于生活，符合生活的逻辑，具有现实的基础与合理性。

依据这一原则，发现试题初稿中存在一些问题：

1. 阅读量偏大，3 个咨询电话接近 200 字，无形中压缩了学生思考和分析问题的时间。

2. 缺乏对任务情境真实具体的刻画，细节较少，真实性不足。

3. 情境中接到电话的是老师，要求学生以老师身份解决问题，同样有失生活的真实。

※优化情境：

1. 减少情境阅读量。经过仔细斟酌，发现“电话 3”所反映的问题不具有普遍性，其中主人公所遇到的问题也不是典型的心理问题，因此将“电话 3”删除。

2. 细化情境。将事情的发生放在“阳光心理驿站”这一学生社团开展活动的情境中，设问方式也稍作了一些调整。

3. 将接到电话的人改为“该社团成员”，让学生身份代入更真实自然。

◎试题改稿一：

我该怎么办？

省城某校“阳光心理驿站”社团在最近的一次活动中，接到了下列两个咨询：

咨询 1：上了初中，其他男生都变声了，我却没有变化；别人有小胡须，我却没有；别人的脸光洁帅气，我的脸却被讨厌的痘痘“占领”。现在我是又急又烦。

咨询 2：考试时同桌让我给他递纸条，我没听从，这段时间他就不理我。我主动找他沟通，他还是不理。现在，我好郁闷，踢了两场足球也不顶用。

假如你是该社团成员，你该如何回应？

咨询 1 回复：____________________。

咨询 2 回复：____________________。

※发现问题：

1. 一个普通的学生社团就有能力解决学生的心理问题与困惑吗？这个情境创设的真实性存疑。

2. 明明来咨询的是两个活生生的人，但情境表述中却用缺乏情感色彩的

“咨询 1”“咨询 2”代替，缺乏艺术，缺少温度，这同样会影响情境的真实性。

※优化情境：

1. 强调“阳光心理驿站”是一个经过专业心理学培训的学生社团，并进一步表明它是“同学们诉说心事、排解烦恼的温馨家园”，细节的完善让情境更加真实可信。

2. “咨询 1”“咨询 2”改为“小晋”“小阳”，简单的符号变成了具体明确的人，增强情境真实性的同时也进一步拉近了考生与情境中人物的距离。

◎试题改稿二：

我该怎么办？

省城某校“阳光心理驿站”社团是一个经过专业心理学培训的学生社团，是同学们诉说心事、排解烦恼的温馨家园。下面是社团开放日活动时，小晋和小阳同学的烦恼：

小晋：上了初中，其他男生都变声了，我却没有变化；别人有小胡须，我却没有；别人的脸光洁帅气，我的脸却被讨厌的痘痘“占领”。现在我是又急又烦。

小阳：考试时同桌让我给他递纸条，我没听从，这段时间他就不理我。我主动找他沟通，他还是不理。现在，我好郁闷，踢了两场足球也不顶用。

作为社团成员的你，会如何帮助他们呢？

回复小晋：__________________________。

回复小阳：__________________________。

※发现问题：

1. 继续审读试题，发现“小阳”所倾诉的烦恼中，“不顶用”一词口语化色彩明显，而且，踢球到底是对缓和同学关系不顶用还是对调节自己情绪不顶用？内容指向不够明确，可能会产生歧义，容易导致学生出现认知障碍，影响其素养水平的正常展现。

2. 从调整整份试题难度的角度考虑，考生任务量较大。

※优化情境：

1. 删除“踢了两场足球也不顶用”的表述，避免了试题语言不规范可能给学生带来认知困惑的可能。

2. 把原来解决两位同学的困惑改为“请从以上两位同学中选择一位，为他排解烦恼”，也因此在情境文字的表达上作出相应调整，把“下面是社团开放日活动时，小晋和小阳同学的烦恼”改为“在该社团开放日活动时，小晋同学和小阳同学来社团倾诉了他们各自的烦恼”。

◎试题终稿：

我该怎么办?

省城某校“阳光心理驿站”是一个经过专业心理学培训的学生社团，是同学们诉说心事、排解烦恼的温馨家园。

在该社团开放日活动时，小晋同学和小阳同学来社团倾诉了他们各自的烦恼：

小晋　上了初中，其他男生都变声了，我却没有变化；别人的脸光洁帅气，我的脸却被讨厌的痘痘“占领”。现在我是又急又烦。

小阳　考试时同学让我给他递纸条，我拒绝了，结果这段时间他一直不理我。我几次主动找他沟通，也无济于事，我很郁闷。

假如你是该社团成员，请从以上两位同学中选择一位，为他排解烦恼。

※情境解读：

严格依标命题，是中考命题的首要原则。2011 年版课程标准明确要求：悦纳自己的生理变化，促进生理与心理的协调发展；学会调节和控制情绪，保持乐观、积极的心态；学会以恰当的方式与同龄人交往，建立同学间的真正友谊；领会诚实是一种可贵的品质，努力诚实做人；以正确的价值观为标准，作出正确的道德判断和选择。课程标准强调：道德与法治课程要积极培养学生道德修养、健全人格等核心素养，要求学生能自主调控自身的情绪波动，具有良好的沟通能力，主动建立良好的人际关系；认识青春期的身心特征，建立同学间的友谊。

本题期望通过真实任务情境的创设，展现学生调节和管理情绪的能力，引导学生学会解决现实生活中的心理健康问题。

经过多次修改，本题呈现出如下特点：第一，立足核心素养，培养健全人格。本题的任务完成中，体现了正确认识自己，能够自我调节和管理情绪，乐观开朗、自尊自信的健康心理素质及开放包容、理性表达的良好素养。第二，情境创设真实。本题选取学生遇到心理健康问题的真实情景，案例典型，贴近学生实际。经过多个细节的变化，情境更加真实而具体，从而能让学生更快地进入情境，找准回答问题、解决任务的切入点，学生有话可说，给学生以良好的考场体验。第三，关注表达交流。本题的设问要求为同学排解烦恼，这就需要放在真实的任务情境中进行回应，不能简单罗列课本知识点，学生要会表达、善交流、能共情，体现了对学生能力、素养的考查。第四，重视问题解决。本题任务的解决使得知识不再是碎片化、机械化的简单堆砌，而是有了生命、有了灵魂，知识成为学生解决实际问题的实用工具，考试就由知识立意走向了素养立意。

（案例撰写：张增建　吴建平）

案例 6　英语（2023·山西）

◎试题初稿：

A:Hey,guys. ＿21＿

B:Pretty good! My grandpa took me to the theater to watch Jin Opera.

C:Wow,Jin Opera? ＿22＿

B:Yes. Though it was my first time to watch it,I fell in love with it.

A:Really? ＿23＿

B:Colorful clothes,beautiful voices...

A:Sounds great. ＿24＿

C:Me,neither. Maybe we will watch it another day. Would you like to join me?

A: ＿25＿ I hope to enjoy the art with you all.

B:I heard that Jin Opera will enter into our school next month. We will have a chance to enjoy our local art.

C:I am looking forward to it. Let's enjoy together.

Sure, I'd like to.
Did you like it?
What did you see?
Why did you like it?
I've never seen it before.
How did you feel about it?
How was your weekend?

※发现问题：

该题的任务设计未能从绝大部分学生的真实生活经历出发，未能从学生经常接触到的生活实践情境中选取素材，当前的情境虽然具有育人价值，但是大部分学生对晋剧比较陌生，如果选取这一情境，学生会因为背景知识不足而导致阅读困难，与考查学生口语交际能力的目标不太相符。

※优化情境：

选取神舟十六号成功发射这一热点事件作为情境素材，将情境立意改为"中国航天科技发展引导学生感受祖国的强大，激发民族自豪感和自信心，涵养家国情怀"的价值导向，创设了去航天博物馆参观的情境，并由此展开对话，这样更贴近学生的生活体验，考查学生在真实情境中的交际能力，同时引导学生关注生活，关注社会热点事件。

◎试题改稿一：

A: Hello, everyone. __21__

B: Fantastic! I have learned a lot about space science.

C: I saw the progress of China's space program. Do you think so?

A: __22__ It did get a lot of success.

B: Right! Shenzhou XVI rose into the space successfully on May 30th. __23__

C: Yes, I have. This is the pride of our Chinese.

A: Yeah! Our space technologies are making a further step.

B: The astronauts are heroes in my heart. __24__

C: Jing Haipeng. He has been sent to the space four times.

A: Unbelievable! I really want to be a person like him.

B: __25__ I'd like to use my knowledge to achieve my dream.

A. Me, too.
B. I agree with you.
C. What did you do?
D. Thank you very much.
E. Have you heard of it?
F. Who touches you most?
G. How was your trip to the space museum?

※发现问题：

1. 情境创设未能充分体现功能性语言在真实口语交际中的运用，个别语句结构复杂，不符合口语交际中的表达习惯，且对话内容逻辑性欠佳。

2. 在内容上，对话围绕航天事业发展和航天员展开讨论，未能充分挖掘情境中有关家国情怀和航天精神等方面的内涵。

※优化情境：

1. 删除了“I saw the progress of China's space program. Do you think so?”和“Yeah! Our space technologies are making a further step.”这两个较为复杂的句子，情境更加简洁，交流变得更加顺畅。

2. 挖掘情境内涵，确立了“弘扬航天精神，向航天员学习”的立意，回应了培养有理想、有本领、有担当的时代新人的要求。在改稿一的基础上增加了有关航天精神的对话内容：All the astronauts are my heroes. Their fighting spirit touches me deeply，引导学生体悟航天精神，努力成为像航天人一样的具有奋斗精神的人。这样的立意高度，服务于学生的发展，体现了情境的价值观导向功能。

◎试题改稿二：

A: Hey, Lin Tao. __21__

B: Fantastic! I've learnt a lot about China's space technology. How rapidly it develops!

C: __22__ It did get a lot of success.

B: Right! Shenzhou XVI rose into the space successfully on May 30th. __23__

A: Of course I did. I feel so proud of our country.

B: Me too. Jing Haipeng is my hero. __24__

A: All the astronauts are my heroes. Their fighting spirit touches me deeply.

C: Amazing! __25__

B: Cool. Let's work harder for our dreams.

A. I agree.
B. Thank you.
C. What did you do?
D. Who touches you most?
E. Did you watch the news?
F. I really want to be a person like him.
G. How was the trip to the space museum?

※发现问题:

情境任务涉及的考点多为语意理解，对功能性语言的考查不足，需要对素材进行进一步修订，改变对话的内容、语言的表达形式，调整考点的选择，以达到在真实情境中考查交际能力的目的。

※优化情境:

增加考查口语交际中功能性语言的题目。第 24 题设定为功能句，用"What about yours?"询问对方信息。第 22 题设定为对中国的航空技术发展迅速这一事实的肯定，根据上文的表述"How rapidly it develops!"，应答时对这一事实表示肯定，因此用"That's true."作答。

◎试题终稿:

五、补全对话

下面是手机群聊的界面，请根据聊天内容，从所给的选项中选出能填入空白处的最佳选项。选项中有两项为多余项。

(*Three friends are talking about the school trip.*)

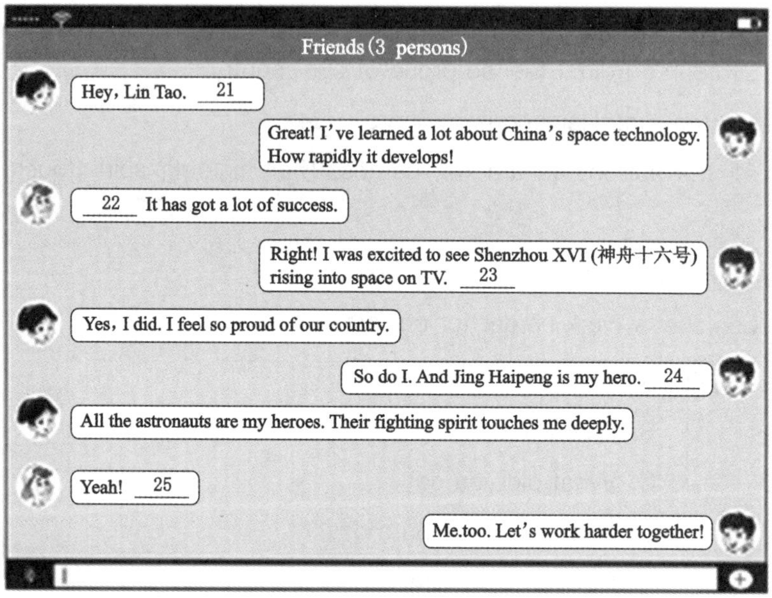

A. Thank you.
B. That's true.
C. I have no idea.
D. What about yours?
E. Did you watch the news?
F. I want to be a person like them.
G. How was your trip to the space museum?

※情境解读：

本题呈现了手机微信群聊的界面，三个好朋友正在谈论学校参观航天博物馆之行，其中谈到了神舟十六号载人飞船成功发射以及航天精神，意在体现我国航天事业的快速发展，试题具有积极正面的价值导向作用。

情境素材源于真实事件，情境的描述符合基本的现实生活逻辑，体现出知识和技能的应用是为了解决实际问题，而不是为了再现学科知识。这样的情境创设有利于考查学生在特定语境中运用所学语言与他人进行口头交流、有效询问、恰当表达、完成交际任务的能力，同时包含对学生交际策略的考查以及相应的情感态度和文化意识的引导。在真实情境中创设符合现实意义的任务，让学生在问题的引导下身临其境地去解决问题，体现了在做事中学习、在做事中成长的理念，考试的育人价值得以落实。

（案例撰写：申彦敏）

案例7　生物学（2023·山西）

◎试题初稿：

探究肾脏的工作原理

肾功能衰竭后，如果不及时治疗，人就会因中毒而死亡。肾脏是如何排“毒”的呢？某校生物社团的同学们了解到，每个肾脏含有大约100万个“过滤工厂”——肾单位。为了进一步理解其工作原理，同学们在老师的指导下制作了过滤装置，图一是小青组的作品。图二是肾单位结构示意图。

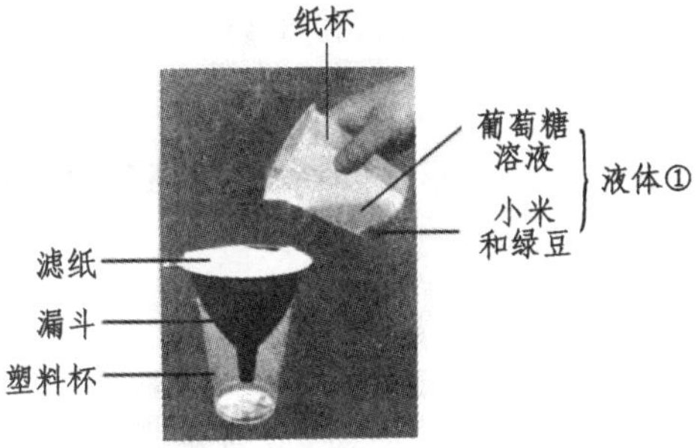

图一

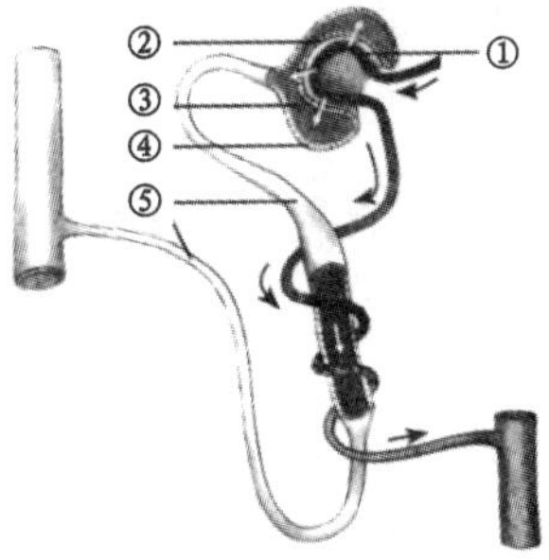

图二　肾单位结构图

（1）小青想针对本组制作的过滤装置与肾单位的对应关系进行说明，请你帮她补充完整：

过滤装置	肾单位结构
液体①	血液
小米和绿豆	________
滤纸	[　] ________和[　] ________

（2）过滤后流入塑料杯中的液体相当于图二③中的液体________，同学

们用葡萄糖试纸检测，他们是否能检测到葡萄糖呢？________

图二所示⑤中的液体除了葡萄糖外，还有________、________等成分。

（3）健康人的尿液中没有葡萄糖，与图二所示结构［ ］的________作用有密切关系。

（4）通过以上探究活动，小青和同学们明白了肾脏对人体的重要性，即________

※发现问题：

1. 本题考查主题为“探究肾脏的工作原理”，与制作模型的实践活动这个任务情境联系相对紧密，但与中考的考查要求有所差距。肾脏的功能主要体现在肾单位，肾脏作为重要的排泄器官，所代表的是人体排出废物的功能，而人体排出废物还有其他途径。

2. 过滤装置模型这一真实情境素材没有充分利用，应增加设问，考查学生对核心概念“肾单位”的深度理解。

3. 检测装置中塑料杯内的葡萄糖并不能代表肾小囊腔（图中③）内的液体中有葡萄糖，因为用滤纸过滤的原理与肾小球和肾小囊内壁的过滤原理不同。

4. 主题优化后，不应再针对肾脏的功能进行设问，因为肾脏的功能就是通过肾单位实现的，如此设问重复。

※优化情境：

1. 将主题更换为“探究人体内废物的排出”，能够更好地发挥本题中的核心情境过滤装置模型在“人体的排泄”这一重要概念中的作用，考查范围更广泛，能更好地引领教师在教学中整体把握大概念和重要概念。

2. 增加过滤装置与肾单位的对应内容的考查，加强对真实情境素材的运用。在过滤装置与肾单位的对应表格中增加关于原尿形成的设问，使过滤装置动态化，情境和问题更加生动、真实。

3. 初稿第（3）题的设问与情境关联度低，科学性不足，应删去。

4. 对初稿第（4）题进行优化，将问题指向人体内废物的排除途径，设置为开放性简答题。

◎试题改稿：

探究人体内废物的排出

某校生物社团的同学们了解到，肾脏是人体排出废物非常重要的器官，每个肾脏含有大约100万个“过滤工厂”——肾单位（如图二）。当出现肾衰竭时，如果不及时治疗，人就会因体内废物积累而死亡。肾脏是如何排“毒”的呢？同学们在老师的指导下制作了过滤装置，来模拟肾单位部分结构的工作原理，下图一是小青组的作品。请分析回答：

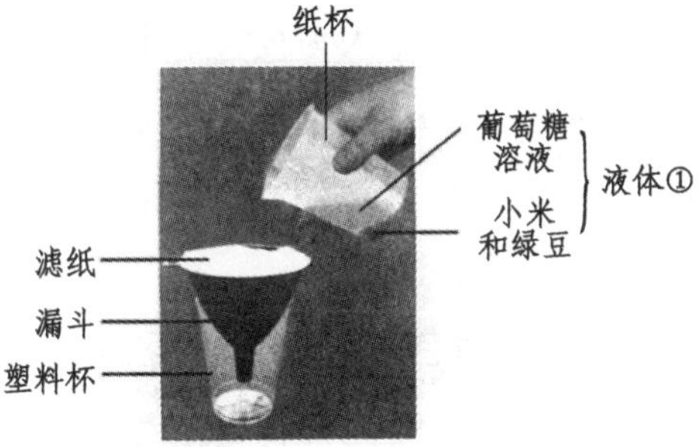

图一

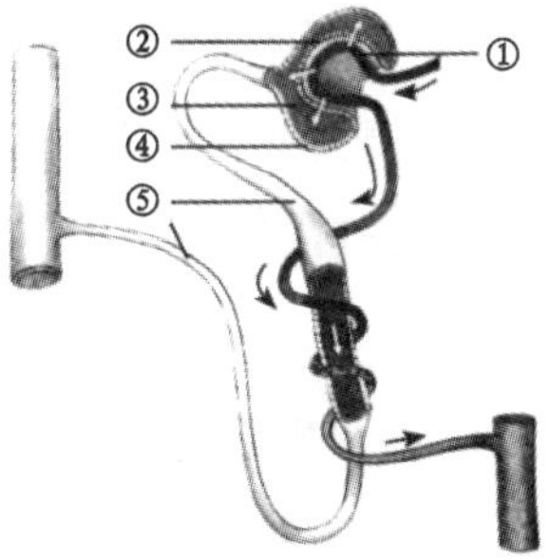

图二　肾单位结构图

（1）小青针对本组制作的过滤装置与肾单位的对应关系进行说明，请你帮她补充完整：

过滤装置	肾单位结构
液体①	血液
小米和绿豆	________
滤纸	[　] ________和 [　] ________
过滤后流入塑料杯中的液体	③中的液体，即________

（2）小青和同学们总结了肾单位的工作原理：如图二所示，通过过滤作用和［　］的________作用就形成了尿液。与③中的液体相比，健康人的尿液中不含________，通过排尿，人体将________和多余的________等“毒”排出体外。

（3）人体除通过排尿排出废物之外，还有其他排泄途径，请答出其中一

种（要求具体说明结构名称和所排出的废物）：________

※发现问题：

1.“某社团”“某小组”等情境创设形式过于陈旧，影响了情境素材的真实性，也降低了题目的新颖性。“肾衰竭”一词包含更深奥的生物学、医学原理，不对学生作解释直接将其作为情境的一部分，明显不当。但如果作清晰描述则需要大量文字，会增加学生的阅读负担，且此情境容易让学生产生畏难心理，作为试题情境素材缺乏温暖。

2. 图中序号使用混杂，序号①在图一中表示模型中的液体，在图二中又表示肾单位的具体结构，指代不清。此外，表格中人为设置了干扰学生思考和答题的障碍，“[ ] ________”这种形式使试题信息和卷面显得凌乱。应在不改变考查目标的前提下予以修订，使试题的表达形式更简洁明了，便于学生答题。

3. 设问语境不符合情境中“小青”这一角色设定的描述用语，需优化语境和设问。

※优化情境：

1. 将“某社团”“某小组”等删除，换用适当情境描述语句。同时优化肾脏排“毒”这一说法，强化肾脏与人体排出废物的相关性描述。

2. 对题目中表格内容的呈现方式和图中标号的使用进行调整，既要符合学生答题需求，又不让学生在区分不同序号的过程中耗费宝贵的时间。对表格中过滤装置与肾单位之间的对应关系直接以“模拟”二字给出，更方便学生阅读理解和作答。

3. 充分利用过滤模型这一情境素材，对设问进行再度优化。改变设问内容和设问方式，使之更贴近题目所设置的情境中“小青”的真实用语。

◎试题终稿：

探究人体内废物的排出

人体每时每刻都在产生废物，这些废物若不及时排出，就会影响健康。许多废物是通过肾脏形成的尿液排出的，每个肾脏包括大约 100 万个形成尿液的“过滤工厂”——肾单位（如图二）。那么，肾单位是如何形成尿液的呢？在老师的指导下，同学们制作了过滤装置来模拟肾单位部分结构的工作原理。图一是小青组的作品。请分析回答：

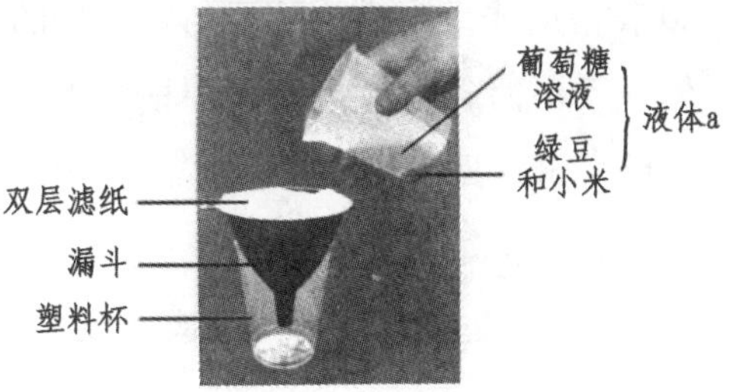

图一　小青组制作的过滤装置

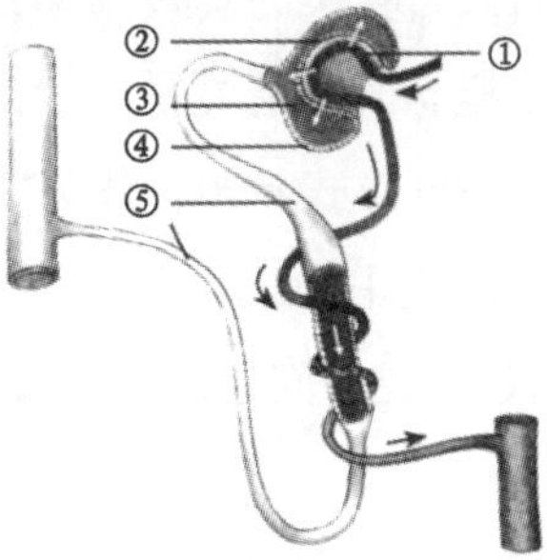

图二　肾单位结构及尿的形成示意图

（1）小青准备代表本组向大家介绍他们的过滤装置，设计了如下表格，请你帮她补充完整：

过滤装置		肾单位
液体 a	模拟	①中的血液
绿豆和小米	模拟	血液中的__________
双层滤纸	模拟	①________和②________
过滤后流入塑料杯中的液体	模拟	③中的液体，即______

（2）小青和同学们总结了肾单位的工作原理：如图二所示，血液流经①时，通过________作用形成了③中的液体；该液体流经⑤________时，全部的________、大部分的水和部分无机盐被____________，回到血液中，剩余的部分就形成了尿液。通过排尿，人体将________和____________等废物排出体外。

（3）最后，老师问同学们："除以上途径外，人体还能通过哪些途径排出废物呢？"请你也说出一种：____。

※情境解读：

命题中所选用的情境素材应具有明确的导向，即依托课程标准，导向学生需形成的正确价值观、必备品格和关键能力。在生物学科中，则明确导向生物学核心素养，即生命观念、科学思维、探究实践、态度责任四大核心素养。

本题以学生活动——制作模拟肾单位部分结构功能的过滤装置模型为情境，素材来自真实的实践活动；利用模型所使用的材料及过滤操作过程与肾单位基本概念的紧密关联设置问题，以表格形式呈现模型装置与肾单位的对应关系，设问形式新颖，任务明确，体现了山西省中考命题“一核·六维·四手段”理论中的“不确定性结构”。题目最后回归主题“人体内废物的排出”，通过开放性问题进一步考查学生的知识迁移能力。

（案例撰写：甄宝莉）

案例 8　地理（2023·山西）

◎试题初稿：

为建设宜业宜居和美乡村，某中学地理社团利用节假日去周边地区进行研学考察。下图示意某地区等高线地形图（数值单位：米）。据此完成 4~6 题。

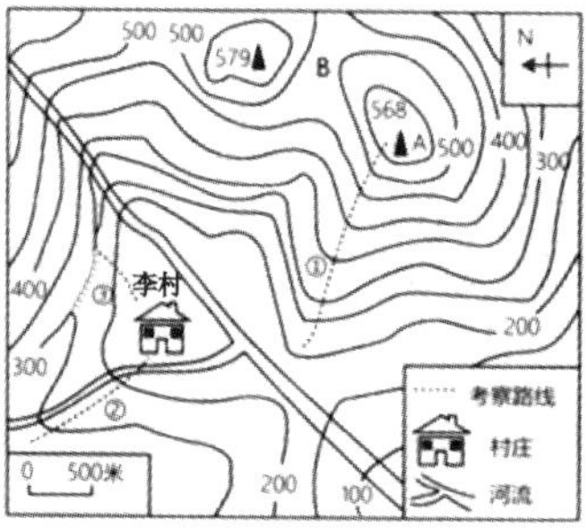

4. 适合开展研学考察的天气是（　　）

A. 　B. 　C. 　D. 

5. 从李村出发沿线路①到达山峰的方向是（　　）

A. 东南　B. 东北　C. 西北　D. 西南

6. 为振兴乡村经济发展，李村适宜开发（　　）

A. 攀岩　B. 采摘　C. 垂钓　D. 冲浪

※发现问题：

打磨试题过程中发现，初稿情境虽然设置为“研学考察”，但是并未明确指出研学考察的目标，像给试题贴了一个“情境标签”，学生没有代入感，不符合情境真实性原则。

※优化情境：

将试题情境修改为：“我国南方某市河口村位于河流交汇处的低地，河道泥沙淤积问题长期威胁百姓安全。近年来，在政府的关怀下，河口村整体搬迁并建成宜居宜业的和美乡村。为了解河口村的‘前世今生’，某中学地理社团前往河口村附近进行研学考察。”修改后的情境更符合学生真实的生活体验。任务指向研学活动过程，引导学生有序地从情境中获取关键信息和思维线索，并应用知识和方法解决问题。情境的真实性得以凸显，在一定程度上满足了对学生解决复杂现实问题能力的测评需求。

◎试题改稿一：

我国南方某市河口村位于河流交汇处的低地，河道泥沙淤积问题长期威胁百姓安全。近年来，在政府的关怀下，河口村整体搬迁并建成宜居宜业的和美乡村。为了解河口村的“前世今生”，某中学地理社团前往河口村附近进行研学考察。下图示意某地区等高线地形图（数值单位：米）。据此完成4~6题。

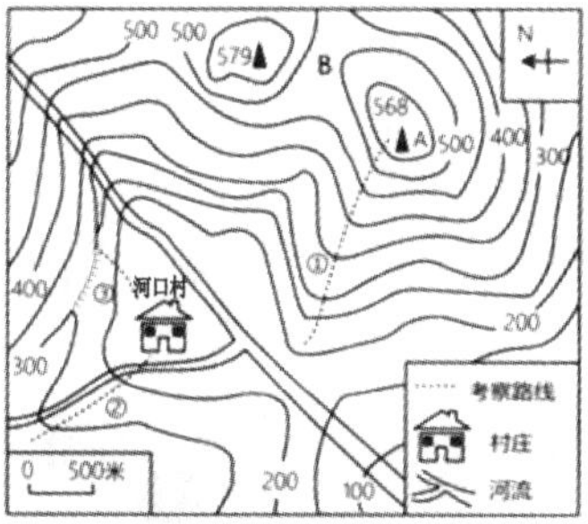

4. 适合开展研学考察的天气是 （　　）

A. 　　B. 　　C. 　　D. 

5. 从河口村出发沿线路①到达山峰的方向是　（　　）

A. 东南　　B. 东北　　C. 西北　　D. 西南

6. 为振兴乡村经济发展，河口村适宜开发　（　　）

A. 攀岩　　B. 采摘　　C. 垂钓　　D. 冲浪

※发现问题：

在二次打磨过程中发现，第 4 题学生无需阅读情境素材也可作答，说明任务并未从情境中生发出来，本题情境是人为设计的一个“假情境”，未能有效考查学生的综合思维和地理核心素养水平。

※优化情境：

为了更好地还原真实的研学情境，使之符合生活逻辑，同时为了考查学生综合思维能力的发展层级，在处理素材的时候，将天气符号以选项的方式呈现改为了以素材内容的方式呈现，任务指向由简单的识别天气符号改为指向研学日期的考查，学生需要获取并分析图像信息，进行加工后得出结论。在知识难度不变的情况下，提高了思维含量。

◎试题改稿二：

我国南方某市河口村位于河流交汇处的低地，河道泥沙淤积问题长期威胁百姓安全。近年来，在政府的关怀下，河口村整体搬迁并建成宜居宜业的和美乡村。为了解河口村的“前世今生”，某中学地理社团前往河口村附近进行研学考察。下图示意河口村及其周边地区等高线地形图（数值单位：米）。据此完成 4~6 题。

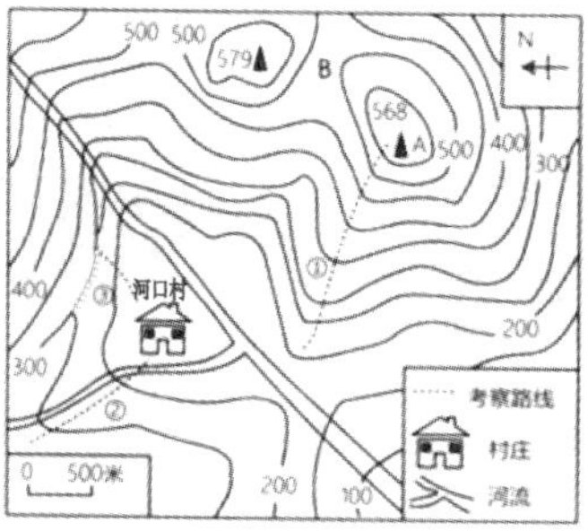

7 月 10 日	7 月 11 日	7 月 12 日	7 月 13 日
16~21 ℃	18~24 ℃	19~26 ℃	22~29 ℃

4. 适合开展研学考察的时间是　　　　　　　　　　　　　　　　（　　）

A. 7 月 10 日　　B. 7 月 11 日　　C. 7 月 12 日　　D. 7 月 13 日

5. 从河口村出发沿线路①到达山峰的方向是　　　　　　　　　　（　　）

A. 东南　　B. 东北　　C. 西北　　D. 西南

6. 为振兴乡村经济发展，河口村适宜开发　　　　　　　　　　　（　　）

A. 攀岩　　B. 采摘　　C. 垂钓　　D. 冲浪

※发现问题：

第三次审稿时发现，第 5 题和第 6 题的题型不够新颖，并且“从河口村出发沿线路①到达山峰的方向”和“为振兴乡村经济发展，河口村适宜开发”这两个任务设置与真实的研学活动中遇到的问题契合度不够高，属于典型的再现知识，思维层级较低，试题的区分度不高。

※优化情境：

为了确保情境素材与任务设置的真实性，在打磨试题的过程中，将第 5、6 题的任务设置修改为“新旧村址的位置关系”“旧村搬迁的原因”，使情境创编真实还原了研学过程，符合学生的真实体验，任务设置与情境自然融合，重点考查学生在真实任务情境中解决问题的能力，反映出学生思维层进式的发展过程。

◎试题终稿：

我国南方某市河口村位于河流交汇处的低地，河道泥沙淤积问题长期威胁百姓安全。近年来，在政府的关怀下，河口村整体搬迁并建成宜居宜业的和美乡村。为了解河口村的“前世今生”，某中学地理社团前往河口村附近进行研学考察。下图示意河口村及其周边地区等高线地形图（数值单位：米）。据此完成 4~6 题。

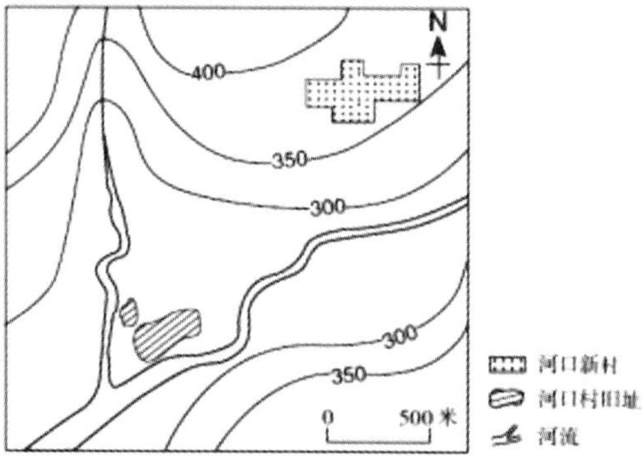

7月10日	7月11日	7月12日	7月13日
16~21 ℃	18~24 ℃	19~26 ℃	22~29 ℃

4. 适合开展研学考察的时间是　　（　　）

A. 7月10日　B. 7月11日　C. 7月12日　D. 7月13日

5. 河口新村位于旧址的　　（　　）

A. 东南方向　B. 东北方向　C. 西北方向　D. 西南方向

6. 据图推测河口村旧址易发生的自然灾害是　　（　　）

A. 洪涝　B. 地震　C. 海啸　D. 干旱

※情境解读：

本试题落实了山西中考命题理论“一核·六维·四手段”中立德树人、素养立意、导向教学的“一核”原则。在命制之初以“乡村振兴战略”作为背景素材，在素材创编时以“乡村研学考察”为主题来设置真实任务情境，引导学生关注国家发展战略，关心家乡发展，考查学生综合思维能力和人地协调观的素养水平，从而落实立德树人的根本任务。

通过几次改稿发现，情境创设越真实，试题思维含量就越高，区分学生地理核心素养发展水平的功能就越显著。本试题情境创设的意图在于体现课程标准中“能够观察、描述、解释家乡生产生活中的地理事物和现象，表现出主动学习及问题探究的意识和能力”的课程内容，从第一稿中的简单创设一个“假”的研学活动，到终稿中将河口村搬迁前后的素材介绍清楚，信息更充分，更符合真实世界的真问题，同时也增加了阅读能力的考查。同时，经过反复打磨后的试题终稿任务的设置与情境联系紧密，以考察过程中“寻访搬迁后的新村，对比新旧村址的位置关系”“结合地形图和文字资料，推测搬迁原因”等一连串逻辑关联性强的问题链贯穿全部任务设置，以研学过程作为任务产生的顺序，设计巧妙，情境自然，切实做到了解决真实世界的真问题。

（案例撰写：牛晓琳）

第三节　适切性——符合学生认知经验和学习水平

一、基本原则

情境创设的适切性是指情境所采用的生活、生产或社会背景，应该与学生在现实生活中遇到的问题类似，是大多数参加考试的学生所熟悉的，不会因为学生对问题背景陌生而造成阅读理解和思考解答的障碍。另外，情境素材应与学生的年龄特征、成长规律、认知水平、活动经验、认知体验等契合度高，能兼顾到大多数学生的发展水平，有利于科学准确测量不同个性、不同地域学生的学业水平质量。

二、操作策略

情境创设的适切性原则的操作策略可以从课程标准要求、评价目标、学生发展三个维度去实施。具体关系如下图：

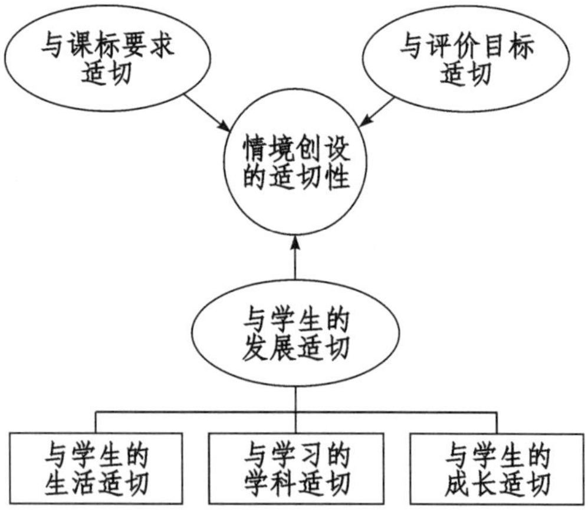

情境创设的适切性原则示意图

学业水平考试是依据学业质量标准，对学生学完本课程后课程目标达成度进行的终结性评价，是评价学生的学业质量、学校的教学质量和引导教师改进教学的重要参考。而情境作为试题的重要组成部分，其质量的高低直接影响着考试评价结果的准确性，因此在创设情境时，要充分考虑情境与课标要求、评价目标、学生成长的适切度。

策略一：与课标要求适切

创设情境时，要遵循课程标准的要求。情境素材所含内容既不能超出、也不能低于课程标准规定的目标要求，所创设的情境要与课程标准中的课程目标、内容要求、学业要求、学业质量标准相一致，特别是在创设跨学科类情境时，所选择的素材内容一定不能超出所跨学科的课程标准要求，保证试题情境符合学生的知识经验和认知水平。

策略二：与评价目标适切

创设情境要考虑考查目标、命题意图等因素。在有限的卷面中让学生体验“具体真实的世界”，考查学生应对实际的能力水平，必然要考虑全卷的预估难度、学生的阅读水平等，如创设真实的问题情境必然要对情境进行解释与说明，这就需要尽量使用简洁精练的语言，合理控制情境素材的阅读量、情境信息的复杂度等因素，使得情境更好地为评价目标服务，使评价结果有较好的信度和效度。

策略三：与学生的发展适切

第一，情境要与学生的生活适切。试题情境的创设要充分考虑到不同层次、不同地域学生的日常生活体验与感受，做到试题情境对绝大多数学生公平与公正。在创设情境时，一般应选择学生熟悉的日常生活场景、社会热点等素材，这种情境对大多数学生来说有较好的现实感受与情感体验，便于精准测量学生的学业水平质量。

如果试题所选择的情境素材对于不同地域的学生有较大的体验落差，或者对于大多数学生比较陌生，如跨学科类素材、科技发展类素材等，则要对陌生信息、学生不熟悉或不易理解的现象、非本学科类专业名词术语等进行必要的解释，扫清学生的体验障碍，确保试题情境对全体学生是公平和公正的。

第二，情境要与学生学习的学科适切。试题情境能否充分考虑和兼顾学生的认知水平与学科活动经验，是衡量情境创设是否有较好适切度的依据之一。情境创设要有利于反映不同层次学生的认知水平。创设情境时要以“起点低、入口宽、立意高”为原则，使试题情境与任务有利于检验学生的思维水平，促使学生运用多种方法思考和解决问题。

第三，情境要与学生的成长适切。不同年龄阶段的学生，其认知规律和成长经验不同，试题情境的创设要充分考虑到本年龄段学生的认知规律，认真分析本学科本学段学生的思维方式、思维特征与认知能力层级。比如不同年龄段的学生单位时间内的阅读量就有着较大的差异，合理控制素材的阅读量就是情境创设所要考虑的因素之一。再如不同年龄段的学生对同一事物或同一现象认识的角度、深度、广度、关注度也呈现出不同程度的差异，因而试题情境所蕴含的分析与解决问题的主要方式要与这个年龄段的学生分析解决问题时的主要思维方式或特征相契合。

三、命题实践

案例 1　语文（2023 · 山西）

◎试题初稿：

四方食事，化作人间烟火；岁月悠悠，酿就生活绵长。请阅读下文完成第 15 题。

母亲的厨房

我站在厨房里，为从老厨房带过来的一刀、一铲、一瓢、一碗、一筷、一勺伤情。这些东西，没有一样不是母亲用过的。

我也为母亲没能见到这新厨房，没能见到新厨房里的每一样新东西而嘴里发苦，心里发灰。

为新厨房置办这四个火眼带烤箱的炉子的时候，母亲还健在，我曾夸下海口：“妈，等咱们搬进新家，我给您烤蛋糕，烤鸡吃。”

可是，母亲根本就没能走进这个新家。

事到如今，这一切努力还有什么意义？

分到这套房子以后，我没带母亲来看过。总想装修好了，搬完家、布置好了再让她进来，给她一个惊喜。后来她住进了医院。

可是直到母亲出院的时候，这房子还不能住人。我只好先把她接到先生的家里。

所以母亲是在先生家里过世的。

厨房里的每一件家什都毫不留情地对我说：现在，终于到了你单独对付日子的时候了。

我觉得无从下手。

翻出母亲的菜谱，每一页都像被油炝过的葱花，四边焦黄，我从那上面，仍然能嗅到母亲调出的油、盐、酱、醋，人生百味。

也想起母亲穿着用我的劳动布旧大衣改制的又长又大的围裙，戴着老花镜，俯身在厨房碗柜上看菜谱的情景。

母亲的菜谱上，有些菜目用铅笔或钢笔画了勾，就像给学生判作业打的对勾。

那些铅笔画的勾子，下笔处滑出一个起伏，又潇洒地扬起它的长尾，直挥东北，带着当了一辈子教员的母亲的自如。

那些钢笔画的勾子，像是被吓得不轻，哆哆嗦嗦地走出把握不稳的笔尖，小心地、拘谨地、生怕打搅了谁地缩在菜目的后面而不是前面，个个都是母亲这辈子的注脚。

那些画勾的主食有半焦果子、脆麻花、糖泡、荷叶饼、枣糕……

那些画着勾子的菜目，都是最普通不过的家常菜，如糖醋肉片、软溜肉片、粉皮凉拌白肉、炒猪肝、西红柿黄焖牛肉。鱼虾类的菜谱里，档次最高的不过是豆瓣鲜鱼，剩下的不是煎蒸带鱼，就是香酥带鱼。至于虾、蟹、鳖等是想都不想的。

不过我们家从切几片白菜帮子用盐腌腌就是一道菜，到照着菜谱做菜，已是鸟枪换炮了。

其实，像西红柿黄焖牛肉、葱花饼、绿豆米粥、炸荷包蛋，母亲早已炉火纯青，其他各项，没有一项付诸实践。

我一次次、一页页地翻看着母亲的菜谱，看着那些画着勾、本打算给我们做，而又终于没有做过的菜目，尽量回忆母亲在厨房里的劳作。

我敢说，母亲的烙饼，饭馆都赶不上，她在世的时候我们老说，应该开一家“张老太太饼店”，以发扬光大母亲的技艺。每当我们这样说的时候，就是好事临门也还是愁眉苦脸的母亲，脸上便难得地放了光。就连她脸上的褶子，似乎也放平了许多。对她来说，任何好事如果不是和我们的快乐，乃至一时的高兴联系在一起的话都没有什么实际的意义。

还有母亲做的炸酱面。有人会说，不就是烙饼、炸酱面吗？不知母亲用的什么诀窍，她烙的饼、炸的酱就是别具一格。也不是没有吃过烹调高手的烙饼和炸酱面，可就是做不出母亲的那个味儿。

心里明知，往日吃母亲做的烙饼、炸酱面的欢乐，是跟着母亲永远地去了，可是每每吃到烙饼和炸酱面，就忍不住地想起母亲和母亲的烙饼、炸酱面。

每一家的厨房，只要有母亲在，就一定是母亲的，母亲不在了，其实也还是母亲的。

（作者张洁，有删改）

15. 学校举办“美文助成长”活动，在学校公众号上，老师推荐了散文名篇《母亲的厨房》。

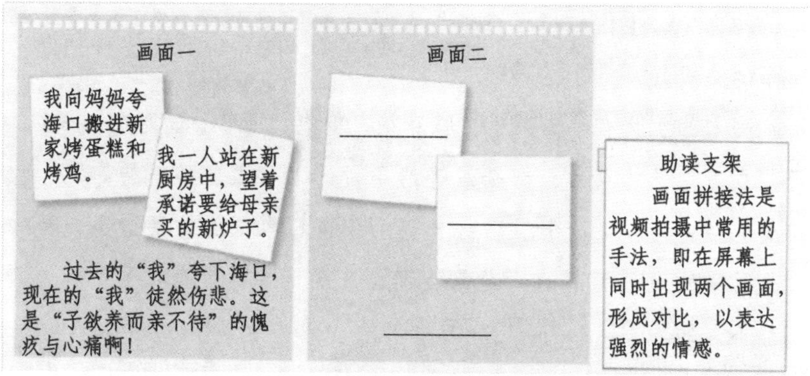

（1）学校以《母亲的厨房》为素材，采用画面拼接法拍摄了一组短视频，由几幅画面组成，以此激发同学们对“母亲”及“母爱”的思考与关注。请你完成其中一幅画面，包括配文。

（2）活动中同学们在公众号纷纷留言，对本文作了评价，任选一句，围绕这句评语展开论述。

润物无声：诸般绘母文，此章最伤情。

野之鹤：以小见大最是动人。

轻舞飞扬：因为细节的加持，文章更生动也更厚重。

流星雨：母亲的世界是厨房，空间虽狭小，形象却高大。

※发现问题：

1. 本题语料根据茅盾文学奖获得者张洁的散文《母亲的厨房》改编而来。选文以一方小天地“厨房”为载体，用独特视角展现母亲生活点滴，于琐碎的叙述中流露出母女间的深情。故事贴近生活，适合学生阅读，但初稿语料虽经删改，仍有许多信息与试题任务设置关联不大，应继续进行调整。

2. 试题初稿的任务情境是拍摄短视频，事实上文中作者母亲已经去世，母亲生活场景无法再现，因此情境设置需修改。其次，要求采用画面拼接法来激发学生对“母亲”及“母爱”的思考与关注，将学生对文章情感主旨的体会直接限定到“母爱”这一话题中，未能充分尊重学生不同的阅读感受，不利于答题思维的开放。

※优化情境：

1. 删去关于“母亲重病未能见到新厨房”和“母亲在菜谱上勾画的笔迹”的内容，使文章紧紧围绕作者追忆“母亲的厨房”展开，中心更明确，主线更突出，便于学生从文中感受文学语言和人物形象的独特魅力，获得个性化的审美体验。这一修改根据测量需求剔除无关的内容，将阅读量控制在适合学生考场阅读的范围内，较好地凸显了所选材料与情境的适切性。

2. 更换拍摄短视频的情境设置，使其符合真实生活，同时将设问角度放宽，不局限于对“母亲”“母爱”的关注，考查学生从多角度品味作品的语言、形象、主题，表达对作品的独特理解的能力。修改后的试题开放度更高，更便于呈现学生真实的阅读体验。

◎试题改稿一：

四方食事，化作人间烟火；岁月悠悠，酿就生活绵长。请阅读下文完成第 15 题。

母亲的厨房

我站在厨房里，为从老厨房带过来的一刀、一铲、一瓢、一碗、一筷、一勺伤情。这些东西，没有一样不是母亲用过的。

我也为母亲没能见到这新厨房，没能见到新厨房里的每一样新东西而嘴里发苦，心里发灰。

为新厨房置办这四个火眼带烤箱的炉子的时候，母亲还健在，我曾夸下海口："妈，等咱们搬进新家，我给您烤蛋糕，烤鸡吃。"

可是，母亲根本就没能走进这个新家。

事到如今，这一切努力还有什么意义？

厨房里的每一件家什都毫不留情地对我说：现在，终于到了你单独对付日子的时候了。

我觉得无从下手。

翻出母亲的菜谱，每一页都像被油炝过的葱花，四边焦黄，我从那上面，仍然能嗅到母亲调出的油、盐、酱、醋，人生百味。

也想起母亲穿着用我的劳动布旧大衣改制的又长又大的围裙，戴着老花镜，俯身在厨房碗柜上看菜谱的情景。

那些画勾的主食有半焦果子、脆麻花、糖泡、荷叶饼、枣糕……

那些画着勾子的菜目，都是最普通不过的家常菜，如糖醋肉片、软溜肉片、粉皮凉拌白肉、炒猪肝、西红柿黄焖牛肉。鱼虾类的菜谱里，档次最高的不过是豆瓣鲜鱼，剩下的不是煎蒸带鱼，就是香酥带鱼。至于虾、蟹、鳖等是想都不想的。

不过我们家从切几片白菜帮子用盐腌腌就是一道菜，到照着菜谱做菜，已是鸟枪换炮了。

其实，像西红柿黄焖牛肉、葱花饼、绿豆米粥、炸荷包蛋，母亲早已炉火纯青，其他各项，没有一项付诸实践。

我一次次、一页页地翻看着母亲的菜谱，看着那些画着勾、本打算给我们做，而又终于没有做过的菜目，尽量回忆母亲在厨房里的劳作。

我敢说，母亲的烙饼，饭馆都赶不上，她在世的时候我们老说，应该开一家"张老太太饼店"，以发扬光大母亲的技艺。每当我们这样说的时候，就是好事临门也还是愁眉苦脸的母亲，脸上便难得地放了光。就连她脸上的褶子，似乎也放平了许多。对她来说，任何好事如果不是和我们的快乐，乃至一时的高兴联系在一起的话都没有什么实际的意义。

还有母亲做的炸酱面。有人会说，不就是烙饼、炸酱面吗？不知母亲用的什么诀窍，她烙的饼、炸的酱就是别具一格。也不是没有吃过烹调高手的烙饼和炸酱面，可就是做不出母亲的那个味儿。

心里明知，往日吃母亲做的烙饼、炸酱面的欢乐，是跟着母亲永远地去了，可是每每吃到烙饼和炸酱面，就忍不住地想起母亲和母亲的烙饼、炸酱面。

每一家的厨房，只要有母亲在，就一定是母亲的，母亲不在了，其实也还是母亲的。

（作者张洁，有删改）

15. 学校举办“美文助成长”活动，在学校公众号上，老师推荐了散文名篇《母亲的厨房》。

（1）阅读中，本文的对比手法引起了同学们的关注。请你找出一处对比，结合文章具体内容，说说它的妙处。（不少于 50 字）

（2）活动中同学们在公众号纷纷留言，对本文作了评价，任选一句，围绕这句评语展开论述。

润物无声：诸般绘母文，此章最伤情。

野之鹤：以小见大最是动人。

轻舞飞扬：因为细节的加持，文章更生动也更厚重。

流星雨：母亲的世界是厨房，空间虽狭小，形象却高大。

※发现问题：

1. 本题创设了公众号平台上阅读名家名篇的情境，第（1）题要求找到文中运用对比手法的语句，在比较中体悟作者情感。从这个题目设置的位置来看，学生缺乏对素材背景的了解，不符合阅读规律；其次，本题与第（2）题考查的内容略有重合，而且属于同一思维层级，不能体现梯度，不符合阅读文学作品时学生的认知规律，有违适切性原则。

2. 第（2）题侧重考查学生阅读鉴赏、创意表达的能力，创设了四位同学发言的情境，涉及四个赏析角度。此处出现的发言同学名字较多，略显繁杂，给学生增加了阅读负担，同时，四个赏析角度的考查内容交叉重合，题目指向不明确，不易找到赏析切入点，不符合情境与评价目标的适切性。

※优化情境：

1. 修改问题设计，使之符合学生认知水平。此稿第（1）题的问题设计并未充分考虑学生的阅读感受，将其修改为："文中作者说：'事到如今，这一切努力还有什么意义?'作者是真的觉得没有意义，还是有什么言外之意?"

这是一个开放性问题，学生可以有多种解读："作者是真的觉得没有意义""作者觉得不是没有意义""作者有言外之意"，只要言之有理即可。此题充分体现"一核·六维·四手段"命题理论中"加大开放探究""注重阅读能力"的维度要求，也落实了课程标准"应注重培养学生分析比较、归纳判断等认知能力"的相关要求，体现情境与课程标准相适切的原则。

同时，修改后的第（1）题着眼于对原文某句话的理解，更易于学生入手，为第（2）题对全文的赏析作了铺垫。这样的题目设计有梯度，符合学生的认知规律。

2. 修改问题设计，使之更适合学生表达。此稿第（2）题情境设置人物繁杂，给考生增加了阅读负担，因此将人名略去，减少无效思考；四个赏析角度的考查内容交叉重合，将其调整为三个不同角度：①细微之处有深意；②真情是人物言行的底色；③小小厨房藏着人生百味。

修改后的三个角度涉及写作手法、人物形象、主题思想，更贴近学情，符合学生语言表达的实际能力，有助于落实课程标准中"培养语言文字运用能力、思维能力"，关注对学生"文学阅读与创意表达""思辨性阅读与表达"能力培养的相关要求。

◎试题改稿二：

（原文略）

15. 学校举办"美文助成长"活动，在学校公众号上，老师推荐了散文名篇《母亲的厨房》。

（1）阅读中同学们提出疑问：

文中作者说："事到如今，这一切努力还有什么意义?"作者是真的觉得没有意义，还是有什么言外之意？

（2）活动中同学们在公众号纷纷留言，对本文作了评价，任选一句，围绕这句评语展开论述。

◆细微之处有深意。

◆真情是人物言行的底色。

◆小小厨房藏着人生百味。

※发现问题：

此题以学校公众号上荐文、留言为任务情境，描述不丰富，设计不饱满，与试题本身关联性不强，不能激发学生阅读兴趣，缺乏真实的代入感，情境创设流于形式。

※优化情境：

对选文作进一步修订，使其更好地服务于本题考查目标。进一步修改情境设置，将其修改为“散文阅读课上，老师带领同学们一起赏读《母亲的厨房》”，在此基础上，增加了真实的课堂阅读环节——“初读 · 学贵有疑”“精读 · 学贵有法”，有梯度的环节设计对应不同难度的问题设计，层层深入引领学生走进活动，有序完成设定的任务。

◎试题终稿：

四方食事，化作人间烟火；岁月悠悠，酿就生活绵长。请阅读下文完成第 15 题。

母亲的厨房

我站在厨房里，为从老厨房带过来的一刀、一铲、一瓢、一碗、一筷、一勺伤情。这些东西，没有一样不是母亲用过的。我也为母亲没能见到这新厨房，没能见到新厨房里的每一样新东西而嘴里发苦，心里发灰。

装修新家时，母亲还健在，我兴冲冲地做了很多准备，包括为新厨房置办了四个火眼带烤箱的炉子。我曾夸下海口：“妈，等咱们搬进新家，我给您烤蛋糕，烤鸡吃。”

可是，重病已久的母亲还是没有熬过来，最后也没能走进这个新家。

事到如今，这一切努力还有什么意义？

厨房里的每一件家什都毫不留情地对我说：现在，终于到了你单独对付日子的时候了。

我觉得无从下手。

翻出母亲的菜谱，每一页都像被油炝过的葱花，四边焦黄，我从那上面，仍然能嗅到母亲调出的油、盐、酱、醋，人生百味。

也想起母亲穿着用我的劳动布旧大衣改制的又长又大的围裙，戴着老花镜，俯身在厨房碗柜上看菜谱的情景。

母亲的菜谱上，有些菜目用铅笔或钢笔画了勾，就像给学生判作业打的对勾。

那些画勾的主食有半焦果子、脆麻花、糖泡、荷叶饼、枣糕……

那些画着勾子的菜目，都是最普通不过的家常菜，如糖醋肉片、软溜肉片、粉皮凉拌白肉、炒猪肝、西红柿黄焖牛肉。鱼虾类的菜谱里，档次最高的不过是豆瓣鲜鱼，剩下的不是煎蒸带鱼，就是香酥带鱼。至于虾、蟹、鳖等是想都不想的。

不过我们家从切几片白菜帮子用盐腌腌就是一道菜，到照着菜谱做菜，已是鸟枪换炮了。

其实，像西红柿黄焖牛肉、葱花饼、绿豆米粥、炸荷包蛋，母亲早已炉火纯青，其他各项，没有一项付诸实践。

我一次次、一页页地翻看着母亲的菜谱，看着那些画着勾、本打算给我们做，而又终于没有做过的菜目，尽量回忆母亲在厨房里的劳作。

我敢说，母亲的烙饼，饭馆都赶不上，她在世的时候我们老说，应该开一家“张老太太饼店”，以发扬光大母亲的技艺。每当我们这样说的时候，就是好事临门也还是愁眉苦脸的母亲，脸上便难得地放了光。就连她脸上的褶子，似乎也放平了许多。对她来说，任何好事如果不是和我们的快乐，乃至一时的高兴联系在一起的话都没有什么实际的意义。

还有母亲做的炸酱面。有人会说，不就是烙饼、炸酱面吗？不知母亲用的什么诀窍，她烙的饼、炸的酱就是别具一格。也不是没有吃过烹调高手的烙饼和炸酱面，可就是做不出母亲的那个味儿。

心里明知，往日吃母亲做的烙饼、炸酱面的欢乐，是跟着母亲永远地去了，可是每每吃到烙饼和炸酱面，就忍不住地想起母亲和母亲的烙饼、炸酱面。

每一家的厨房，只要有母亲在，就一定是母亲的，母亲不在了，其实也还是母亲的。

（作者张洁，有删改）

15. 散文阅读课上，老师带领同学们一起赏读《母亲的厨房》。

（1）初读·学贵有疑：下面是自主探究中同学提出的问题，请把你对这个问题的回答写下来。（不少于 50 字）

文中作者说："事到如今，这一切努力还有什么意义？"作者是真的觉得没有意义，还是有什么言外之意？

（2）精读·学贵有法：下面三句话从不同角度对本文做了点评。请你任选一句，围绕它写一段赏析性文字。（不少于 150 字）

◆细微之处有深意。

◆真情是人物言行的底色。

◆小小厨房藏着人生百味。

※情境解读：

这是一道文学作品阅读鉴赏与创意表达题，落实课程标准中"通过积极的语言实践，积累语言经验""培养语言文字运用能力""培养学生求真创新的精神"的相关要求，着力考查学生的语言运用能力、思维能力和审美创造能力。经过反复修改，试题终稿创设了散文阅读课上同学们赏读名家名篇的任务情境。由初读的疑点探究，到精读的文学点评，整道试题的情境创设符合适切性原则，即材料选取、情境描述、情境中的问题设计等多方面因素与学生的生活实际、认知规律、思维能力等契合，较好地达成测试目标。

（案例撰写：屈艳）

案例 2　数学（2023·山西）

◎试题初稿：

18. 为促进中小学生德、智、体、美、劳全面发展，提高学生综合素养，某杂志社将在全省建立 100 个小记者站．某校计划从报名的 20 名学生中择优推选若干名小记者，报名的同学需参加采访、写作、摄影三项测试，每项测试均由七位评委打分，七位评委给分的平均分即为该项目的测试成绩（每项测试成绩满分 100 分），根据实际需要，将采访、写作、摄影三项的测试成绩按 4∶4∶2 的比例确定每人的总评成绩．小悦、小祺、小涵三位同学的三项测试成绩和总评成绩汇总表如下：

选手	测试成绩/分			总评成绩/分
	采访	写作	摄影	
小悦	83	72	80	78
小祺	72	80	91	
小涵	84	84		

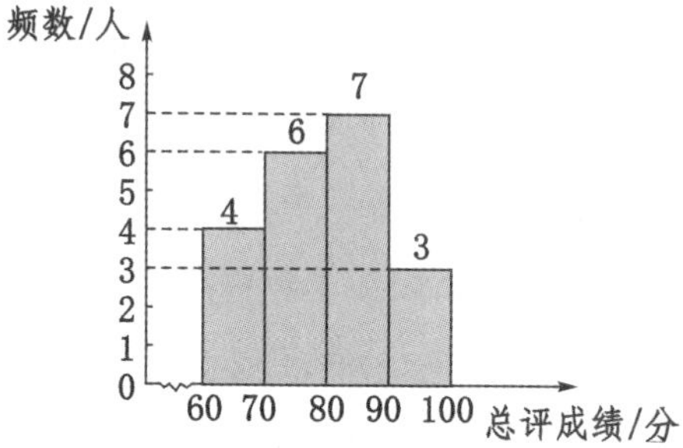

（1）在摄影测试中，七位评委给小涵打出的分数如下：67，72，68，69，74，69，71．则这组数据的中位数是________分，众数是________分，平均数是________分．

（2）请你计算出小祺、小涵的总评成绩得分．

（3）学校决定按总评成绩择优推选 10 名小记者，并将报名的 20 名学生的总评成绩绘制成如图所示的频数分布直方图（每组含最小值，不含最大值）．请你根据学校的推选规则，分析频数直方图的数据和小悦、小祺、小涵的成绩，写出一个你得出的结论，并说明理由．

※发现问题：

1. 第（2）问中计算小祺、小涵的总评成绩，属于重复计算。

2. 语言不够精练，情境总体表述和第（3）问任务表述内容过长，并且有些信息在情境和任务中重复出现，导致试题阅读量较大，不符合情境创设的适切性原则。

※优化情境：

1. 将情境中“每项测试均由七位评委打分，七位评委给分的平均分即为该项目的测试成绩（每项测试成绩满分 100 分）”修改为“每项测试均由七位评委打分（满分 100 分），取平均分作为该项的测试成绩”，表述更为简洁明确；将小祺的总评成绩直接给出，减小运算量。

2. 将情境中的重复信息删除，并使表述更为简洁、明晰。

◎试题改稿：

18. 为促进中小学生德、智、体、美、劳全面发展，某杂志社将在全省建立100个小记者站．某校计划从报名的20名学生中择优推选若干名小记者，报名的同学需参加采访、写作、摄影三项测试，每项测试均由七位评委打分（满分100分），取平均分作为该项的测试成绩，再将采访、写作、摄影三项的测试成绩按4∶4∶2的比例确定每人的总评成绩．小悦、小祺、小涵三位同学的三项测试成绩和总评成绩汇总如下表，报名的20名学生的总评成绩频数直方图（每组含最小值，不含最大值）如下图．

选手	测试成绩/分			总评成绩/分
	采访	写作	摄影	
小悦	83	72	80	78
小祺	72	80	91	79
小涵	84	84		

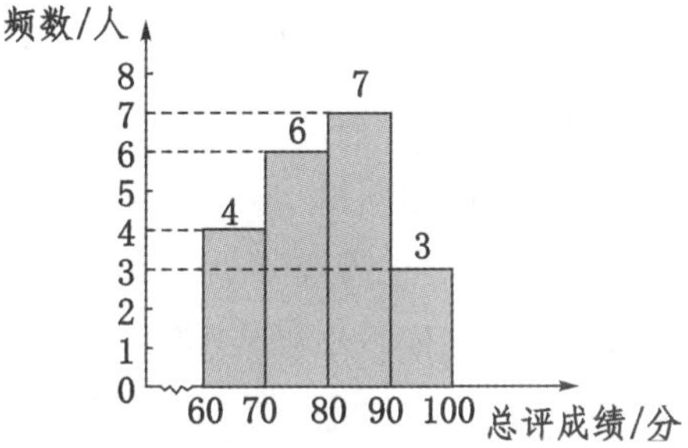

（1）在摄影测试中，七位评委给小涵打出的分数如下：67，72，68，69，74，69，71．则这组数据的中位数是________分，众数是________分，平均数是________分．

（2）请你计算小涵的总评成绩．

（3）学校决定按总评成绩择优推选10名小记者，请你根据学校的推选规则，分析频数直方图的数据和小悦、小祺、小涵的成绩，写出一个你得出的结论，并说明理由．

※发现问题：

1. 试题情境创设的阅读量依然偏大，学生需要处理的信息较多，有“某杂志社建立小记者站”“学校选拔20名小记者”“七位评委打分进行单项测试”“采访、写作、摄影三项测试成绩的计算”“小涵、小悦、小祺三位同学的总评成绩计算”“20名学生的总评成绩统计表及总评成绩频数直方图”等，与本题在整份试卷中的位置、预估难度、学生的阅读水平等方面的适切度较差。

2. 题干中“为促进中小学生德、智、体、美、劳全面发展”与建立小记者站关联性不大，对学生顺利提取有效信息、分析和解决问题造成干扰，可能带来评价的实际结果与预期结果偏离，降低了评价结果的效度与信度。

3. 任务情境中任务指向不太明确，“得出的结论”说法太笼统。

※优化情境：

综合考虑试题情境所蕴含的信息与试题的预估难度，学生的认知水平、活动经验、阅读能力等方面的适切性，本题作了如下调整，目的是为了能够更好地考查学生整理数据、描述数据、分析数据、科学决策的能力。

1. 删掉与试题考查目标关联性不大的信息，如将“为促进中小学生德、智、体、美、劳全面发展，某杂志社将在全省建立 100 个小记者站”调整为“某校计划建立小记者站”，力图在保证不改变试题情境真实性的情况下，找到试题情境的阅读量与学生阅读能力水平的最佳契合点。

2. 减少学生需要分析的人物信息量（分析对象数量），如将初稿中“要求学生分析小悦、小祺、小涵三人的总评成绩及入选情况”，修改为分析“小悦、小涵的总评成绩及入选情况”，降低了学生处理信息的复杂程度。将情境中的“整段阅读”调整为“分段分层阅读”，题干更加直观明了。

3. 由于原来的任务“写出一个你得出的结论”指向不够明确，所以将相关语句进行调整，修改为：“学校决定根据总评成绩推选 12 名小记者．试分析小悦、小涵能否入选，并说明理由。”改后的语言表述更凝练，试题情境更简洁，情境与任务的关联性、适切度进一步提高。

◎试题终稿：

小记者

18. 为增强学生的社会实践能力，促进学生全面发展，某校计划建立小记者站，有 20 名学生报名参加选拔．报名的学生需参加采访、写作、摄影三项测试，每项测试均由七位评委打分（满分 100 分），取平均分作为该项的测试成绩，再将采访、写作、摄影三项的测试成绩按 4∶4∶2 的比例确定每人的总评成绩.

小悦、小涵的三项测试成绩和总评成绩如下表，这 20 名学生的总评成绩频数直方图（每组含最小值，不含最大值）如下图.

选手	测试成绩/分			总评成绩/分
	采访	写作	摄影	
小悦	83	72	80	78
小涵	84	84		

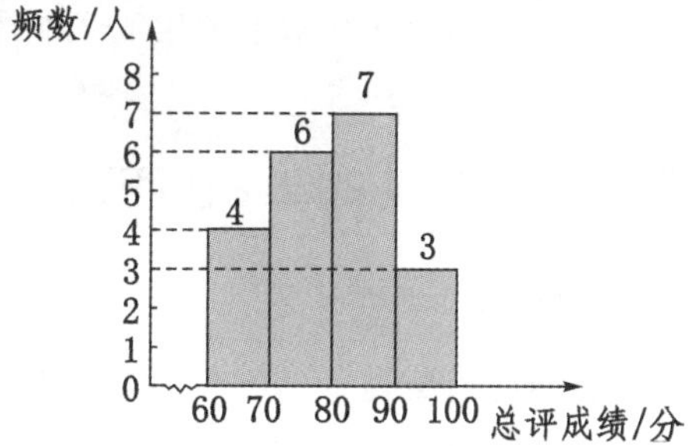

（1）在摄影测试中，七位评委给小涵打出的分数如下：67，72，68，69，74，69，71. 则这组数据的中位数是________分，众数是________分，平均数是________分.

（2）请你计算小涵的总评成绩.

（3）学校决定根据总评成绩择优选拔 12 名小记者. 试分析小悦、小涵能否入选，并说明理由.

※情境解读：

试题以某学校选拔小记者为背景，创设了真实的问题情境，要求学生通过阅读理解选拔规则，分析成绩数据和频数直方图的信息，进行理性分析与科学决策。终稿的试题情境与任务高度融合，体现了情境创设的适切性原则。试题第（1）问要求计算一组评委打分数据的中位数、众数和平均数。第（2）问要求结合表格数据和第（1）问中得到的算术平均分计算加权平均数，得到小涵的总评成绩，依托学生熟悉的校园生活情境，对三种统计量的概念和意义的理解进行了全面考查。第（3）问设计了一个开放性的问题，设问的巧妙之处在于，学生需要分析所给的频数直方图，得出“不低于 80 分的人数有 10 人，而不低于 70 分的人数有 16 人”的关键信息，再结合两位同学的总评成绩，综合比较和判断后确定谁能入选。这样的统计问题体现了数据分析的意义和作用，更能反映学生利用数据分析观念解决现实世界真实问题的能力。

试题情境的创设应该立足于学生的认知水平和活动经验，情境素材需要处理的关系不宜过多。阅读信息要控制在合理范围之内，情境表述要简洁凝练。删掉与学习任务无关的其他信息，不能人为设置障碍干扰学生解决问题。试题情境应该与学习任务相融合，学习任务层次分明，难易分布梯度合理，有利于检验不同认知水平学生的学业质量。

（案例撰写：雒相维）

案例3　英语（2023・山西）

◎试题初稿：

悦纳自我是爱自己的开始。你是否对自己有积极的评价？是否认为自己勇敢、自信、乐于分享、不抱怨？……某学校心理健康咨询室为了引导学生进行积极的自我评价，发现自己的闪光点，形成积极的生活态度，以“我发现自己真的很好”为主题进行了问卷调查，下图是相关统计结果。

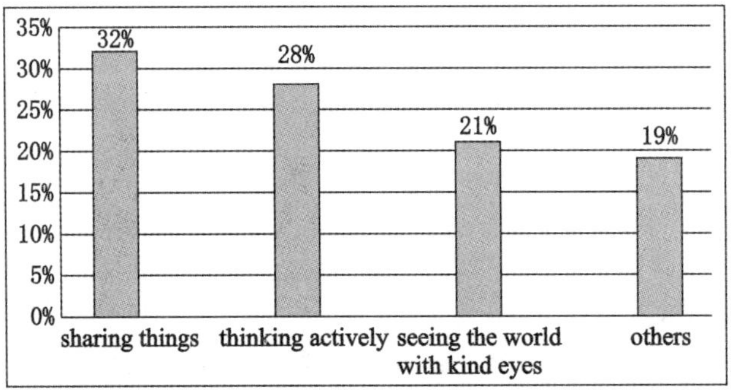

假如你是该校的学生，请你根据以上图表信息，写一篇英语短文。

内容包括：

1. 简要说明图表内容；

2. 从图表中选出让你认为自己很好的一个方面，结合自己的经历，谈谈对自己的评价。

要求：1. 词数不少于80；

2. 参考词汇仅供参考；

3. 文中不能出现真实的人名、校名。

Word Bank	
quality	*n.* 品德
positive	*adj.* 积极的

※发现问题：

1. 就主题“积极心态”而言，题干中所列的积极思考、乐于分享等更多体现学生的精神品质，与积极的心态关系不大，并且情境中缺少任务，与学生的日常生活体验有落差。

2. 根据本题的要求，需要结合统计图表进行科学的数据分析，而统计图中缺少标题这一要素，不够严谨。

※优化情境：

1. 删除了情境表达中“乐于分享、积极思考”，同时增加了“being kind and brave”和“not complaining”两个项目，使内容与主题保持一致。另外，增加了“某学校在建立综合素质评价档案时，将自我评价作为一项重要内容”，与学生的实际生活契合度更高，提高了情境的适切性。

2. 将主题“I Find Myself Really Good”标注在统计图表中，使统计图表的主题更加明确，表达更加严谨。

◎试题改稿一：

悦纳自我是爱自己的开始。你是否认为自己勇敢、自信……？某学校在建立综合素质评价档案时，将自我评价作为一项重要内容。该学校心理健康咨询室为了引导学生进行积极的自我评价，以“我发现自己真的很好”为主题进行了问卷调查，下图是相关统计结果。

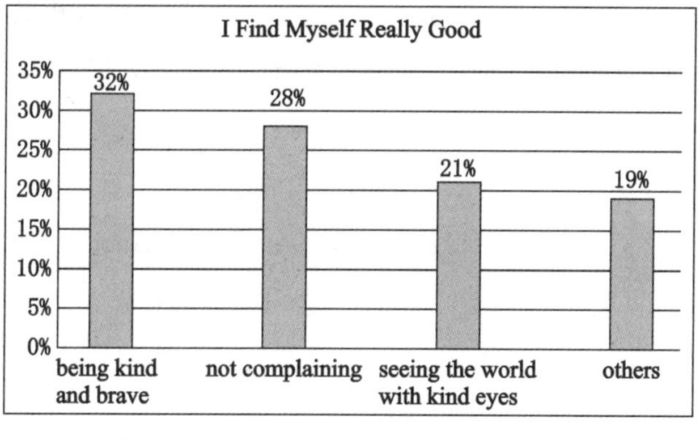

假如你是该校的学生，请你根据以上图表信息，写一篇英语短文。

内容包括：

1. 简要说明图表内容；

2. 从图表中选出让你认为自己很好的一个方面，结合自己的经历，谈谈对自己的评价。

要求：

1. 词数不少于 80；
2. 参考词汇仅供参考；
3. 文中不能出现真实的人名、校名。

Word Bank		
quality	*n.*	品德
positive	*adj.*	积极的

※发现问题：

1. “悦纳自我”侧重学生正确认识自我、管理自我，与“保持心理健康”这一主题适切性不足，情境未能充分体现试题立意。

2. 数据调查表中呈现了“善良勇敢、不抱怨、用善意的眼光看世界、其他方面”四个项目，其中“善良勇敢”不属于心理健康范畴。

3. 题目中对于写作的要求不够具体、明确，指导性不够。

※优化情境：

1. 考虑到学生的年龄特点和心理特征，情境修改为“青春期对于每个人来说都是最能彰显生命本色的特殊时期”“为了引导同学们正确地认识自我，某校心理健康咨询室以‘我发现自己真的很好’为主题，对 1127 名学生进行了问卷调查”。这样的修改符合学生正处于青春期这一事实，这个时期的学生正处于心理快速发展的时期，需要积极引导，帮助他们形成积极向上的心态。

2. 将调查项目进行了调整，改为“友善、不抱怨、带着善意看世界、积极乐观”，这些项目可以帮助学生更加清晰地理解主题，从而正确地评价自己。这样的试题情境更加符合学生的思维发展水平。

3. 增加了“以‘I Suddenly Find Myself Really Good’为题，用两段话写一篇英语短文”“首句已给出，不计入总词数”的要求，使写作的要求更加具体、明确。另外，考虑到参考词汇作用不大，将其删除，同时删去第 2 条要求。

◎试题改稿二：

青春期对于每个人来说都是最能彰显生命本色的特殊时期。某学校在建立综合素质评价档案时将自我评价作为一项重要内容。该学校心理健康咨询室为了引导同学们正确地认识自我，发现自己的闪光点，形成积极的生活态度，以“我发现自己真的很好”为主题进行了问卷调查，下图是相关统计结果。

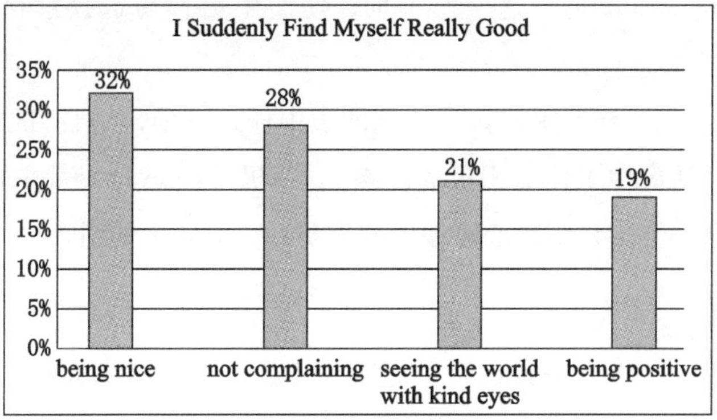

假如你是该校的学生，请你根据以上图表信息，以“I Suddenly Find Myself Really Good”为主题，用两段话写一篇英语短文。

内容包括：

1. 简要说明图表内容；

2. 从图表中选出让你认为自己很好的一个方面，结合自己的经历，谈谈对自己的评价。

要求：

1. 词数不少于80，首句已给出，不计入总词数；

2. 文中不能出现真实的人名、校名。

※发现问题：

1. 情境表述不够精练，表达冗长，给学生提炼信息带来了困难；同时“心理健康室”这样的表述可能会给考生带来心理负担，应当调整。

2. 书面表达的任务中图表信息过多，增加了学生的写作负担。

3. 题目仅要求学生对自我进行评价，没有提及积极心态对生活的积极影响，导向性不强。

※优化情境：

1. 将“某学校在建立综合素质评价档案时将自我评价作为一项重要内容”删除；将“心理健康咨询室”改为“阳光心理驿站”，更加贴近学生心理。

2. 删除表格信息中 being nice 这一项目，使统计图表的内容更加符合学生的认知水平。

3. 删去“suddenly”这一修饰词，使学生更容易选择素材，完成写作任务。

4. 将第二条写作要求修订为“从图表中任选一项，结合自己的经历，谈谈它对你的生活产生了什么积极的影响”。积极的心态必定带来积极的影响，这样的要求帮助学生认识到心理健康的重要性，对学生的引领作用更加突出。

◎试题终稿：

青春期对于每个人来说都是最能彰显生命本色的特殊时期。为了引导同学们正确地认识自我，某校“阳光心理驿站”的老师们以“我发现自己真的很好”为主题，对 1127 名学生进行了问卷调查，下图是部分项目的统计结果。

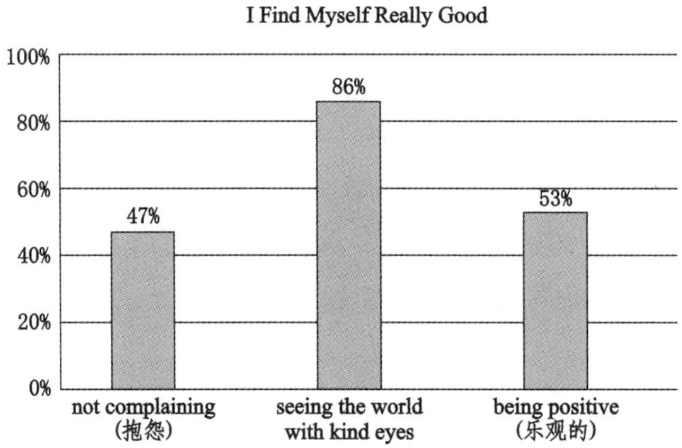

假如你是该校的学生，请结合以上图表信息，以“I Find Myself Really Good”为主题，用两段话写一篇短文。

内容包括：

1. 简要说明图表内容；

2. 从图表中任选一项，结合自己的经历，谈谈它对你的生活产生了什么积极的影响。

要求：

1. 词数不少于 80，首句已给出，不计入总词数；

2. 文中不能出现真实的人名、校名。

※情境解读：

本题充分考虑学生的生活和学习经历、知识范畴和理解水平，在情境创设上体现了适切性。本题情境属于“人与自我”主题范畴中“生活与学习”这一主题群，涉及子主题“丰富、充实、积极向上的生活”。试题的情境取材于校园生活，也是学生非常熟悉的话题，符合学生年龄、心理、思维特征、认知水平等，有利于学生观点的生成与表达能力的呈现，同时渗透了积极的价值导向。

本题的情境由文本和统计图表构成，描述清晰，图表呈现方式科学，为学生写作提供了可靠的依据，为考查学生跨学科解决问题提供了充分的信息，学生不会因为对问题背景陌生而造成阅读、理解、思考和解答的障碍。任务设置充分考虑学生的年龄特征、认知结构和思维发展特点，提出明确而具体的写作要求，整个写作任务既有引导，又有适度的开放性，确保不同学习水平的学生都有发挥的空间。

（案例撰写：申彦敏）

案例 4　物理（2023 · 山西）

◎试题初稿：

35. 同学们想对保温材料进行研究，他们收集了聚氨酯泡沫板和岩棉板进行研究，请你一起和他们设计一个实验来探究一下两种材料的保温性能。

实验器材：______________________________；

实验步骤：______________________________；

实验结论：______________________________。

※发现问题：

课程标准的“活动建议”中提到：调查当地近年来炊事、取暖、交通等方面燃料结构的变化，从经济与环保的角度展开讨论进行考查。本题落实课程标准的要求，旨在引导学生感受应用知识解决问题的价值和成就感，从而激发学生的求知欲和探索精神，增强对科学的热爱。但原题呈现形式单一，而且情境缺乏适切性，不符合学生的认知水平和经验实际。需要重新创设情境，使之符合“从生活走向物理，从物理走向生活”的理念。

※优化情境：

试题初稿情境有“虚假情境”之嫌，任务布置也不够自然。在修改过程中，受到中央电视台关于倡议节能减排的公益广告的启发，将近年来国家对老旧小区进行的保温改造作为任务背景，让试题情境贴近生活实际，而学生在老师的指导下开展学习探究，也符合学生的年龄特征，增强了情境的适切性。

◎试题改稿：

近几年，我省对老旧小区的楼房进行外墙保温改造。为了了解材料的保温性能，创新小组的同学在老师的指导下，从市场上选取了常用的保温材料聚氨酯泡沫板和岩棉板进行研究，请你添加适当的器材，设计一个实验方案进行探究。

你选择的研究课题是：探究聚氨酯泡沫板和岩棉板的________性能。

下面是实验过程：

（1）实验器材：________________________________；

（2）实验步骤：________________________________；

（3）实验结论：________________________________。

※发现问题：

在后续修改过程中发现只针对保温性能的优劣进行探究有些片面，试题情境局限性较强，开放性不够，也不太符合生活实际。生活中有因为保温材料的使用不当引发火灾的事故，所以保温材料在选择时还要考虑到阻燃性等其他因素，包括加装保温材料后隔音效果也会改变，这些都是真实存在的情境，需要给予关注。

※优化情境：

结合教材中所学内容，引入材料的一些其他性能，除“保温性能”以外，增加了“阻燃性能”“隔音性能”“吸水性能”等方面的探究，使得试题更符合实际，同时增加了开放性。

◎试题终稿：

35. 近几年，我省对老旧小区的楼房进行外墙保温改造。为了了解材料的性能，创新小组的同学在老师的指导下，从市场上选取了常用的保温材料聚氨酯泡沫板和岩棉板进行研究，发现不同的材料在保温性能、阻燃性能、隔音性能和吸水性能等方面均有不同。现有两张厚度相同的聚氨酯泡沫板和岩棉板，请你选择其中一个性能，添加适当的器材，设计一个实验方案进行探究。

你选择的研究课题是：探究聚氨酯泡沫板和岩棉板的________性能。

下面是实验过程：

（1）实验器材：____；

（2）实验步骤：____；

（3）实验结论：____。

※情境解读：

本题属于“活动建议”中设计类考查试题，设计实验是近年山西省中考物理实验探究的压轴题，也是区分度最高的一个题。该类试题考查的知识面较广，考查内容一般有选择实验器材、整理实验步骤、观察实验现象、得出实验结论等，考查形式上常以“实验器材、实验步骤、实验结论”三部分内容呈现。此类试题由于不同学生存在不同认知水平和生活经验，可能会有多种设计思路，体现了试题的开放性。

本题情境选择贴近学生生活实际，体现了“情境在课外，知识在课标，落实在课堂”的命题理念。同时增加了跨学科实践内容的考查力度，考查内容涵盖了“物理学与日常生活、物理学与工程实践、物理学与社会发展”三个二级主题的所有内容。

试题突破了以往设计实验单一的考查模式，从实验器材的选择到实验步骤设计，再到实验结论的得出都是开放的，学生可任选材料的一种性能进行探究。其中，材料的阻燃性属于化学研究的范畴，但问题的落脚点仍是考查学生的物理素养，体现了跨学科实践的命题理念。跨学科实践活动是一种目的性很强的探究学习方式，首先要立足物理课程，再跨出本学科的视野，把学习内容拓展到日常生活、工程实践和社会发展中，通过创设真实任务情境，加强各学科之间的联系，学生在完成探究任务过程中，经历问题解决，学习物理知识，掌握基本技能，深化物理学科和其他学科知识之间的联系，培养了创新意识和实践能力。

试题情境创设具有适切性。选取的情境素材与课程标准、考查目标相契合，和全卷的难度系数相契合。该实验让学生经历自主选择器材（学生可利用实验室的实验器材或生活用品），自主设计个性化实验方案，并得出实验结论的过程，同时，允许不同学生根据自己的知识储备、独特经历等来确定适合自己的思维路径，对材料的某一性能进行探究。这样的试题为不同层次的学生提供了广阔的思维空间，情境代入感强，体现运用物理知识解决实际生活问题的理念。

（案例撰写：姜晓娟　阎晶森）

案例 5　道德与法治（2023 · 山西）

◎试题初稿：

某校组织“三晋大地我家乡”青春诗会，下列是同学们创作的部分优秀诗作，你能看懂分别说的是什么？其中能体现“太行精神”并反映平型关大捷的是（　　）

A. 正太铁路硝烟浓，中流砥柱显本色
黄土岭上炮声响，名将之花凋太行

B. 古城何止日升昌，晋商敢为天下先
漆器推光耀华夏，诚信能拓万里疆

C. 乔沟布阵，神兵天降，倭寇开始心胆寒
同仇敌忾，挺起脊梁，华夏自此斗志强

D. 三五人胜千军万马，一方地似四海九州
翻转折叠演遍世界，撕烫剪刻阅尽春秋

※发现问题：

依据情境创设适切性原则，情境创设应基于学生的认知体验、生活积累、认知水平等来进行。本题选项是情境构成的重要组成部分。四个选项整体体量较大，同时每个选项包含的内容又较多，导致学生阅读任务较重，会影响其辨别分析的准确性；选项中包含了比较多的历史和地理知识，对利用其他

学科知识解决问题也有比较高的要求。因此，相对于学生的认知水平和认知体验而言，此题要求过高、难度过大，不符合适切性原则。

※优化情境：

将初稿中选项的内容大量精减，减少考生阅读量的同时，降低了跨学科内容在本题中的要求；把情境和设问进行调换，将学生诗作放在题干中，设问改为理解这一诗作所反映的伟大民族精神。两处修改事实上降低了试题的难度，也使情境内容更加适合学生的已有经验与认知水平。

◎试题改稿：

某初中学校组织“三晋大地我家乡”青春诗会，下面是该校小李同学的一首诗作：

乔沟布阵杀声起，倭寇自此心胆寒。
正太铁路硝烟浓，中流砥柱显本色。

你能理解小李诗作的意思吗？如果与中国共产党人精神谱系相联系，它反映的是（　　）

A. 井冈山精神　　B. 长征精神
C. 太行精神　　D. 延安精神

※发现问题：

1. “三晋大地我家乡”表意笼统，情境主题不鲜明。

2. 以学生诗作来表现伟大太行精神，稍显随意，不够权威，也不符合情境创设与评价目标相适切的原则。

※优化情境：

1. 在题干中强化活动主题“三晋文化研学行”，使原有主题更加明确，同时增添鲜明的时代特征。

2. 把原来以诗句形式表现太行精神的思路，修改为围绕主题设计四条包括体悟太行精神在内的研学线路。选择项以不同研学线路的方式呈现，与题干形成有机的整体，共同组成一个完整的问题情境。

经过修改，学生阅读难度大大降低，问题指向更为清晰明确。且在研学线路设计中，同样可以包含地理、历史等其他学科的知识，体现了跨学科整合的特点。试题与学生的认知水平和实际认知能力相契合，难度符合初中学业水平的考试要求。

◎试题终稿：

校团委组织“三晋文化研学行”主题活动，同学们围绕该主题设计出如下四条研学线路，其中反映抗战时期“太行精神”的是（　）

A. 线路1：云冈石窟——五台山——平遥古城

B. 线路2：广灵（剪纸）——孝义（皮影戏）——新绛（绛州鼓乐）

C. 线路3：平型关大捷纪念馆——百团大战纪念馆——八路军总部纪念馆

D. 线路4：红军东征纪念馆——晋绥革命根据地纪念馆——刘胡兰纪念馆

※情境解读：

2011年版课程标准强调要“认同中华文化，继承革命传统，弘扬民族精神”。2022年版课程标准更是专设“中华优秀传统文化教育”和“革命传统教育”两个主题，要求学生初步了解中华优秀传统文化的主要代表性成果，了解中国共产党的历史和革命传统，汲取党史、新中国史、改革开放史、社会主义发展史所蕴含的精神力量，热爱伟大祖国、中华民族、中华文化、中国共产党和中国特色社会主义，为自己是中国人而自豪。本题四个选项分别以四条研学线路反映山西世界物质文化遗产、非物质文化遗产、抗战时期的“太行精神”及红色革命文化，力求以此为依托，帮助学生以别样的方式感受中华优秀传统文化和革命文化，从而增强文化自信。因此本题具有较高的立意。

同时，本题具有鲜明的山西地域文化特征，对于引导学生关注时代、热爱家乡也有重要的意义。

从情境创设方式来看，有比较突出的跨学科整合意味，既有对山西地理位置的隐性考查，也有对山西历史、中国历史的渗透考查。试题内涵丰富，形式生动，任务设置指向对“太行精神”的理解。太行精神是在新民主主义革命时期形成的，是中国共产党人精神谱系的重要内容。作为山西人，深入了解孕育于本土的太行精神，是传承弘扬伟大民族精神的应有之义。借用其他学科的知识及形式，服务于本学科核心素养的达成，是本题进行跨学科整合的命题追求。

此外，本题创设了“三晋文化研学行”的情境，对于一线教学要重视落实课程标准的活动建议、积极开展学科实践活动也起到了很好的导向和推动作用。

（案例撰写：张增建　吴建平）

案例 6　地理（2023 · 山西晋中）

◎试题初稿：

【棉花交融 共谋发展】全球有很多棉花产区且各具特色。某中学以中国新疆产棉区和埃及产棉区为案例，进行学习。阅读图文资料，完成下列内容。

探究一　聊棉花　看分布

新疆是中国最大的棉花生产基地，也是我国唯一的长绒棉产区，以纤维长、色泽好、品质高，受到国内外用户的青睐。	埃及是世界上重要的长绒棉产区。埃及棉以绒长、光洁、韧性好被誉为“棉花中的白金”。

新疆棉花产区分布示意图（略）　　图 4　埃及棉花产区分布示意图（略）

（1）描述两地棉花产区的分布特点。

探究二　研习性　探环境

棉花是喜温、耐旱作物，对热量和光照条件要求较高，适宜生长在沙质土壤。

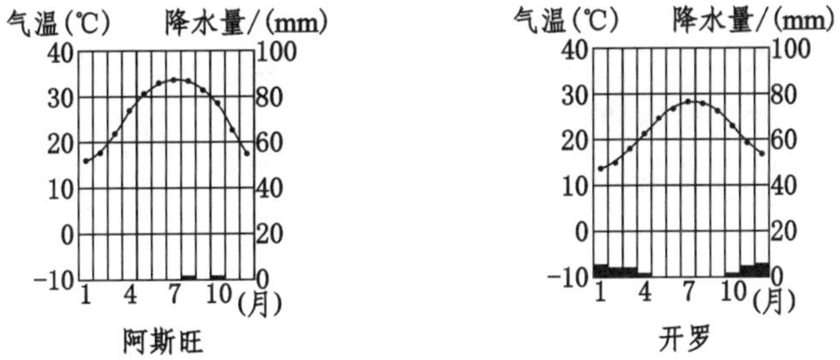

图 5　阿斯旺和开罗多年平均气温和降水量

（2）根据棉花习性说出两地的气候差异，并分析两地适宜种植棉花的共同环境特点。

探究三　谈措施　谋发展

新疆棉花生产机械化水平高，采用选育良种、膜下滴灌、精量播种等技术，全面提升了种植棉花的水平。	埃及为助力棉花生产，实行推广良种，实施区域化种植；改革经营体制，规定最低保护价；统一规范棉花质量检验。

（3）说出棉花产区面临的问题。

（4）为实现棉花产业高质量发展，说说两地有哪些方面可以相互借鉴。

※发现问题：

1. 本题选取与生产实际有密切联系的素材创设试题情境，但探究一环节缺少了任务指向的背景，直接给出新疆和埃及两地棉花产地分布图，情境呈现突兀，不符合八年级学生的年龄特征，缺乏适切性。

2. 探究二环节的情境创设以气温曲线和降水量柱状图的形式呈现，学术性过强，主要考查知识与技能层次的能力，思维层级较低，无法考查出学生地理学科核心素养的水平。

※优化情境：

1. 交代任务研究的背景，复现以棉花为主题的大单元教学课堂活动环节，在任务指向中加入“据图分别归纳两地棉花产区的分布特点”。

2. 去掉气温曲线和降水量柱状图，替换为文字描述“棉花的生长习性以及两地的气候特点”，学生可以获取文字信息并进行加工处理，进而“推测两大长绒棉产区棉花品质高的优势自然条件”。情境素材的处理与课程标准的要求一致，与学生的认知发展水平匹配。

◎试题改稿：

【探寻差异　谋求发展】全球有很多棉花产区且各具特色。某中学地理小组以中国新疆棉花产区和埃及棉花产区为案例开展主题学习。阅读图文资料，完成下列内容。

探究一　看分布

新疆棉花产区分布示意图（略）　　埃及棉花产区分布示意图（略）

（1）据图分别归纳两地棉花产区的分布特点。

探究二　研习性

新疆地处内陆，是中国最大的棉花生产基地，也是我国唯一的长绒棉产区。	棉花是喜温耐旱的作物，生长发育最适宜的温度为25～30℃，需要充足光照，在每日12小时光照条件下发育最快，适宜生长在沙质土壤。	埃及大部分地区平均年降水量不足50 mm，埃及长绒棉以绒长、光洁、韧性好被誉为“棉花中的白金”。

（2）推测两大长绒棉产区棉花品质高的优势自然条件。

探究三　谋发展

新疆棉花生产机械化水平高，采用选育良种，膜下滴灌，精量播种等技术，全面提升了种植棉花的水平。	埃及为助力棉花生产，实行推广良种，实施区域化种植；改革经营体制，规定最低保护价；统一规范棉花质量检验。

（3）说出棉花产区面临的问题。

（4）为实现棉花产业高质量发展，说说两地有哪些方面可以相互借鉴。

※发现问题：

“谋发展”这一环节没有复现单元教学的过渡语，而是直接呈现材料与任务，造成学生对任务情境感觉突兀和陌生，影响考生的答题，违背了情境与学生思维适切的原则。

※优化情境：

修改三个探究活动的小标题，在探究三中加入学生学习生活中熟悉的小组合作环节，在小组成员查阅资料的基础上，同学们围绕“如何实现两地开发与保护并举”展开讨论。完备的信息、适切的情境为学生思考和解答问题搭起了符合认知结构的“桥梁”。

◎试题终稿：

【探寻差异　谋求发展】全球有很多棉花产区且各具特色。某中学地理小组以中国新疆棉花产区和埃及棉花产区为案例开展主题学习。阅读图文资料，完成下列内容。

探究一　看分布　知差异

新疆棉花产区分布示意图（略）　　埃及棉花产区分布示意图（略）

（1）据图分别归纳两地棉花产区的分布特点。

探究二　研习性　探环境

新疆地处内陆，是中国最大的棉花生产基地，也是我国唯一的长绒棉产区，以纤维长、色泽好、品质高，受到国内外用户的青睐。

棉花是喜温、耐旱作物，对热量和光照条件要求较高，适宜生长在沙质土壤。

埃及大部分地区平均年降水量不足 50 mm，埃及长绒棉以绒长、光洁、韧性好被誉为“棉花中的白金”。

（2）两地长绒棉享誉全球。结合棉花的生长习性，推测两地种植棉花的优势自然条件。

探究三　析问题　谋发展

小组成员查阅资料了解到，新疆以占全区 4.2%的绿洲面积养活着全区 95%左右的人口；埃及全国 90%以上的人口聚居在仅占全国面积 4%的河流沿岸地区。随着人口增多和经济开发力度加大，部分地区生态环境问题日益突出。同学们围绕“如何实现两地开发与保护并举”展开讨论。

（3）说出两地在发展过程中存在的生态环境问题，并简要分析原因。

（4）请为促进两地未来经济的可持续发展献计献策。

※情境解读：

本题以中国新疆产棉区和埃及产棉区为区域背景，用大单元的思路来整合素材，从棉花的生长习性到棉花适宜生长的条件，再从棉花产区可持续发展的角度进行了区域差异比较，引导学生从更大的空间尺度来看待世界发展，进一步理解在全球化背景下由于区域差异而产生的区域联系，加深学生对地理事物和现象的理解和认识。

山西中考命题的“一核・六维・四手段”理论重视理性思维和批判质疑，旨在引导学生自信地对既有认知、规则进行实证检验、深入思考、逻辑推理，并在此过程中形成独立思考、独立判断的能力。本试题在素材的选择上挑选了生产情境——棉花生产，符合学生的认知；在情境的创编上关注试题材料的内容完整，逻辑清晰，科学合理；在任务设置上注意指向具体，提示到位，限制明确，行为动词使用恰当。

（案例撰稿：范国栋）

案例 7　生物学（2023・山西）

◎试题初稿：

霉菌在面包上生长需要哪些环境条件？

面包发霉了，小华发现自己 4 天前没吃完的面包已经发霉。他想，霉菌喜欢在怎样的环境下生长繁殖呢？于是他和几位同学设计了以下实验：

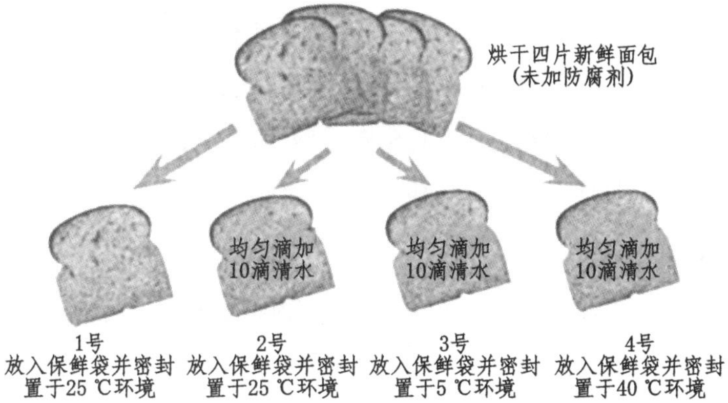

（1）1 号和 2 号对照，探究的是________

2 号和 3 号对照，探究的是________

1 号与 3 号不能形成对照，原因是________

（2）面包中未加防腐剂，除了出于对人体健康的考虑外，你认为还有什么原因？________

（3）你预期最先发霉、霉点最多的应是________号面包片。

小华把霉菌放在显微镜下观察，发现有不同颜色的霉菌，但它们的形态结构具有一些共同点，例如________等。

（4）你认为上述对照实验的结果对我们的生活有什么启示呢？________

（5）其实霉菌对人也有有利的一面，例如在生活中可用于________，其在自然界中可以________。

※发现问题：

1. 本题属于科学探究题，此类题目通常至少围绕一个具体的探究问题展开，一般需要设置对照实验。原稿题干文字简洁，一句“面包发霉了”直接把学生带入真实的生活情境中，但是对探究问题的表述学科性不强，应加以优化。

2. 所提供的将 4 片面包分成 4 组的示意图中信息量过少，且图中包含实验步骤操作的文字描述，整体形式显得拥挤，信息不明朗，不适于学生阅读并提取信息。

3. 在课程标准“科学探究”主题中，对照实验是一个重要概念。第（1）小题旨在考查其中的重要内容“提出问题、设置变量”，但是设问表述不够明确，学生不能准确理解是应陈述探究问题还是实验变量。

4. 题目设问是要考查“科学探究”中的“合理预期”，但是语言情境与题目不一致，前者是小华和同学们在做实验，此处却直接让考生给出预期，没有很好地发挥题目所创设的情境的作用，情境与任务脱节。

※优化情境：

1. 变“他想”为“不禁产生了疑问”，语境更真实自然。另外，修改对探究问题的表述，使之符合生物学专业用语，有助于学生形成基本的生物学学科素养。

2. 对情境素材的呈现方式和内容进行调整，使之清晰明朗，便于考生阅读理解。

3. 将设问“探究的是什么”改为“探究的环境条件是什么”，考查科学探究的设置变量，这种设问方式直接与情境中的探究问题相呼应，减少了阅读和思维的障碍，利于学生作答，体现了情境创设的适切性原则。

4. 将“你预期”优化为对小华观察实验现象的描述，并借此由学生作出预期，与试题情境相吻合，避免了情境与设问的割裂。

◎试题改稿：

霉菌在面包上生长需要哪些环境条件?

面包发霉了，小华发现自己4天前没吃完的面包已经发霉。不禁产生了疑问：面包上的霉菌适合在怎样的环境条件下生长繁殖呢？于是他和几位同学设计并进行了以下实验：

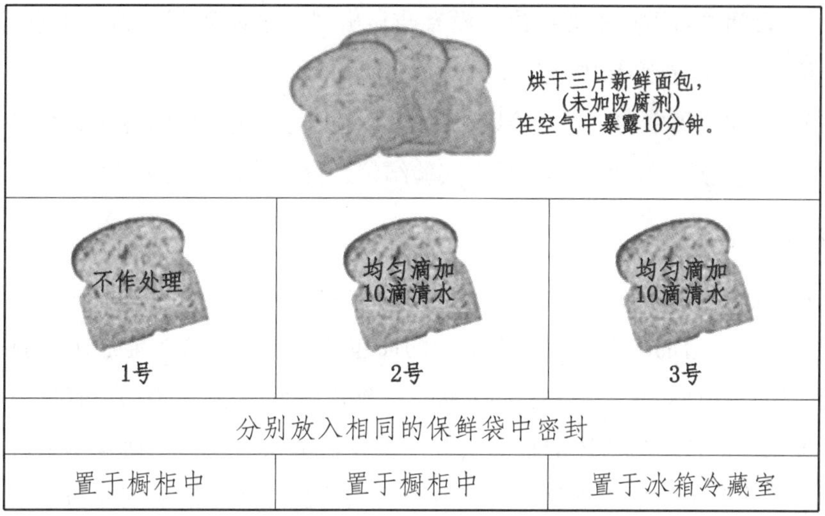

请分析以上实验，回答问题：

（1）1号和2号对照，探究的环境条件是＿＿＿＿＿＿。

2号和3号对照，探究的环境条件是＿＿＿＿＿＿。

1号与3号不能形成对照，原因是＿＿＿＿＿＿＿＿。

（2）实验用的面包中未加防腐剂，除了出于对人体健康的考虑外，你认为还有什么原因？＿＿＿＿＿＿＿

（3）小华每天观察，发现＿＿＿＿号面包最先发霉。

待面包片上长出较多霉菌菌落后，小华从不同颜色的霉菌菌落上分别挑取少许霉菌，制成临时装片，放在显微镜下观察，发现它们在形态结构上具有一些共同点，例如＿＿＿＿。

（4）小华他们的实验也存在一些不足，例如，＿＿＿＿＿。后来经过完善，得到了同样的实验结果。

你认为该实验对我们的生活有什么启示呢？＿＿＿＿

（5）其实霉菌对人类也有有利的一面，例如在生活中可用于________。

※发现问题：

1. 实验步骤的情境以表格加图片形式呈现，比试题初稿有所改进，但是仍存在一些问题：不能清晰呈现步骤之间的顺序；每组之间的操作描述对比不清晰，不利于学生顺利辨别实验组、对照组等，也就不能迅速提取关于对照实验所探究的问题及设置变量等重要信息。

2. 设问语言重点不够突出，没有凸显出“未加防腐剂”这一重点问题，另外语言陈述不符合初中学生年龄特点。

3. 目前改稿中的试题情境以小华为第一视角，让学生回答实验结果，相当于是预期结果，由此并不能得出实验结论，设问陈述缺乏科学性。

※优化情境：

1. 以表格加图片形式给出实验步骤，这种素材的呈现方式增加了情境的新颖性。通过增加步骤说明，将单一的面包图片情境修改为能展示实验操作的组合图片（面包片、餐盒、滴水状态、放置场所等），情境的信息量明显增大，原来用语言不易描述清晰的实验步骤变得形象直观，更适合学生通过阅读包含操作演示的情境素材，获得所需要的信息。命题情境创设与学生的发展现实相适切。

2. 将设问中的无关语句删除，直接对“未添加防腐剂”进行设问，设问语句更接近学生用语，便于学生理解并准确作答。

3. 补充条件——实验结果与预期一致，同时优化问题语句，使设问与情境及考查目标相一致，有利于学生读懂题意。

◎试题终稿：

探究霉菌在面包上生长繁殖所需环境条件

面包发霉了，小华发现自己 4 天前没吃完的面包已经发霉。不禁产生了疑问：霉菌适合在怎样的环境条件下生长繁殖呢？他和几位同学设计并进行了以下实验：

第一步	准备三片相同的干面包片（未加防腐剂），分别放入三个相同且洁净、干燥的透明餐盒中，并编号。		
第二步	不滴加凉开水 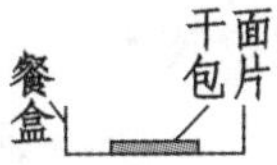 1组	均匀滴加 20 毫升凉开水 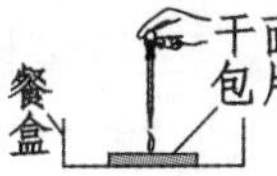 2组	均匀滴加 20 毫升凉开水  3组
第三步	同时在同一环境中暴露 30 分钟后，盖好盒盖。		
第四步	恒温培养箱（25℃） 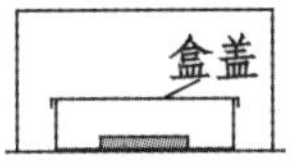 1组	恒温培养箱（25℃）  2组	冰箱冷藏室（5℃） 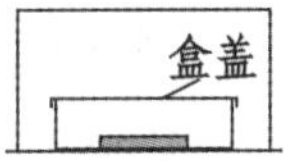 3组

请分析以上实验，回答问题：

（1）该实验探究了影响霉菌生长繁殖的两个环境条件，其中 1 号和 2 号对照，探究的环境条件是________；2 号和 3 号对照，探究的环境条件是________。

1 号与 3 号不能形成对照，原因是________。

（2）小华他们为什么要选用未加防腐剂的面包片作为实验材料呢？________

（3）同学们每天认真观察，几天后，发现第________组面包最先发霉，这与他们的预期一致，于是得出了实验结论。

待面包片上长出较多霉菌菌落后，小华从不同颜色的霉菌菌落上分别挑取少许霉菌，制成临时装片，置于显微镜下观察，发现它们在形态结构上具有一些共同特征，请你说出其中一点________

（4）小华和同学们经过讨论，发现实验存在不足之处，即________。完善实验后，他们得到了同样的实验结果。

（5）你认为该实验结果对我们保存食品有什么启示呢？________

虽然霉菌会使面包变质，但它们也有对人类有益的一面，请你试举一例：________。

※情境解读：

在日常生活中，面包、馒头、糕点等食品发霉现象很常见，学生有丰富的实践观察经验。本题通过学生熟悉的生活场景引入问题，共设置5个小题，综合考查课程标准中的“科学探究”“生物多样性”“生物技术”三个一级主题的内容，体现探究性、综合性。本题第（3）（5）两个小题以对照实验的探究为基础，跃迁到关于“生物多样性”“生物技术”两个主题内容的考查，需要学生借助真实生活经验以及所学知识进行解答。

本题情境素材源于生活情境“面包发霉了”，自然而贴切。题干语言简洁明了，以同学们的实验探究过程为基础，利用课程标准对“科学探究”一级主题的具体要求为线索，将三个一级主题内容的考查自然融汇于不同小题的设问中，题干及设问的语言贴近学生，让学生进入情境即进入考题，充分体现命题情境创设的适切性原则。

（案例撰写：张黎静）

第四节　关联性——目标、情境、任务的一体化设计

一、基本原则

情境创设的关联性是指考查目标、情境、任务应一体化设计，即基于落实立德树人的宗旨，在依据课程标准确立考查目标后，根据考查目标创设情境、设计问题或任务。

1. 情境创设作为试题命制的重要环节，首先应秉持立德树人的宗旨，严格依据课程标准的相关要求确定试题立意，以保证情境创设服务于试题考查目标的达成。

2. 情境素材来源于生活，试题情境是真实生活在试卷中的反映，情境的关联性必然要强调生活素材与试题情境之间的关联。

3. 任务或问题内生于情境，由情境本身引发出来，问题与试题情境密切相关。

4. 情境作为考查载体，包含有解决问题或完成任务所必需的图文信息、思路导引或解决条件，问题的解答应蕴含于情境材料之中，情境、问题与预期答案一体化设计。

总之，情境创设要围绕考查目标，任务设计要指向考查目标；离开情境无法解答问题，情境与问题（任务）应呈现水乳交融的关系。

二、操作策略

情境创设必须依据学科课程标准，命题选取的情境素材及任务设计要符

合课程标准的相关要求，避免出现情境素材偏离学科内容，选取的情境脱离考查目标的要求、脱离学生发展的实际，任务设计偏离学科轨道、失去学科特点等现象。

因此，创设情境时，要从“考查学生核心素养发展水平”的命题立意出发，结合课程标准中的学业质量标准要求，确定恰当的考查目标；再结合学生的生活世界，筛选出具有学科特色、贴近时代发展的热点素材与真实问题为情境原型，从学科特色出发，解剖出相关素材的内涵，并结合学科内容对情境素材进行取舍，设计出与之相匹配的任务，最终实现考查目标、情境、任务的一体化设计。其操作策略可以归纳为两个要点，即任务目标层级与情境复杂程度关联，情境复杂程度与任务难易梯度关联。其示意图如下：

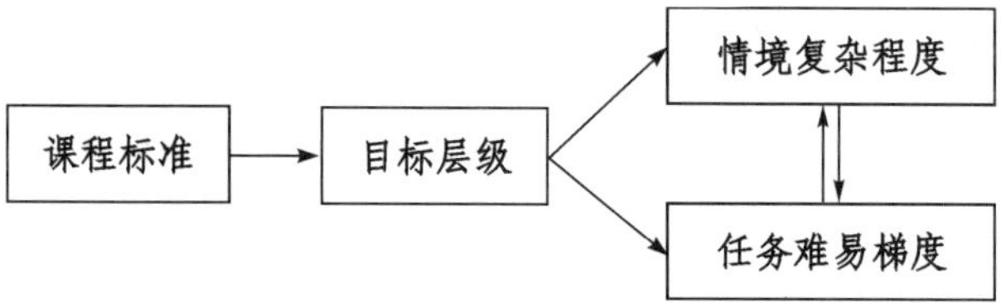

情境创设的关联性原则示意图

策略一：任务目标层级与情境复杂程度关联

情境创设要利于从不同角度考查学生的学科素养水平。一份好的试卷，其命题情境一定是丰富的，可以从学校、家庭、社会、自然等多领域选取情境，兼顾知识应用和学习活动的多种境况。

这种丰富性也可以围绕同一情境主线，通过情境条件的增减或者情境（事件）的发展绵延，在情境细节的变化、发展中，强化情境与目标的关联性，实现从不同角度考查学生的思维水平与思维能力的目的。核心素养水平不是对抽象知识的理解与简单运用，而是强调在特定情境下现实问题与任务的解决。展现和考查学生素养水平发展的不同层级，可以通过调整情境复杂程度得以实现。

策略二：情境复杂程度与任务难易梯度关联

情境要能够满足不同层次任务设计的需求。从简单情境中可以相对容易地提炼规律，形成概念。复杂开放的情境则需要整合相关概念和原理，灵活运用理论或方法，这样才能培养学生的高阶思维能力。通过经历不同的现实情境或主题，学生逐渐从运用概念分析和理解情境，过渡到能够整合不同的学科知识、方法和观念，解释和论证复杂开放的现实情境。从简单封闭的情境到复杂开放的情境，再到跨学科的、整合性的现实生活情境，可以逐渐培养学生灵活有效的问题解决策略、自主学习和反思能力。为此，我们可以根据考查目标，围绕同一情境主线，通过情境条件的增减或者情境（事件）的发展绵延，改变情境的复杂程度，从某一考查内容的不同思维层次设计问题或任务，强化情境与任务的关联，反映学生不同层次的素养水平。

加强情境与任务的关联，也可以根据情境材料的实际呈现效果，在考查目标不变的情境下，对问题设计增加限制条件，强化情境与问题（任务）的关联性，保证情境的有效性及考查的信度和效度。

三、命题实践

案例 1　语文（2023 · 山西）

◎试题初稿：

为弘扬优秀文化，引导同学们了解先烈事迹，厚植家国情怀，坚定理想信念，学校开展了系列活动，请你积极参与。

【活动三　希望引领向前，经典人物展风采】

希望如炬，照亮前进的方向；岁月如歌，唱响奋进的乐章，正如电视剧《狂飙》的主题曲所唱的那样，“生命的挂历倒数着失去，却也留下坚毅的证据”。请围绕“坚毅”，从下列名著中任选一位人物，结合参考示例，写一则人物速写。

备选名著：《水浒传》《朝花夕拾》《骆驼祥子》

写作提示：①联系名著中的具体内容；②不少于 50 字。

示例：人物速写——简 · 爱

简 · 爱自幼父母双亡，但她热忱刚烈，不屈服于舅妈的虐待，敢于反抗孤儿院的压迫，用坚毅追求自由和独立的人格。

※发现问题：

1. 2023 年山西中考语文试卷主题为“文化的力量”。本题初稿中综合性活动的情境设置与整份试卷“文化的力量”这一主题贴合度不高，考查目标与命题整体思路关联性不强。

2. 初稿中活动三“希望引领向前，经典人物展风采”“希望如炬，照亮前进的方向；岁月如歌，唱响奋进的乐章”的引导语强调“希望”，引用《狂飙》主题曲的句子将设题角度指向“坚毅”，与“文化的力量”未建立关联。

※优化情境：

1. 将“为弘扬优秀文化，引导同学们了解先烈事迹，厚植家国情怀，坚定理想信念，学校开展了系列活动，请你积极参与”的任务情境，修改为“为弘扬优秀文化，厚植家国情怀，学校开展了主题为‘从中国文化中汲取力量’的系列活动”，特意将原稿中“厚植家国情怀，坚定理想信念”这一思想认识层面的表述，深化为“从中国文化中汲取力量”的动作行为层面的表述，使命题立意得以深化，不仅考查学生在思想方面的领悟，也希望学生在实践中有所行动。该情境的设置符合试卷“文化的力量”这一大主题，情境创设与主题立意之间的关联性初步建立。

2. 将活动三“希望引领向前，经典人物展风采”改为“研读名著·汲取文化养分”后，任务指向性明确，与情境创设的关联性增强；将题干修改为“阅读经典名著，可以从中汲取文化的养分，获得前行的力量，助我们登高行远”，其中“汲取文化的养分”“获得前行的力量”完全契合本题任务情境；删去导语中引用《狂飙》主题曲的句子，修改为“从《钢铁是怎样炼成的》中，可以获得理想的力量，成为厄运打不倒的人；从《西游记》中，可以获得初心的力量，成功捧得人生真经……阅读下面备选名著，你从中获得了哪一种力量？这种力量又给了你怎样的帮助？请任选其中一部名著，结合具体内容，谈谈你的收获”。题干列举出的均为经典名著，不仅指明从名著中可以汲取力量，且将此力量化为自己前进的动力，答题任务与问题情境高度关联。

◎试题改稿：

为弘扬优秀文化，厚植家国情怀，学校开展了主题为“从中国文化中汲取力量”的系列活动。

【活动三　研读名著·汲取文化养分】

5. 阅读经典名著，可以从中汲取文化的养分，获得前行的力量，助我们登高行远。从《钢铁是怎样炼成的》中，可以获得理想的力量，成为厄运打不倒的人；从《西游记》中，可以获得初心的力量，成功捧得人生真经……阅读下面备选名著，你从中获得了哪一种力量？这种力量又给了你怎样的帮助？请任选其中一部名著，结合具体内容，谈谈你的收获。(不少于50字)

备选名著:《水浒传》《朝花夕拾》《骆驼祥子》

示例：人物速写——简·爱

简·爱自幼父母双亡，但她热忱刚烈，不屈服于舅妈的虐待，敢于反抗孤儿院的压迫，用坚毅追求自由和独立的人格。

※发现问题：

1. 备选名著中有两部小说、一部散文，体裁不丰富。

2. 本题情境主题为“从中国文化中汲取力量”，但示例《简·爱》为外国作品，与情境不符。

※优化情境：

1. 将原稿中备选名著《水浒传》替换为《艾青诗选》，意在兼顾散文、小说、诗歌不同体裁的作品，给予学生多元选择，充分尊重学生主体地位。

2. 删去《简·爱》示例，仅在题干导语中适当提示，不作过多限定，体现开放性，也与情境主题保持一致。

◎试题终稿：

为弘扬优秀文化，厚植家国情怀，学校开展了主题为“从中国文化中汲取力量”的系列活动。

【活动三　研读名著·汲取文化养分】

5. 阅读经典名著，可以从中汲取文化的养分，获得前行的力量，助我们登高行远。从《钢铁是怎样炼成的》中，可以获得理想的力量，成为厄运打不倒的人；从《西游记》中，可以获得初心的力量，成功捧得人生真经；从《简·爱》中，可以获得敢于追求的力量，成为一个人格独立的人……阅读下面备选名著，你从中获得了哪一种力量？这种力量又给了你怎样的帮助？请任选其中一部名著，结合具体内容，谈谈你的收获。(不少于50字)

备选名著:《朝花夕拾》《骆驼祥子》《艾青诗选》

※情境解读：

本题凸显课程标准中“积累整本书阅读经验，提高整体认知能力，丰富精神世界”的相关要求，考查学生分析比较、归纳判断能力，引导学生在真实的语言运用情境中，通过积极的语言实践，提升思维品质，全面提升核心素养。试题情境重视考查目标、背景材料，引言创设的情境与学科知识、学科能力有机融合，与学生的生活经验和情感体验紧密联系，较好地引导学生在真实语言运用情境中，培养关键品格、必备能力。

（案例撰写：屈艳）

案例 2　地理（2023·山西）

◎试题初稿：

椰枣是沙特阿拉伯的一种美味果品，被誉为“沙漠面包”。阅读图文资料，完成下列问题。

资料一　枣椰树是热带、亚热带绿洲农业的代表植物，耐干旱，耐高温，喜阳光，但需要较多的水分才能结出丰硕的果实。人们形象地称它是“头长在火中，脚浸在水里”。位于沙特阿拉伯东部的哈萨绿洲拥有该地区最丰富的地下水资源，是该国最大的椰枣产地。

资料二　下图是椰枣、沙特阿拉伯位置示意图以及利雅得的气温曲线和降水量柱状图。

沙特阿拉伯位置示意图（略）

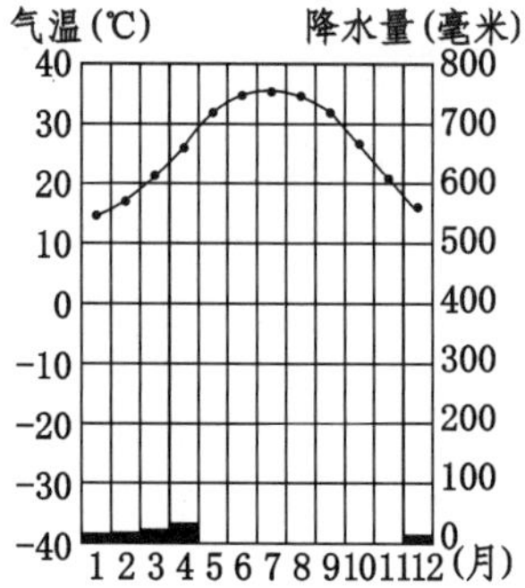

利雅得（沙特阿拉伯）

（1）简要分析哈萨绿洲成为该国最大椰枣产地的原因。

（2）有人提议在沙特阿拉伯大规模推广种植椰枣，说出你的观点并说明理由。

※发现问题：

打磨试题过程中发现，沙特阿拉伯对于学生而言是一个相对陌生的国家，而椰枣是一种不常见的食物。情境素材的呈现方式属于“学术情境”，情境创设与学生生活体验相距甚远，且与任务设置的关联性较低，难以激发学生的探索兴趣。

※优化情境：

将情境修改为“小丽同学在超市购买了一种叫椰枣的果品，品尝发现与产自我国的红枣相似但口感不同。为了找寻并了解椰枣的‘家’，某地理社团开启寻‘枣’之旅”，并给试题起了一个有趣的名字“寻‘枣’记”，以此增加试题的可读性和趣味性，关注学生的考场体验。

◎试题改稿：

【寻“枣”记】小丽同学在超市购买了一种叫椰枣的果品，品尝发现与产自我国的红枣相似但口感不同。为了找寻并了解椰枣的‘家’，某地理社团开启寻‘枣’之旅。阅读图文资料，完成下列内容。

资料一　椰枣是枣椰树的果实，口感香甜、软糯，富含果糖、多种维生素、蛋白质及其他营养物质，被誉为“沙漠面包”。

（1）说出椰枣的营养价值。

资料二　枣椰树是热带、亚热带绿洲农业的代表植物，耐干旱，耐高温，喜阳光，但需要较多的水分才能结出丰硕的果实。人们形象地称它是“头长在火中，脚浸在水里”。位于沙特阿拉伯东部的哈萨绿洲拥有该地区最丰富的地下水资源，是该国最大的椰枣产地。

资料三　下图是椰枣、沙特阿拉伯位置示意图以及利雅得的气温曲线和降水量柱状图。

沙特阿拉伯位置示意图（略）

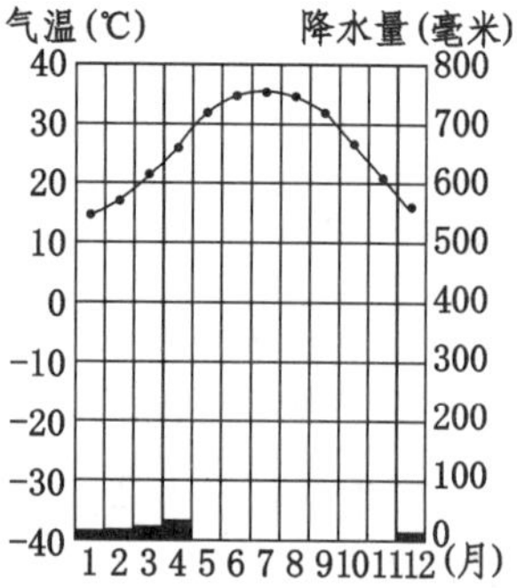

利雅得（沙特阿拉伯）

（2）简要分析哈萨绿洲成为该国最大椰枣产地的原因。

（3）有人提议在沙特阿拉伯大规模推广种植椰枣，说出你的观点并说明理由。

（4）踏着寻“枣”的脚步继续探访，请将你对该国自然和人文地理特征的更多了解归纳并整理在信息卡上。

我眼中的沙特阿拉伯

1. ________

2. ________

3. ________

※发现问题：

第（3）小题的设问为常见的表达观点题型，但题干表述“有人提议”与情境中的某地理社团的活动过程关联性不强，考生可以避开情境直接识别问题，运用已有知识解决问题，情境与试题、学科知识契合度低。

※优化情境：

将本设问修改为：大家围绕“是否可以在沙特阿拉伯大规模推广种植椰枣”展开讨论，这样能更好地和寻“枣”之旅主题相呼应，还原了社团活动的真实场景：全员参与、互相讨论，各自发表意见，又与任务的指向相一致，达到了素材内容与任务指向水乳交融、紧密相关的效果。而且修改后能体现地理社团活动的连续性，将社团活动这条主线很好地贯穿于任务设置的链条中，形成丰富、完整、清晰的认识线索，并与考查目标、设问同处在一个主题下，具有更强的关联性和清晰的逻辑关系。此外，考虑到椰枣不是生活中常见的食物，在第三小段的素材中又添加了椰枣的补充介绍，帮助学生理解“大规模扩大种植”的情境背景，以便其更好地理解第（4）小题的任务。

◎试题终稿：

【寻“枣”记】小丽同学在超市购买了一种叫椰枣的果品，发现与产自我国的红枣不同。为了寻找并了解椰枣的“家”，某地理社团开启寻“枣”之旅。阅读图文资料，完成下列内容。

探究一　慧眼识枣

椰枣是枣椰树的果实，口感香甜、软糯，富含果糖、多种维生素、蛋白质及其他营养物质，被誉为“沙漠面包”。

（1）说出椰枣的营养价值。

探究二　探访寻枣

枣椰树是热带、亚热带绿洲农业的代表植物，耐干旱、耐高温、喜阳光，但需要较多的水分才能结出丰硕的果实，人们形象地称它是“头长在火中，脚浸在水里”。位于沙特阿拉伯东部的哈萨绿洲拥有该地区最丰富的地下水资源，是该国最大的椰枣产地。

沙特阿拉伯位置示意图（略）

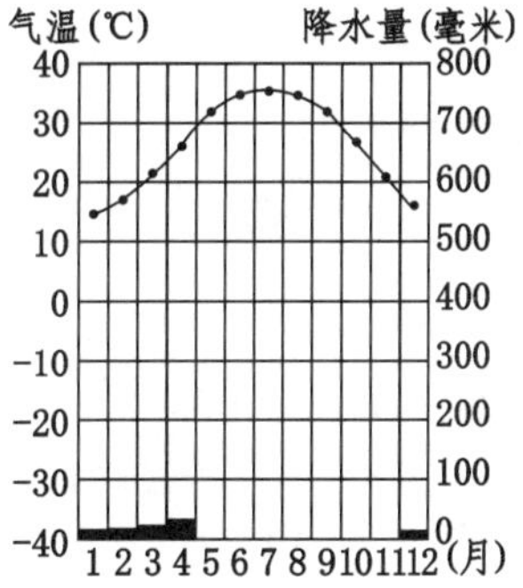

利雅得（沙特阿拉伯）

（2）简要分析哈萨绿洲成为该国最大椰枣产地的原因。

探究三　头脑风暴

同学们通过查阅资料了解到椰枣既可当粮食，又可制糖和酿酒。于是大家围绕“是否可以在沙特阿拉伯大规模推广种植椰枣”展开讨论。

（3）针对上述问题，请表明你的观点并说明理由。

（4）踏着寻“枣”的脚步继续探访，请将你对该国自然和人文地理特征的更多了解归纳并整理在信息卡上。

我眼中的沙特阿拉伯

1. ______________

2. ______________

3. ______________

※情境解读：

本题的命题立意旨在通过跨学科整合的方式，以沙特阿拉伯自然环境和农业发展为载体，挖掘其中的地理知识，并用所学知识解释地理现象，达到考查学生区域认知素养的发展水平。本题情境创编依据课程标准中“认识国家”的学业要求部分，联系某国家的自然地理环境特点，结合实例简要分析该国因地制宜发展经济的途径，简要分析当地事物和现象发生区域的地理背景，形成从地理视角看待、探究现实世界的意识和能力，初步具备全球视野和社会责任感。

试题以“椰枣”为主线，创设地理社团活动情境，将这条主线贯穿于任务设置的链条中，形成了知识和任务相联系的结构网络，这样选用的素材、创设的情境与学科知识、任务、目标高度契合，与学生的生活经验和情感体验紧密相连，达到潜移默化、润物无声的育人效果。

（案例撰写：牛晓琳）

案例3　道德与法治（2023·山西）

◎试题初稿：

中国式浪漫

“中国载人航天工程标识”（见右图）一经国家知识产权局发布，立刻好评如潮，有网友赞叹：设计得太妙了，不仅形似空间站外形，而且蕴含着

“满满的中国式浪漫”。

据此请你回答下列问题：

（1）这里的“国家知识产权局”属于什么性质的国家机关？

（2）这里“满满的中国式浪漫”是说什么呢？

※发现问题：

1. 依据情境创设关联性原则，问题设计应该内生于情境，情境与问题需保持一致。本题的情境包括文字和图片两个部分。试题初稿的第（1）问，看似“国家知识产权局”这一信息是从情境中的文字而来，然而问题设计所要考查的“这一国家机关的性质”在情境中并没有体现；换言之，即使没有这个情境，也完全可以要求学生回答国家知识产权局这一国家机关的性质。初稿问题设计脱离情境。

2. “中国载人航天标识”这一情境较为单一，缺乏补充说明，难以挖掘育人价值。

※优化情境：

1. 设问（1）删除，原来的设问（2）调整为设问（1）。

2. 根据试题任务目标层级与情境复杂程度关联的操作策略，在原有情境的基础上，增加“随着神舟十六号载人飞船成功发射，该标识再次进入人们的视野”的补充说明，并创设“某服装厂老板顿觉商机出现，很快把它印在了一批文化衫上进行出售”的设问，这样修改，首先是对刚刚发生的国家重大科技成就的积极回应；其次，修改后的试题情境从感受“中国载人航天工程标识怎么好”过渡到“有人擅自以之谋利”，由此来进一步考查学生对“擅自使用专用标识”这一现象的正确认识和理解。学生要对服装厂老板的行为作出正确的判断和分析，就需要继续从第一部分情境中体会：中国载人航天工程标识既然由国家知识产权局发布，就表明这一标识作为知识产权受到法律保护，不得擅自使用，由此也就很自然地对服装厂老板的行为性质有了清楚的认识。问题解答的信息内含在原有情境中，情境与问题解答成为不可分割的统一整体。情境的两个部分之间衔接自然而真实，并将正确的价值观与尊法守法、培养法治观念进行了有机结合。

◎**试题改稿一：**

中国式浪漫

“中国载人航天工程标识”（见右图）一经国家知识产权局发布，立刻好评如潮，有网友赞叹：设计得太妙了，不仅形似空间站外形，而且蕴含着“满满的中国式浪漫”。

据此请你回答下列问题：

（1）这里“满满的中国式浪漫”是说什么呢？

（2）随着神舟十六号载人飞船成功发射，该标识再次进入人们的视野。某服装厂老板顿觉商机出现，很快把它印在了一批文化衫上进行出售。请对该服装厂老板的行为进行简要评析。

※**发现问题：**

在对设问（2）继续讨论审读的过程中意识到，初中学业水平考试兼具毕业与选拔两项功能，其难度系数必须控制在合理的范围内；同时，对学生进行积极正面的价值引导，防止其出现不良行为也是一个必须要考虑的因素。

※**优化情境：**

对设问（2）中包含的情境进行改造，删除“顿觉商机出现”几个字，增加“受到相关部门的处罚”。同时把设问由“对该服装厂老板的行为进行简要评析”改为“请你简要分析服装厂老板受到处罚的原因”。这样既适度降低了考查难度，也避免了可能给学生带来的模糊认知，使其更能从积极正面的角度认识尊重和保护知识产权的重要性。

◎**试题改稿二：**

中国式浪漫

“中国载人航天工程标识”（见右图）一经国家知识产权局发布，立刻好评如潮，有网友赞叹：设计得太妙了，不仅形似空间站外形，而且蕴含着“满满的中国式浪漫”。

据此请你回答下列问题：

（1）这里“满满的中国式浪漫”是说什么呢?

（2）随着神舟十六号载人飞船成功发射，该标识再次进入人们的视野。某服装厂老板很快把它印在一批文化衫上进行出售。受到当地相关部门处罚。

请你简要分析该服装厂老板受到处罚的原因。

※发现问题：

在继续打磨试题过程中，进一步意识到“中国载人航天工程标识”的寓意其实非常丰富，比如竖笔的笔锋中包含有宝岛台湾的地形信息的，但受卷面条件所限，试卷中所呈现的标识大小有限，学生很难从中看到这一重要信息，如果要求学生完整理解标识中的寓意是不现实的。

※优化情境：

为了保证试题更加严谨，根据情境复杂程度与任务难度关联的操作策略，从情境材料实际出发，在问题设计时增加条件要求，设问（1）由“这里‘满满的中国式浪漫’是说什么呢?”修改为“请从传统文化的角度，解读标识里的‘中国式浪漫’”，这样就对学生的答题方向进行了限制，也更符合卷面上情境图片所表现出来的信息量，实现了情境与问题更好的关联。

◎试题终稿：

“中国式浪漫”

“中国载人航天工程标识”（见右图）一经国家知识产权局发布，立刻好评如潮：设计得太妙了，不仅形似空间站外形，而且蕴含着“满满的中国式浪漫”。

根据图文信息，回答下列问题：

（1）请从传统文化的角度，解读标识里的“中国式浪漫”。

（2）随着神舟十六号载人飞船成功发射，该标识再次进入人们的视野。某服装厂老板很快把它印在一批文化衫上进行出售，受到了当地相关部门的处罚。

请你简要分析该服装厂老板受到处罚的原因。

※情境解读：

热爱中华文化、坚定文化自信是道德与法治课程学科核心素养的一个重要内容，对于培育学生政治认同、坚定共产主义远大理想、树立为中华民族伟大复兴而奋斗的志向具有极其重要的作用。了解中华文化的悠久历史和博大精深，体会中华优秀传统文化的精髓，为中华文化而骄傲和自豪，在课程标准中有非常明确的要求。

从选材的角度看，本题选择的是中国载人航天工程标识发布这一社会热点。中国载人航天工程所取得的巨大成就不仅是科技创新的重大成果，更是党的正确领导、社会主义制度优越性、无数航天英雄们团结奋斗的成果。在这样的背景下，本题选择了“中国载人航天工程标识”这样一个小切口展现宏大的主题，通过可触摸、可感受的具体问题，来增强学生的政治认同，展现学生现有的素养水平。

经过修改后的情境与任务设计，使学生的思考角度更加多元和丰富，素养展现更加完整。从试题的考查目标来看，学生可以在解答第（1）问时深刻体会和感受中华优秀传统文化的精妙，增进文化自信，增强文化认同；解答第（2）问时可进一步体会尊重知识产权、尊重创新与传承和发扬中华优秀传统文化之间的关系，学会以正确的方式传承中华文化，学会在法治社会立己立人。修改后的情境更加完整准确，设问关联度也得以进一步提升。

（案例撰写：张增建　吴建平）

案例 4　历史（2023 · 山西晋中）

◎试题初稿：

16. 中华优秀传统文化充分展示和见证了中华文明五千年的血脉绵延与灿烂辉煌。下面是九年级同学以“弘扬优秀传统文化”为主题开展项目化学习的成果展板，请你完成展板中的问题。

弘扬优秀传统文化

展板一　【鉴赏文物——见证器物魅力】

（1）一组同学搜集到下面一组文物图片，制作了文物介绍卡片。请按要求完成空白处内容的填写。

★卡片一

利簋及铭文

文物名称：利簋
时　　代：西周
发现地点：陕西西安临潼
历史价值：造型独特、纹饰精美，具有一定的艺术和科技价值。腹内铭文记载了武王伐纣的过程，有非常重要的历史价值。

★卡片二

唐三彩骑驼乐舞俑

文物名称：唐三彩骑驼乐舞俑
时　　代：______________
发现地点：陕西西安鲜于廉墓
历史价值：______________
____
____

展板二　【品读诗词——体会节日传统】

清明时节雨纷纷，路上行人欲断魂。——唐·杜牧
爆出声中一岁除，春风送暖入屠苏。——北宋·王安石
去年元夜时，花市灯如昼。——北宋·欧阳修
但愿人长久，千里共婵娟。——北宋·苏轼

（2）二组同学阅读了上面一组诗词。它们分别描写了哪些传统节日？写出你对传统节日的看法。

展板三　【摘抄文献——感受人物气节】

（3）三组同学阅读历史文献后，摘抄如下片段。请你依据这些片段介绍人物的主要事迹，并写出你从中感受到的人物精神气节。

然骞凿空，诸后使往者皆称博望侯，以为质于外国，外国由是信之。

——《汉书·张骞传》

郑成功在致荷兰总督的招降书中说："台湾者，中国之土地也，久为贵国所踞，今余既来索，则地当归我……"

——连横《台湾通史》

※发现问题：

1. 原稿题干“中华优秀传统文化充分展示和见证了中华文明五千年的血脉绵延和灿烂辉煌”，事实上试题情境中的文化是可以展示，但是不能实现见证，语言表述不够精准，不利于学生对主题目标的理解。

2. 展板一中的两则文物史料西周青铜利簋及铭文和唐三彩骑驼载乐舞俑在文物类别上归属不同种类，所反映的历史事件也属于不同类型，不易形成对比和建立联系，不便于学生进行仿写；版面无用信息相对较多，需删除与情境和任务无关的信息，减少学生阅读量，突出主干信息。

3. 本题依据情境设置了开放性问题，但任务描述指向不够明确和简洁，不利于学生依托情境进行作答。

※优化情境：

1. 精简语言表述，重构语言逻辑，突出主旨意图。将题干首句“中华优秀传统文化充分展示和见证了中华文明五千年的血脉绵延和灿烂辉煌”修改为“中华优秀传统文化充分展示了中华文明五千年的血脉绵延和灿烂辉煌”，使题干描述更加准确，与情境的关联度更高。

2. 更换文物素材，使示例素材和任务素材在类型上保持一致，便于学生进行仿写。将原文物素材“西周青铜利簋”变更为“东汉彩绘陶击鼓说唱俑”，修改之后的素材与问题能建立联系，并突出了主题，依旧从艺术雕塑和历史风貌等角度进行解读，降低了学生仿写的难度，试题的严谨度也得到增强。删除文物卡片中与答题无关的信息，如文物的时代和发现地点等，放大文物图片，使其变得更加清晰，既降低了学生的阅读量，突出了主干信息，还使得版面更加简洁美观。

3. 将展板二中的问题“写出你对传统节日的看法”变更为“这些传统节日的传承有何现实意义”，问题的指向更加明确，更能突出主题思想，学生通过对传统节日所蕴含的文化观念进行了解，认识中华民族的文化特色，强化了国家认同、民族认同、文化认同。

◎试题改稿：

16. 中华优秀传统文化充分展示了中华文明五千年的血脉绵延与灿烂辉

煌。下面是九年级同学以“弘扬优秀传统文化”为主题开展项目化学习的成果展板，请你完成展板中的问题。

弘扬优秀传统文化

展板一 【鉴赏文物——见证器物魅力】

（1）一组同学搜集到下面一组文物图片，制作了文物介绍卡片。请按要求完成空白处内容的填写。

★卡片一

文物名称：东汉彩绘陶击鼓说唱俑

文物介绍：这件俑表情生动活泼，幽默风趣，线条简练，技法娴熟，有很高的艺术价值和欣赏价值，从一个侧面反映了东汉的民间生活气息和地方风貌。

★卡片二

文物名称：唐三彩骑驼乐舞俑

文物介绍：____

展板二 【品读诗词——体会节日传统】

（2）二组同学展示的诗词分别描写了哪些传统节日？这些传统节日的传承有何现实意义？

清明时节雨纷纷，路上行人欲断魂。——唐·杜牧
爆竹声中一岁除，春风送暖入屠苏。——北宋·王安石
去年元夜时，花市灯如昼。——北宋·欧阳修
但愿人长久，千里共婵娟。——北宋·苏轼

展板三 【摘抄文献——感受人物气节】

（3）三组同学阅读历史文献后，摘抄如下片段。请你依据这些片段介绍人物的主要事迹，并写出你从中感受到的人物精神气节。

然骞凿空，诸后使往者皆称博望侯，以为质于外国，外国由是信之。

——《汉书·张骞传》

郑成功在致荷兰总督的招降书中说：“台湾者，中国之土地也，久为贵国所踞，今余既来索，则地当归我……”

——连横《台湾通史》

※发现问题：

1. 本题的命题立意为“弘扬优秀传统文化”，重在“弘扬”二字。然而三个展板中任务的关键动词“见证”“体会”“感受”无法与主题“弘扬”一词完美契合，同时器物的魅力无法用“见证”这个动词来驱动，应该进行更换，使情境与主题的关联性更加真实、符合逻辑，从而增加题目的力量感和历史感。

2. 展板一和展板三依托情境素材设置的问题描述不够清晰，指向不够精准，比较模糊，不利于学生根据情境进行作答。

※优化情境：

1. 根据主题重新设定三个展板的任务描述，将任务一从“鉴赏文物——见证器物魅力”变更为“鉴赏文物——感受器物魅力”，将任务二从“品读诗词——体会节日传统”变更为“品读诗词——传承节日文化”，将任务三从“摘抄文献——感受人物气节”变更为“解读文献——弘扬民族精神”。修改之后行为动词的使用比之前准确，不仅增加了试题的力量感和历史感，体现了对优秀传统文化的弘扬，还增加了与展板内任务的契合度。

2. 调整设问方式，明确任务指向。将展板一中的设问从“一组同学搜集到下面一组文物图片，制作了文物介绍卡。请按照要求完成空白处内容的填写”变更为“一组同学制作了文物介绍卡片一。请你据此仿写，完成卡片二的制作”。将展板三中“请你依据这些片段介绍人物的主要事迹，并写出你从中感受到的人物精神气节”变更为“三组同学摘抄的文献片段分别与哪一历史史实有关？你从文中人物身上感受到怎样的精神品质”。修改后的设问，语言更加简洁，指向更加明确，问题与情境的关联度更高，例如展板一中的问题通过“仿写”这个关键词，建立起两张文物介绍卡片之间的逻辑联系，使学生对于情境的理解更加准确，能够依托情境进行作答，大大降低了作答难度，既有利于学科素养的实现，也提升了学生的价值观。

◎试题终稿：

16. 中华优秀传统文化充分展示了中华文明五千年的血脉绵延与灿烂辉煌。下面是九年级同学以“弘扬优秀传统文化”为主题开展项目化学习的成果展板，请你完成展板中的问题。

弘扬优秀传统文化

展板一　【鉴赏文物——感受器物魅力】

（1）一组同学制作了文物介绍卡片一。请你据此仿写，完成卡片二的制作。

★卡片一

文物名称：东汉彩绘陶击鼓说唱俑

文物介绍：这件俑表情生动活泼，幽默风趣，线条简练，技法娴熟，有很高的艺术价值和欣赏价值，从一个侧面反映了东汉的民间生活气息和地方风貌。

★卡片二

文物名称：唐三彩骑驼乐舞俑

文物介绍：________________

展板二　【品读诗词——传承节日文化】

（2）二组同学展示的诗词分别描写了哪些传统节日？这些传统节日的传承有何现实意义？

清明时节雨纷纷，路上行人欲断魂。——唐·杜牧
爆竹声中一岁除，春风送暖入屠苏。——北宋·王安石
去年元夜时，花市灯如昼。——北宋·欧阳修
但愿人长久，千里共婵娟。——北宋·苏轼

展板三　【解读文献——弘扬民族精神】

（3）三组同学摘抄的文献片段分别与哪一历史史实有关？你从文中人物

身上感受到怎样的精神品质？

> 然骞凿空，诸后使往者皆称博望侯，以为质于外国，外国由是信之。
>
> ——《汉书·张骞传》

> 郑成功在致荷兰总督的招降书中说："台湾者，中国之土地也，久为贵国所踞，今余既来索，则地当归我……"
>
> ——连横《台湾通史》

※情境解读：

本题的命题立意旨在突出重点话题"弘扬优秀传统文化"，在情境创设上以项目化学习成果展板的形式，设计了三个真实任务情境板块：鉴赏文物、品读诗词和解读文献，情境素材来自学生在不同学段学习的语文、历史等学科内容，体现了跨学科的结合，情境素材有实物图像史料、诗歌史料、文献史料，突出了情境素材的多样性。学生围绕"弘扬优秀传统文化"这一目标进行探究，根据情境完成所创设的任务问题，最终形成对中华优秀传统文化的独特价值和突出优势的认知，提高民族自尊心、自信心和自豪感，增强民族凝聚力。

整道试题修改都是围绕目标、情境和任务之间的关联关系进行的，修改后情境和问题之间达到水乳交融，所有的设问全部与情境建立关联，突出了主题，有利于目标的实现。学生利用情境从不同类型的史料中感受其所蕴含的文化观念和文化特色，最终强化国家认同、民族认同和文化认同，达到学科育人目的，增强文化自信，涵育家国情怀。

（案例撰写：李相伯）

案例 5　物理（2023·山西）

◎试题初稿：

13. 古人在浇筑青铜器时，把青铜液倒入模具可以浇筑出漂亮的青铜器，此过程中包含的物态变化解释正确的是　（　　）

A. 熔化　吸热　　B. 凝固　放热

C. 液化　吸热　　D. 凝华　放热

※发现问题：

课程标准明确要求："能描述固态、液态和气态三种物态的基本特征，并列举自然界和日常生活中不同物态的物质及其应用。"

初稿中情境和试题内容剥离，仅基于知识层面对物态变化的类型进行综合考查，没有体现运用知识解决实际问题的能力考查。同时情境不够完善，考点略显单薄，情境与任务关联生硬，考查形式过于传统，没有体现出素养立意的考查目标。

※优化情境：

情境之于知识，就如同汤之于盐，只有将盐溶于汤中才更容易被吸收，因此要将纯物理问题置于真实任务情境中，才更容易被学生接受。

通过查阅资料，将山西博物院的"镇院之宝"西周晋侯鸟尊选入情境，意在引导学生在关注物理知识的同时了解中华传统文化，将中华优秀传统文化中的本土文化及民族自豪感带入学生心中，让物理知识更有价值，让学习更有意义。也想让学生明白，社会在发展，科技在进步，新材料的发明不断涌现，但是古代科技的高超技艺和古代劳动人民的智慧也值得称道，值得弘扬和学习。同时从审美的角度培育学生的艺术鉴赏能力。

◎试题改稿：

13. 西周晋侯鸟尊是中国青铜器中罕见的珍品，是山西博物院的"镇院之宝"（如图所示）。制作青铜器时，先用泥土制成"内范"，在其外部涂适当厚度的蜡，将蜡雕刻成所需形状，称之为"模"，然后在"模"的外面用泥土制成"外范"。通过加热使蜡液流出形成空腔（模具），在空腔中倒入青铜液，待青铜液冷却后，就得到与"模"一样的青铜器。下列分析正确的是（　　）

A. 将蜡加热到液态是熔化过程，会放出热量

B. 青铜液冷却到固态是凝固过程，内能不变

C. 青铜液冷却到固态是凝华过程，需吸收热量

D. 青铜和蜡熔化过程中，温度均保持不变

※发现问题：

1. 给试题加入西周晋侯鸟尊情境后，与考查目标本身没有发生联系，它的呈现也似乎只是戴了个帽子，叙述青铜器的制作过程和鸟尊之间没有关联，各不相关。

2. “青铜液冷却后”可以制作出青铜器，但由于“外范”和“内范”的存在还不是最终成品，学生还是不清楚青铜器是如何制作的。

3. 设置选项时，考虑到学生学情，应降低选项的综合性以适当降低难度。

※优化情境：

情境中引入青铜器的制造流程，旨在让学生感受青铜器铸造水平的高超和中国古代劳动人民的智慧，突出其在人类文明发展史上的重要意义。本题以青铜器的生产工艺为背景，给物态变化加入青铜器制作的详细过程，让学生从中提炼信息辨析物态变化的过程，从而考查学生运用所学知识分析问题、解决问题的能力，促进学生从“知识掌握”到“知识应用”的转变，引导学生关注社会、关注生活、感受科学的魅力。

1. 由于青铜器的制作过程和鸟尊之间关联性不足，导致情境与任务分离，因此加了一个关联句“制作鸟尊等青铜器时”，从而使两个情境衔接流畅，考生的思维也会变得更加顺畅，体现情境与任务的一体化。

2. 题干中增加描述“待青铜液冷却后，打碎‘外范’和‘内范’，就得到与‘模’一样的青铜器”。较之原稿中的“青铜液冷却后”，修改后的情境描述更符合实际、更加准确严谨。

3. 考虑到地区、城乡的差别，本题难度不宜过大，因此作了如下修改：删掉热和能的知识，增加物态变化的内容。选项调整在降低难度的同时，保证了试题情境材料价值利用的最大化。

◎试题终稿：

13. 西周晋侯鸟尊是中国青铜器中罕见的珍品，是山西博物院的“镇院之宝”（如图所示）。制作鸟尊等青铜器时，先用泥土制成“内范”，在其外部涂适当厚度的蜡，将蜡雕刻成所需形状，称之为“模”，然后在“模”的外面用泥土制成“外范”。通过加热使蜡液流出形成空腔（模具），在空腔中倒入青铜液，待青铜液冷却后，打碎“外范”和“内范”，就得到与“模”一样的青铜器。下列分析正确的是　　　　　　　　（　　）

A. 将蜡加热到液态是熔化过程，会放出热量

B. 青铜液冷却到固态是凝固过程，会放出热量

C. 青铜液冷却到固态是凝华过程，需吸收热量

D. 青铜和蜡熔化过程中，温度均保持不变

※情境解读：

试题以“青铜器的制作过程”为情境，将要考查的内容“辨析物态变化的类型及吸、放热知识”融入真实的青铜器制作过程中，经过多次审读修改后形成上述试题。本题创设了一个图文并茂、适切真实、新颖别致的情境，体现了正确的价值导向，引导学生了解我国古代高超的铸造技术，同时，关注中华优秀传统文化，树立中华民族的文化自信。

试题根据任务情境科学确定选项，实现了问题设计、答案选项与情境素材的高度融合、相互关联。学生阅读材料和回答问题的过程，是知识应用、能力发展的过程，也是从生活走向物理、从物理走向社会的过程。

（案例撰写：姜晓娟　阎晶森）

案例6　英语（2023·山西）

◎试题初稿：

> What is project-based learning?
>
> Project-Based Learning is learning while doing. It gives learners the chance to gain a deeper understanding of a topic through problem-solving using real-world examples and challenges. Project-Based Learning is becoming widely used in schools and other educational settings. Students work on a project over a period of time—from a week up to a term. They show their knowledge and skills by creating a public product for people.

Sandra is an eleven-year-old student in Sunshine Primary School. She wanted to know more about Greek mythology(希腊神话). Well, that’s the first step: Choosing a topic that she was interested in.

Next she had to learn about that topic and do some research on it. She read books and articles about the history of Greek mythology. She also read related fiction books like *Harry Potter*, *Percy Jackson*, *the Myth-O-Mania series*. She watched videos and played games all connected with Greek mythology. When she collected her information, she was ready to create a project.

She loves to build with legos (乐高) so she decided to build lego creations based on the stories of Greek Gods. She's also really into art so she created a book about her favorite character from Greek mythology. She drew pictures of them and wrote the myths in her own words.

After all of that work, she made a living room presentation (展示) for Mom and Dad and shared what she had created. Then she set up a Tencent Meeting to share her project with friends, and even shared her project on social media.

Project-based learning allows a student to learn about a topic and then create a project based on his talents and skills. Not everyone is a great test taker, but everyone is good at something. Through project work students can not only learn deeply about a topic, but also have a joy for learning.

		▲	

54. What is project-based learning?

55. Why did Sandra work on her project?

56. How did she collect information?

57. Please fill in the blank with a verb phrase.

58. What are Sandra's products of the project?

59. What topic are you interested in? How will you learn about the topic?

※发现问题：

1．语篇中包含了较多的长句子和含有复杂结构的句子，有些专业术语表述较难理解，给学生理解文章内容和理清文章脉络造成了一定障碍。

2．语篇的情境和任务未能体现关联性设计。该语篇具有非连续性文本的形式特征，但是内容之间比较松散，需要主线将其联系起来。

※优化情境：

1．在确保信息充分的前提下，删减干扰学生阅读的无用信息，并着重对复杂句进行了修改。如由于对项目化学习的概念解释过于复杂，将“It gives learners the chance to gain a deeper understanding of a topic through problem-solving using real-world examples and challenges.”改为“It gives learners the chance to get a deeper understanding of a topic. Learners solve problems by using real-world examples and challenges.”

2．对语篇情境和任务进行了关联性调整。语篇情境以“项目化学习”为主题，共包括三个板块：项目化学习的定义，项目化学习的案例以及项目化学习的意义。第一、三板块为理论阐释部分，案例作为具体操作的示范放在第二部分，并起到解释、说明项目化学习的作用。为了加强内容之间的联系，在第一段末尾增加了“Let’s take the example of Sandra.”，使第一、二部分有机联系起来；将案例拆分成具体的实施步骤，并以流程图的形式归纳了学习过程，帮助学生直观地理解项目化学习的过程；在最后一段首句增加了“From the example of Sandra，we can clearly see that”，使学生能够通过案例理解项目化学习的好处。这样，整个语篇情境与问题设置就建立了内在联系。

◎试题改稿一：

Project-Based Learning is learning while doing. It gives learners the chance to get a deeper understanding of a topic. Learners solve problems by using real-world examples and challenges. Project-Based Learning is becoming widely used in schools. Students work on a project over a period of time—from a week up to a term. At the end of the project, they show their knowledge and skills by creating a public product for people. Let’s take the example of Sandra.

Sandra is an eleven-year-old student in Sunshine Primary School. She wanted to know more about Greek mythology(希腊神话). Well, how did she make it?

- She chose a topic that she was interested in.
- She had to learn about that topic and do some research on it. She read books and articles about the history of Greek mythology. She also read fiction books like *Harry Potter*, *Percy Jackson*, *the Myth-O-Mania series*. She watched videos and played games all connected with Greek mythology. When she collected her information, she was ready to create a project.
- She created a project based on her talents and skills. She loves to build with legos (乐高) so she decided to build lego creations based on the stories of Greek Gods. She's also really into art so she created a book about her favorite character from Greek mythology. She drew pictures of them and wrote the myths in her own words.
- After all of that work, she made a living room presentation(展示) for Mom and Dad and shared what she had created. Then she set up a Tencent Meeting to share her project with friends, and even shared her project on social media.

In short, Sandra's project-based learning included four steps:

		▲	

From the example of Sandra, we can clearly see that project-based learning allows a student to learn about a topic and then create a project based on his or her talents and skills. Not everyone is a great test taker, but everyone is good at something. Though project work students can not only learn deeply about a topic, but also have a joy for learning. So if you're interested in something, why not start with a project-based learning?

54. What is project-based learning?

55. Why did Sandra work on her project?

56. How did she collect information?

57. Please fill in the blank with a verb phrase.

58. What are Sandra's products of the project?

59. What topic are you interested in? How will you learn about the topic?

※发现问题：

1. 语篇中的流程图是来源于文本的，反映了学生项目化学习的过程，但在设置上未能体现图表和文本之间的内在联系。

2. 问题不是完全来源于情境、不是由情境本身引发出来的。如54题只是要求考生从情境中提取信息，问题未能完全围绕考查目标设置。

3. 55题未能体现语篇情境的关键信息。问到了Sandra为什么做项目，但仔细思考发现该问题脱离情境也可作答。与传统学习相比，项目化学习不可能在一节课中完成，对学生的学习而言可操作性不强，没有充分挖掘情境与学生学习之间的关联性。

※优化情境：

1. 将流程图呈现的问题与情境相匹配，建立情境与问题一一对应的关系。学生可以根据情境的内容找到对应的信息，增强文本和图表之间的关联性。

2. 将54题的问题进行重设，改为"What's the way of project-based learning?"意在引导学生了解项目化学习的途径，更具有现实意义，与考查目标相关。

3. 将55题改为"How long does it take students to finish a project?"让学生理解项目化需要一定的周期来完成，这也是学生必须了解的基本事实之一。

◎试题改稿二：

Project-Based Learning is learning while doing. It gives learners the chance to get a deeper understanding of a topic. Learners solve problems by using real-world examples and challenges. Project-Based Learning is becoming widely used in schools. Students work on a project over a period of time—from a week up to a term. At the end of the project, they show their knowledge and skills by creating a public product for people. Let's take the example of Sandra.

Sandra is an eleven-year-old student in Sunshine Primary School. She wanted to know more about Greek mythology(希腊神话). Well, how did she make it?

• She chose a topic that she was interested in. She wanted to know more about Greek Gods and their stories.	Step 1 Choose a topic
• She had to learn about that topic and do some research on it. She read books and articles about the history of Greek mythology. She also read fiction books like *Harry Potter*, *Percy Jackson*, *the Myth-O-Mania series*. She watched videos and played games all connected with Greek mythology. When she collected her information, she was ready to create a project.	Step 2 Do the research
• She created a project based on her talents and skills. She loves to build with legos (乐高) so she decided to build lego creations based on the stories of Greek Gods. She's also really into art so she created a book about her favorite character from Greek mythology. She drew pictures of them and wrote the myths in her own words.	Step 3 __________

• After all of that work, she made a living room presentation(展示) for Mom and Dad and shared what she had created. Then she set up a Tencent Meeting to share her project with friends, and even shared her project on social media.	Step 4 Do the presentation

From the example of Sandra, we can clearly see that project-based learning allows a student to learn about a topic and then create a project based on his or her talents and skills. Not everyone is a great test taker, but everyone is good at something. Though project work students can not only learn deeply about a topic, but also have a joy for learning. So if you're interested in something, why not start with a project-based learning?

54. What's the way of project-based learning?

55. How long does it take students to finish a project?

56. How did Sandra collect information?

57. What's the third step of Sandra's project-based learning?

58. What were the two products that Sandra created? What made her have such ideas?

59. In your opinion, what's the biggest advantage of project-based learning? Which topic will you use the way to learn about?

※发现问题：

在问题的设计上，仍有未能与情境形成一体化设计的地方。例如 58、59 题均为两问，但是两个问题之间缺乏与情境的必然联系，追问的问题与情境的复杂度并不匹配，未能引导学生针对同一内容继续深入思考。

※优化情境：

为了引导学生理解项目化的结果需要多样化的成果来展示，而这些成果又是基于个人的兴趣爱好而生成，第 58 题的问题修改为“What were the two products that Sandra created? Why could she create them?”这样修改后，56、57、58 题都来自 Sandra 的学习经历，学生在回答问题的过程中对项目化学习的步骤和方法也有了清晰的认知，体现了问题和情境之间的关联性。

59 小题改为“What do you think of Sandra's learning experience? In your opinion, what is the advantage of project-based learning?”其中第一问根据 Sandra 的学习经历提出，要求学生对 Sandra 的项目化学习进行评价，反映了学生对这一学习方式的态度。第二问在第一个问题的基础上提出，学生在对具体案例进行评价的基础上思考项目化学习的优势，是一个由具体到抽象的思维过程，学生可以利用自己所学展开丰富的表达，这种开放性题目考查了学生的高阶思维能力。

◎试题终稿：

(E)

请阅读下面的非连续性文本，根据语篇内容，回答问题，并将答案写在答题卡相应的位置上。

Project-Based Learning（项目化学习）is learning while doing. It gives learners the chance to get a deeper understanding of a topic. During the learning, learners solve problems by using real-world examples and challenges. Project-based learning is becoming widely used in schools. Students work on a project over a period of time—from a week to a term. At the end of the project, they show their knowledge and skills by creating a product for people. Let's take the example of Sandra.

Sandra is an eleven-year-old student in Sunshine Primary School. She wanted to know more about Greek mythology(希腊神话). Well, how did she make it?

• She chose Greek mythology characters as the topic because she was interested in the characters and their stories.	Step 1 Choose a topic

• She had to learn about that topic and do some research on it. To collect information, She read books and articles about the history of Greek mythology. She also read some novels like *Harry Potter* and *Percy Jackson*. She watched videos and played games all connected with Greek mythology. When she collected her information, she was ready to create a project.	Step 2 Do the research
• She created a project based on(以……为基础) her talents and skills. She loves to build with Legos (乐高), so she decided to build lego creations based on the stories of Greek mythology characters. She's also really good at are, so she created a book about her favorite characters. In her book, she drew pictures of them and wrote the stories in her own words.	Step 3 ____________
• After all of that work, she made a living room presentation for Mom and Dad and shared the two products that she had created. Then she shared her project online with friends, and even shared her project on social media.	Step 4 Do the presentation

From the example of Sandra, we can see that project-based learning allows a student to learn about a topic and then create a project based on his or her talents and skills. Not everyone is a great test taker, but everyone is good at something. Though project work, students can not only learn deeply about a topic, but also have fun learning. So if you're interested in something, why not start with project-based learning?

54. How do learners solves problems in project-based learning?

55. How long does it take students to finish a project?

56. What did Sandra do to collect information?(One example is OK.)

57. What's the best subtitle(小标题) of Step 3?

58. What were the two products that Sandra created? Why could she create them?

59. What do you think of Sandra's learning experience? In your opinion, what's the advantage of project-based learning?

※情境解读:

该题的情境素材是以“项目化学习”为主题的非连续性文本，语篇包含项目化学习的概念、Sandra 进行项目化学习的真实案例以及项目化学习的积极影响三个主要内容。三个部分之间由 Sandra 的学习经历串联在一起，围绕同一情境主线形成一个有机整体。在设计问题时，从“考查学生核心素养发展水平”的立意出发，本着“强化情境与任务的关联”的原则，围绕语篇的主要内容，结合学生的生活与考查目标，筛选出了六个相互关联的问题，引导学生理解项目化学习的途径、时长等基本事实，再从具体案例中学习如何收集信息、创造成果来展示自己的收获，最后对案例中 Sandra 的学习经历进行评价，并在此基础上思考项目化学习的好处。六个问题与学生的发展相匹配，形成由浅入深、由易到难、由封闭到开放的层次，从不同层次考查学生的阅读能力和思维水平，引导其积极探索适合自己的学习方法。

（案例撰写：申彦敏）

案例 7　数学（2023 · 山西）

◎试题初稿:

20. 2023 年 3 月，水利部印发了《母亲河复苏行动河湖名单（2022—2025 年）》，我省境内有汾河、桑干河、洋河、清漳河、浊漳河、沁河六条河流入选. 在推进实施母亲河复苏行动中，需要用石料、混凝土等各种材料砌筑各种驳岸. 如图是某综合与实践小组调查得到的一段扶岸式驳岸效果图和剖面图. 其中 AE 和 CD 均与地面平行，岸墙 $AB \perp AE$ 于点 A，$\angle BCD = 135°$，$\angle EDC = 60°$，$ED = 6$ m，$AE = 1.5$ m，$CD = 3.5$ m.

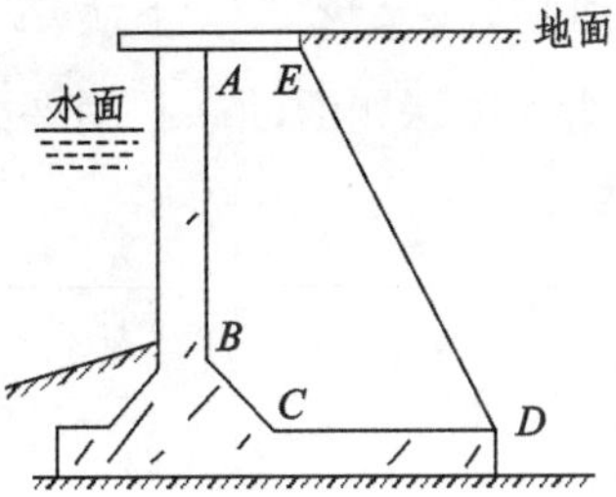

（1）求点 E 到 CD 的距离；

（2）分别求出 BC 和 AB 的长度.

※发现问题：

1. 本题体现跨学科融合，试题中涉及工程设计中的专有名词——“扶岸式驳岸”，学生可能对这一概念难以理解从而造成解题障碍。

2. 试题情境选自一次综合与实践活动，力图渗透《义务教育数学课程标准（2022 年版）》中关于“进一步加强综合与实践”的课程理念，但是从本题的考查目标、情境创设、任务设定等因素综合考虑来看，本题只是单纯地建立直角三角形模型进行计算，没有完整地创设“综合与实践”活动的开展过程，试题情境未能很好地落实关联性原则。

※优化情境：

1. 对试题情境中涉及的工程设计专有名词（驳岸）做了阐释，删除了“扶岸式”这一名词术语，扫清了学生因专有名词不能理解而带来的认知障碍和解题困难，使学生能顺利地进入几何模型的抽象与建构。

2. 试题明确了“以解决实际问题为重点，以真实问题为载体，以项目化学习为方式”的情境创设的思路，意在让情境与任务具有更好的关联性。

◎试题改稿：

20. 2023 年 3 月，水利部印发了《母亲河复苏河湖名单（2022—2025 年）》，我省境内有汾河、桑干河、洋河、清漳河、浊漳河、沁河六条河流入选. 在推进实施母亲河复苏行动中，需要用石料、混凝土等各种材料砌筑各种驳岸（也叫护坡，用来保护河岸、阻止河岸崩塌

或冲刷的构筑物）．某校“综合与实践”小组的同学把“母亲河驳岸的调研与计算”作为一项课题活动，利用课余时间完成了实践调查，并形成了如下活动报告.

<table>
<tr><td>课题</td><td colspan="2">母亲河驳岸的调研与计算</td></tr>
<tr><td>调查方式</td><td colspan="2">资料查阅、水利部门走访、实地查看了解</td></tr>
<tr><td>调查内容</td><td>驳岸剖面图</td><td>相关数据</td></tr>
<tr><td></td><td>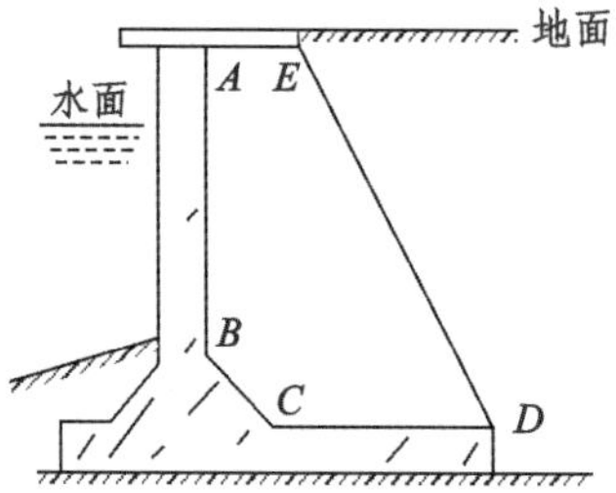
</td><td>AE 和 CD 均与地面平行，岸墙 $AB\perp AE$ 于点 A，$\angle BCD=135°$，$\angle EDC=60°$，$ED=6$ m，$AE=1.5$ m，$CD=3.5$ m.</td></tr>
<tr><td>计算结果</td><td colspan="2">…</td></tr>
</table>

根据上面活动报告解决下列问题：

（1）求点 E 到 CD 的距离；

（2）分别求出 BC 和 AB 的长度.

※发现问题：

1. 情境中信息的阅读量较大，需要适当压缩。

2. 题稿中“驳岸剖面图”指驳岸在竖直平面内的横截面图，但学生对“剖面图”这一概念接触很少，可能会因概念理解困难造成解题障碍。在真实的学习情境中，对驳岸的调查活动是属于跨学科项目化学习活动，调查内容可能涉及“驳岸上植被的种植类型（生物）”“水面的深度（压强）对驳岸高度和厚度的设计要求（物理）”“如何按比例绘制驳岸效果图和剖面图（数学与美术）”等跨学科调查内容。如何在卷面中体现较为完整的活动开展过程，更好地体现其引导教学的功能，是需要在试题修改中解决的问题。

3. 求点 E 到 CD 的距离是求 BC 和 AB 长度的必然步骤，是否有必要在此给学生做铺垫？如果做铺垫，完成计算后学生需要对 CD，BC，AB 的长度都写出“设答部分”；如果不做铺垫，是否会出现问题难易层次不明显，影响本题区分度？

※优化情境：

1. 将“驳岸”的概念放入调查报告中进行解释说明，分解情境主题干阅读量较大的问题，同时，在调查报告增加“驳岸的功能”一栏解释“驳岸”的概念，情境更加直观明了。

2. 对“剖面图”中隐含的条件加以说明，在调查报告相关数据一栏增加条件“点 A，B，C，D，E 在同一竖直平面内”，进一步加强情境创编时表述的严谨性；考虑到在有限的卷面中呈现全部调研内容显然不太现实，因而只增加了驳岸砌筑所需的材料，目的是要说明调查内容不止“驳岸剖面图”这一内容，旨在对教学起到积极的导向作用，同时也不会增加解决问题的困难。

3. 考虑到“求点 E 到 CD 的距离”是“求 BC 和 AB 的长度”的必然条件，由于 $\angle EDC=60°$，如果让学生直接求出 BC 和 AB 的长度，由于学生对 $60°$的特殊角非常熟悉，多数学生会顺利构造出 $60°$角所在的直角三角形，所以也不会给学生带来解题困难，故试题修订为让学生直接“根据活动报告计算 BC 和 AB 的长度”。

◎试题终稿：

20. 2023 年 3 月，水利部印发《母亲河复苏行动河湖名单（2022—2025 年）》，我省境内有汾河、桑干河、洋河、清漳河、浊漳河、沁河六条河流入选．在推进实施母亲河复苏行动中，需要砌筑各种驳岸（也叫护坡）．某校“综合与实践”小组的同学把“母亲河驳岸的调研与计算”作为一项课题活动，利用课余时间完成了实践调查，并形成了如下活动报告．

课题	母亲河驳岸的调研与计算
调查方式	资料查阅、水利部门走访、实地查看了解

<table>
<tr><td rowspan="4">调查内容</td><td>功能</td><td colspan="2">驳岸是用来保护河岸，阻止河岸崩塌或冲刷的构筑物</td></tr>
<tr><td>材料</td><td colspan="2">所需材料为石料、混凝土等</td></tr>
<tr><td>驳岸剖面图</td><td>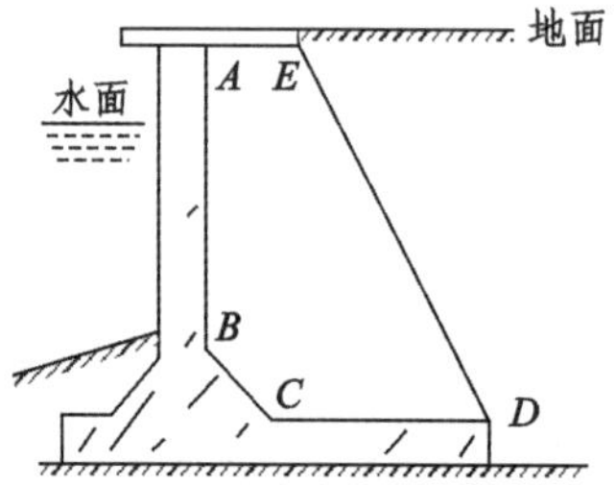
</td><td>相关数据及说明：图中，点 A，B，C，D，E 在同一竖直平面内，AE 和 CD 均与地面平行，岸墙 $AB \perp AE$ 于点 A，$\angle BCD=135^\circ$，$\angle EDC=60^\circ$，$ED=6$ m，$AE=1.5$ m，$CD=3.5$ m.</td></tr>
<tr><td>计算结果</td><td colspan="2">…</td></tr>
<tr><td>交流展示</td><td colspan="3">…</td></tr>
</table>

请根据活动报告计算 BC 和 AB 的长度（结果精确到 0.1 m. 参考数据：$\sqrt{3}\approx1.73$，$\sqrt{2}\approx1.41$）.

※情境解读：

试题抓住“水利部《母亲河复苏行动河湖名单（2022—2025 年）》”这一社会热点问题，以“母亲河复苏行动”中山西省入选六条河流为背景，以“母亲河驳岸的调研与计算”为“综合与实践”的活动内容，创设了真实的任务情境。

试题运用表格的形式，真实反映了“综合与实践”活动报告的相关要素，要求学生提取图表中的信息，运用给出的数据对驳岸相关要素进行计算，引导学生在跨学科背景下用数学的眼光观察现实世界，用数学的语言表达现实世界中事物（驳岸）的概念、功能、关系和规律，帮助学生感悟数学与现实世界的联系，发展模型观念，提高应用意识，体会数学魅力。同时，试题在创编情境时渗透了课程标准关于“进一步加强综合与实践”这一新课程理念，引导教师积极开展以跨学科学习为主、以真实问题为载体的主题式或项目式学习活动，着力培养学生的创新精神和实践能力。本题的情境与考查目标、命题意图、学习任务高度融合，体现了情境创设的关联性原则。

（案例撰写：雒相维）

案例 8 生物学（2023 · 山西）

◎试题初稿：

绿色植物与能源

话题一 绿色植物与化石能源

山西是我国重要的煤炭能源基地，煤炭中的能量主要来自 2 亿多年前蕨类植物所转化的太阳能，这些植物的后代如________等依然存在，是一类用________繁殖的植物。由于煤炭、石油、天然气等化石能源不可再生，有科学家在尝试把二氧化碳转化成石油（含多种有机物），这一过程相当于绿色植物的________过程。

为节约化石能源，我们在生活、生产中应注意________。

话题二 绿色植物与能量转化

下图是山西某农业生态园中部分生物之间的关系示意图：

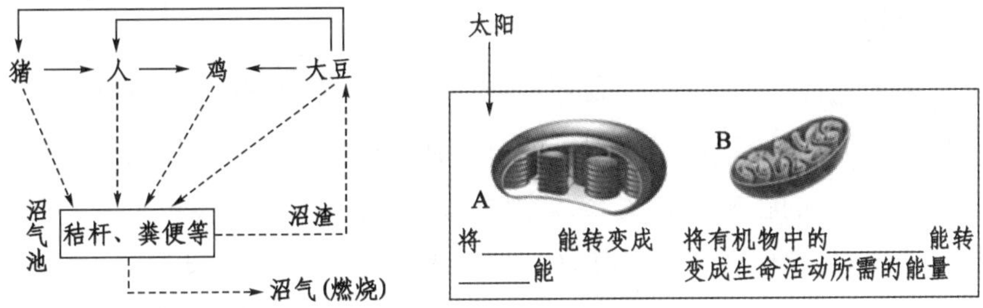

（1）请在图中填写大豆叶肉细胞内的能量转化过程。

大豆在该农业生态系统中扮演的角色是________。

大豆中的能量是怎样流入人体的（写出一种途径即可）________。

（2）大豆种子是我们重要的蛋白质来源，蛋白质对于青少年的重要作用是________。

（3）大豆秸秆和落叶、动物的粪便，经过沼气池中________的分解作用，形成沼气，后里面的能量进一步被人利用，体现了物质和能量的充分利用。

（4）植物体内的能量被称为生物质能，是可再生能源，可以大力发展种植业。为证明植物体内确实含有能量，请你提出两种方法：①____________

②____________

※发现问题：

1. 试题主题是对整个试题的高度概括和总结，要体现全面性，达到学生一看就清楚本题核心内容的目的。本主题名称“绿色植物与能源”中并未包含话题二中的情境内容，不全面，应重新调整。

2. 话题二中（1）和（2）设问之间缺乏关联性，逻辑关系不够清晰。大豆在生态系统中扮演生产者角色，原因正是因为其叶肉细胞内的能量转换器在进行能量转化，应调整两个小问的顺序使之产生明显的关联性。生态系统中的生产者选择了大豆，设问中考查大豆中的营养物质和能量进入人体的途径和在人体内的作用，但没有考虑到大豆中蛋白质的主要作用并不是为人体提供能量，与此试题的大情境“能量”关联度不高，应将大豆调整为含糖量高的农作物更贴切。

※优化情境：

1. 将两个话题内容进行梳理、归纳，提炼出能高度概括全部内容的主题用语，修改为“植物·能源·能量”。

2. 第一，将原题（1）小题“能量流入”和（2）题“蛋白质（改成糖类）作用”合并为一道题，依据了能量沿食物链流动进入人体内后，在人体内产生相应作用的正确逻辑关系，这样，问题之间的关联性更紧密，逻辑更清晰，便于启发学生利用所获得的知识从情境中思考问题，从而得出答案。

第二，话题二中“大豆”改成“玉米”。本题标题是“绿色植物与能量转化”，玉米中含有的大量淀粉属于糖类，除了构建细胞，还是主要的供能物质。改后的情境更切合目标，为后面的任务作好铺垫。

第三，话题二中直接提问“大豆在该农业生态系统中扮演的角色”显得很突兀，下一问“大豆的能量是怎样流入人体的”更是没有情境下的“突然袭击”。将其改成“玉米扮演的角色”，再接“将图二中玉米的能量转换过程补充完整”，这样便将情境设置和问题关联起来，尊重学生的认知，符合思维的递进性。

◎试题改稿：

植物·能源·能量

话题一　绿色植物与化石能源

（1）山西是我国重要的煤炭能源基地，煤炭是由 2 亿多年前蕨类植物的遗体形成的。蕨类植物是一类用________繁殖的植物，例如________。由于煤炭、石油、天然气等化石能源不可再生，科学家尝试把空气中的二氧化碳等物质转化成燃料（含多种有机物），这一过程类似于绿色植物细胞内进行的________。

为节约化石能源，我们在生活、生产中应采取的具体措施有________等。

话题二　绿色植物与能量转化

图一是山西某农业生态园中部分成分之间的关系示意图。

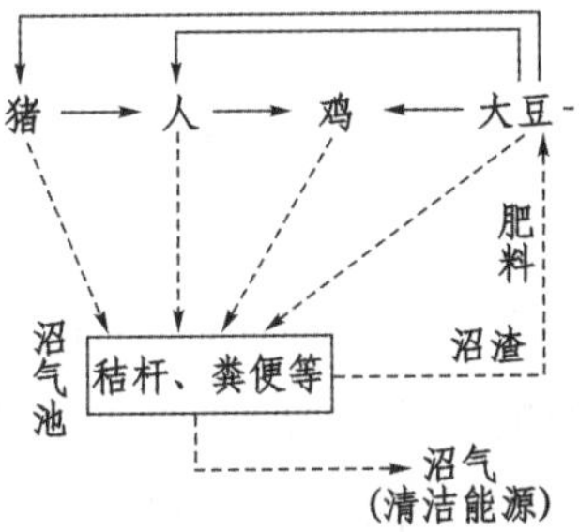

图一

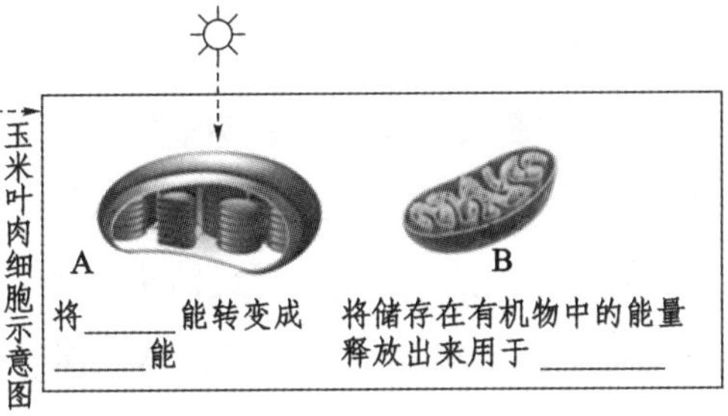

图二

（2）玉米在该生态系统中扮演的角色是________。请在图二中将玉米叶肉细胞内的能量转换过程补充完整。

（3）玉米中的能量流入人体的途径有________（一种即可）等。

玉米种子中含有丰富的糖类，糖类对人体的重要作用是________。

（4）玉米秸秆、动物粪便等，经过沼气池中________的分解，形成沼气，其中的能量可用于照明、做饭等。

（5）植物体内的能量被称为生物质能，是可再生能源，可以大力发展种植业。为证明植物体内确实含有能量，请你提出两种方法：①____________

②____________

※发现问题：

1. 设问中“例如________”考查蕨类植物举例，但是跟在“蕨类植物是一类用________繁殖的植物”后面呈现，语句逻辑关系不太清晰，不能让学生明确情境中的具体任务。

2. 图片中有多处使用虚线箭头，含义不尽相同，易产生混淆。图二不能表达叶肉细胞（缺少细胞中的重要结构，如细胞核等），需优化；关于线粒体的设问过于浅显，考查意义不大，应调整设问考查内容，增加思维深度的考查。

3. 课程标准要求“运用植物的光合作用、呼吸作用、蒸腾作用等生命活动原理解决农业生产中某些实际问题”。目前本题仍停留在玉米体内含有能量层面进行设问，试题立意高度不够，与课程标准的要求有一定距离。

※优化情境：

1. 将举例蕨类植物的位置调整到“蕨类植物”之后，以带括号的说明形式呈现，将两句话变成前后连贯的一句话。

2. 取消两个图片之间的虚线箭头，优化为两个独立的图片，取消“玉米叶肉细胞示意图”名称；关于线粒体内能量转换的设问内容，由考查能量的用途更换为考查生命活动的举例，学生可从生物个体角度、细胞角度、生理活动角度等多角度举例生物的生命活动，使情境与任务或问题的关联度增强。同时，本题由浅显的客观填空题，变成考查学生深度思维的半主观性开放性填空题，设问角度的新颖性、适切性、一致性均得以加强。

3. 修改对玉米体内含有能量的相关设问，提升为符合课程标准要求、能体现学生运用所学知识解决农业生产实践问题能力的问题，改设问内容为“提高玉米等农作物产量的措施”，设问形式仍保持开放性，增加了学生的思维高度和广度。

◎试题终稿：

植物·能源·能量

话题一　绿色植物与化石能源

（1）山西是我国重要的煤炭能源基地，煤炭主要是由 2 亿多年前蕨类植物的遗体经过复杂的变化形成的。蕨类植物（例如________）是一类主要用________繁殖的植物。由于煤炭、石油、天然气等化石能源不可再生，科学家研究出了把空气中的二氧化碳等无机物转化成燃料（含多种有机物）的方法，这一转化过程类似于绿色植物细胞内进行的________。

为减少化石能源的使用，我们在生活、生产中可采取的措施有________________等。

话题二　绿色植物与能量转化

图一是山西某农业生态园部分成分之间的关系示意图，图二是玉米叶肉细胞内的能量转换情况示意图，请分析回答：

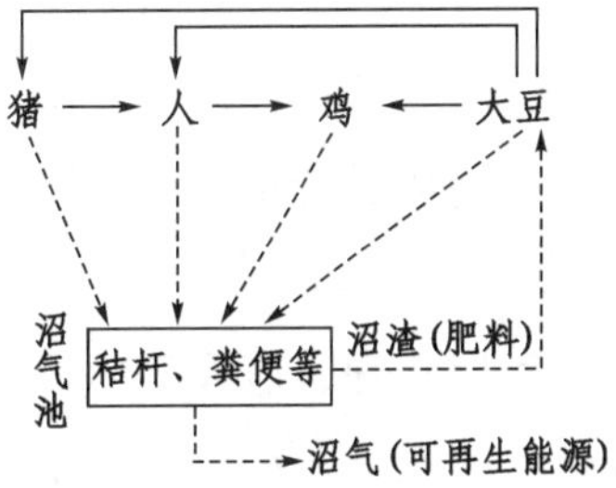

图一

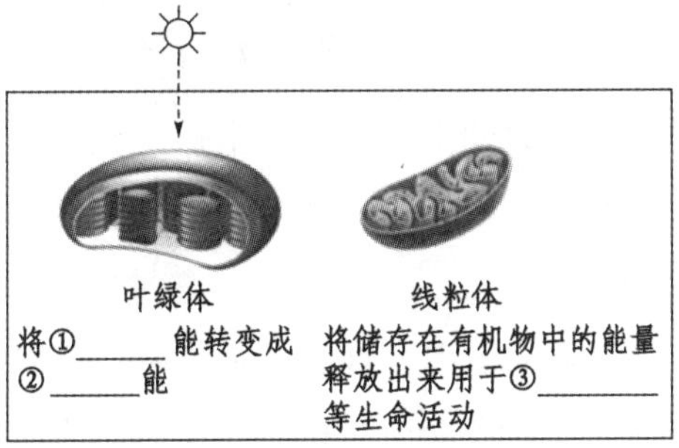

图二

（2）在农业生态园这一生态系统中，玉米扮演的角色是________，其叶肉细胞内不断进行着能量转换。请将图二中的相关内容补充完整。

（3）生态系统中的物质和能量是沿着食物链流动的。由图一可知，玉米中的物质和能量流入人体的途径有________（一种即可）等。

玉米种子中含有丰富的糖类，糖类在人体内的主要作用是________。

（4）在沼气池中，秸秆、粪便中的有机物被________分解，产生沼气和二氧化碳等，沼气可用于照明、做饭，这使生态系统中的能量得到充分利用。

（5）提高农业生态园中玉米等农作物的产量，可为人们提供更多的能量。请你提出两种使农作物增产的措施：________、________。

※情境解读：

本题用“绿色植物与化石能源”和“绿色植物与能量转换”两个话题将植物、能源、能量三个词语有机联系起来，以行文加设问的形式展开题目，立足基础知识，关注人类发展，立意高远。以“能量”为核心词，考查了从宏观（生态系统组成及物质能量流动）到直观的人类活动（减少化石能源的消耗和农作物增产措施），再到微观（细胞内的生命活动）不同层面的重要概念，考查了生物学课程标准中“生物多样性”“生物圈中的绿色植物”“生物与环境”三个一级主题。

纵观本题的五个小题，利用两个话题自然连接多个穿插在题目中的真实情境：从煤炭形成跨越到有机燃料，从无机物到有机物的人工合成，从生态园中的生态系统到叶肉细胞内的能量转变，再到沼气池中的再生清洁能源，把从关注人类与能源的人类大局观到植物体内能量转换的基础知识，以一个个小题目的形式呈现在学生眼前，体现整体设计和层级设计的命题思路。将真实情境素材与任务或问题创设紧密关联，目标、情境、任务（问题）融为一体。多重设问由易到难、由保守到开放，每一小题的素材和设问之间互相提供信息，行文相互关联，保持内在逻辑联系，实现从低阶思维到高阶思维的多角度考查。

本题除具有综合性和开放性外，还要求学生利用物理、地理等学科中涉及的关于能量和能源的相关知识说出人类减少化石能源使用的措施，例如充分利用太阳能、风能等，体现出跨学科的命题理念，对一线开展跨学科教学探索起到了积极的导向作用。

（案例撰写：张黎静）

第五节　多样性——丰富生活在试卷中的体现

一、基本原则

情境创设的多样性原则，可以体现为以下三个方面：情境选择多角度，情境呈现多样化，任务情境多层级。

现实生活和现实问题是复杂多样的，试题情境创设要体现时空的多样性，试题情境素材的选取范围要广泛，最大程度覆盖学生生活中可能遇到的不同背景的问题，展示“真实的世界”，体现学生对知识和技能应用范围的全面理解。

试题情境的呈现方式要多样化，要符合各学科义务教育课程标准中考试评价的要求，将文字、景观图、统计图表、漫画、地图等丰富的文本素材综合运用在试题中，这有利于考查学生的素养水平。

试题任务情境所导向的思维深度要体现层次性，兼顾低阶、中阶、高阶思维，与试卷难度结构和任务结构相适应。一般而言，情境显性信息和隐性信息越丰富，考查的思维层级越高。

二、操作策略

情境是问题产生的背景和基础。试卷情境类型丰富、呈现方式多样，为综合考查学生的正确价值观、必备品格和关键能力奠定了基础。情境创设多样性原则操作策略如下图所示：

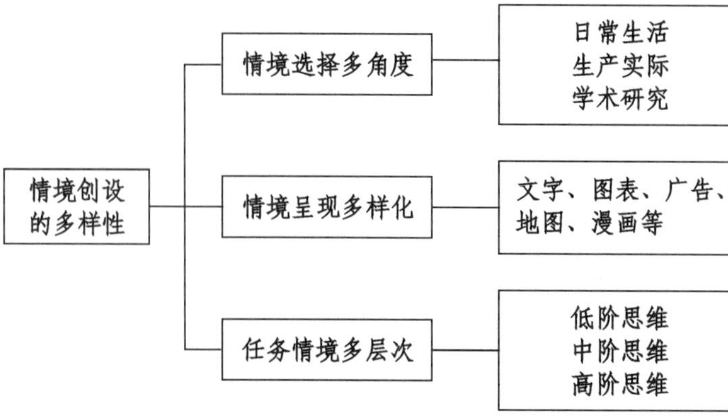

情境创设的多样性原则示意图

策略一：真实生活是丰富多彩的，所以试题情境也应当多元化，从日常生活、生产实际、学术研究等不同领域进行选择。具体而言，可以选取学科与日常生活有密切联系的素材创设情境，根据学生在此类情境中完成任务的表现，测评学生学科素养的发展状况：可以选取学科与生产实际密切联系的素材创设情境，引导学生用学科的视角审视生产领域的现象，解决生产实践中的问题，进而测评学生的学业质量水平；可以选取学术研究材料创设情境，引导学生理解情境材料，捕捉有用信息，调动已有知识储备，建构解决问题的路径并加以应用。学术研究材料一般选自研究文献，通常较为复杂，需要依据学生认知水平进行改造与简化，使之适合初中学生的认知发展水平。

策略二：试题情境的文本呈现形式应当多样化，要根据情境的类型和考查的需要采用恰当的文本样式，如文字、图表、广告、地图、漫画、海报等，可以是连续性文本，也可以是图文结合的非连续性文本。多样化的呈现形式有助于学生更好地理解试题情境，并作出合理的回答。例如，科学实验是物理、化学、生物学等学科重要的考查内容，此类试题的情境可能包括实验步骤的文字描述、实验数据的统计表格和实验结果的图片等，这样多种形式有机结合，可以帮助学生更好地理解实验情境，体会探究进程，并得出正确的结论。

策略三：以任务情境承载考查内容，是评价学生核心素养的有效方式，因此，情境应当指向不同思维层级的考查，以确保对学生思维能力评价的客观和全面。在认知心理学中，思维可以被划分为不同的层级，这些层级与认知的复杂性和抽象性有关，其中低阶思维的特点是基础、直观、具体，常常表现为记忆信息、重述事实、简单比较和分类等；中阶思维的特点是分析、批判、应用，常常表现为分析原因和结果、评估信息的质量、应用知识解决问题等；高阶思维的特点是创新、抽象、系统性，常常表现为创造新的概念或理论、解决复杂问题、进行系统性的分析等。一般而言，试题情境的复杂程度应当与考查的思维层级相匹配，情境信息越简单，涉及的认知活动越单一，学生只需要调动某一知识点或某种基本能力便可解决问题，指向的思维层级也越低；情境信息越丰富，涉及的认知活动越复杂，学生需要综合运用知识和能力应对复杂问题，指向的思维层级越高。

三、命题实践

案例 1　地理（2022 · 山西晋中）

◎试题初稿：

资料一　陈列在浙江省上山文化考古特展展厅正中央的一粒碳化稻米，是中国迄今为止发现的最早的一粒驯化稻米，也是全球最早的一粒米。水稻喜温喜湿，生长过程需要充足的光照、热量和水分等。

（1）根据水稻生长习性，简析适宜种植水稻的气候条件。

中国小麦、水稻分布示意图（略）

（2）读图说出我国水稻集中产区的分布。

资料二　习近平总书记强调，中国人的饭碗任何时候都要牢牢端在自己手中，饭碗主要装中国粮。改革开放以来，我国农业发展迅速，优良品种不断涌现，机械化和专业化水平、生产效率不断提高，坚定走科技强农之路，为我国粮食安全提供了有力保障。

（3）为中国人的饭碗主要装中国粮，提出合理化建议。

（4）列举三例以大米为主要食材的美食。

※发现问题：

本题以“最早的一粒稻米”为切入点，从历史和粮食安全的角度对学生进行学情教育，引导开展跨学科领域的学习。但是素材的呈现方式相对单一，仅以文字和地图两种形式展示，并且素材的选取以学术情境为主，纯文本的阅读难以激发学生的学习兴趣。

※优化情境：

将情境素材改为大米加工过程的相关材料，以期从生物学的角度对大米进行剖析，还原一个真实的研究情境。

◎试题改稿一：

资料一 稻谷是水稻种子，加工后的糙米、胚芽米、精白米可食用，随着加工步骤的增加，营养成分不断衰减。

中国小麦、水稻分布示意图（略）

（1）根据水稻生长习性，简析适宜种植水稻的气候条件。

（2）读图说出我国水稻集中产区的分布。

资料二 习近平总书记强调，中国人的饭碗任何时候都要牢牢端在自己手中，饭碗主要装中国粮。改革开放以来，我国农业发展迅速，优良品种不断涌现，机械化和专业化水平、生产效率不断提高，坚定走科技强农之路，为我国粮食安全提供了有力保障。

（3）为中国人的饭碗主要装中国粮，提出合理化建议。

（4）列举三例以大米为主要食材的美食。

※发现问题：

1. 本题试图以跨学科主题学习来考查学生的综合思维和实践能力。试题以“资料+任务”的方式创编情境，形式较为单一，与本试题跨学科主题学习的考查目标不一致，特别是对于地理实践力的考查不到位。

2. 素材选择以学术情境为主，专业痕迹明显，学术语言与八年级学生的理解能力不匹配，增大了阅读难度。

※优化情境：

1. 将原稿中的探究题变为项目化学习，素材的呈现方式也随之发生变化。在学术情境中突出了“水稻”这一核心地理事物，形成丰富、完整、清晰的认识线索，将要考查的任务“水稻产区的分布”“适宜种植水稻的条件”“列举大米为原料的美食”置于同一主题之下，主题更明确，情境与任务设置关联性更强。

2. 将难懂的学术语言改编为适合八年级学生阅读的大米加工过程示意

图，降低阅读难度的同时，也突出了情境的立意，跨学科主题学习的特征更突出。

◎**试题改稿二：**

【项目化学习】

项目主题：小米粒　大学问

项目背景：大米是家庭餐桌上常见的主食，但同学们对大米的营养和水稻生长环境知之甚少。晋中市某学校地理社团开展了以“小米粒 大学问”为主题的项目化学习。下面是同学们项目化学习的内容。

任务一　收集信息

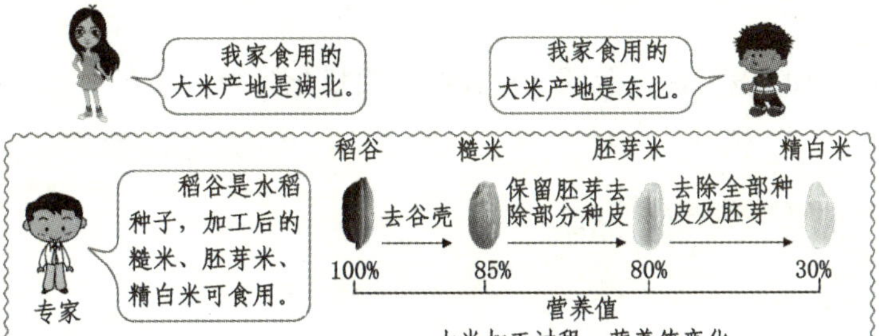

大米加工过程、营养值变化

（1）概括收集地理信息的方法。

任务二　分析探究

中国小麦、水稻分布示意图（略）

水稻喜温喜湿，生长过程需要充足的光照、热量和水分等。

（2）阅读图文资料，说出我国水稻集中产区的分布，并简析适宜种植水稻的气候条件。

任务三　成果展示

（3）列举两例以大米为主要食材的美食。

※发现问题：

1. 本题的情境素材选取与生物学联系紧密，但是试题中有关大米的加工过程没有设置任务指向，没有很好地挖掘素材内涵，影响了对学生思维的多层级考查。

2. 项目化学习的最后一个环节是成果展示，本题的成果展示任务为“列举两例以大米为主要食材的美食”，指向的思维层级较低，与素养考查的目标还有一定的差距。

※优化情境：

1. 为了让情境与任务指向高度一致，同时落实中国学生发展核心素养中健康生活方面的要求，针对“大米加工过程”这一情境素材设置了“根据专家的研究资料，说出营养值最高的食用米”的任务，完善了项目化学习的真实过程，体现出跨学科主题学习的内容，同时考查了学生获取信息、处理信息的能力。

2. 为了让情境更贴合命题立意，增设项目化学习的成果展示类问题，呈现出完整的项目化学习过程，使学生在实践活动中探究地理环境与人类社会的关系，形成人地协调观。

◎试题终稿：

【项目化学习】

项目主题：小米粒　大学问

项目背景：大米是家庭餐桌上常见的主食，但同学们对大米的营养和水稻生长环境知之甚少。晋中市某学校地理社团开展了以“小米粒 大学问”为主题的项目化学习。下面是同学们项目化学习的内容。

任务一　收集信息

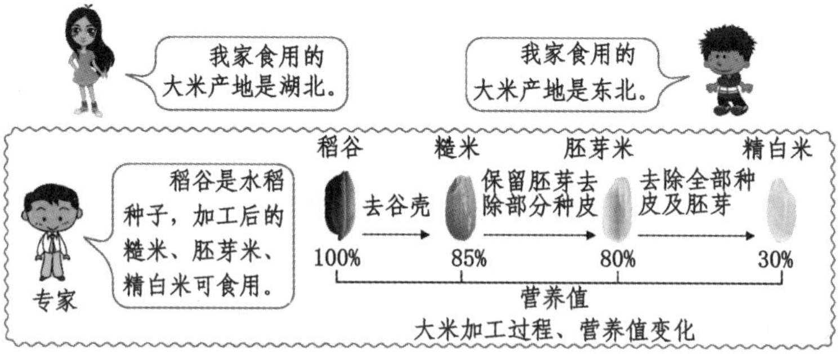

(1) 概括收集地理信息的方法。

(2) 根据专家的研究资料，说出营养值最高的食用米。

任务二　分析探究

中国小麦、水稻分布示意图（略）

水稻喜温喜湿，生长过程需要充足的光照、热量和水分等。

（3）阅读图文资料，说出我国水稻集中产区的分布，并简析适宜种植水稻的气候条件。

任务三　成果展示

（4）列举两例以大米为主要食材的美食。

（5）“谁知盘中餐，粒粒皆辛苦”，以节约粮食为主题设计一句宣传语。

※情境解读：

本题运用山西中考“一核·六维·四手段”理论中的“跨学科整合”手段，设计具有研究价值和现实意义的地理实践活动，考查学生地理实践力和综合思维能力的发展水平，并使学生在实践活动中接受国情教育。试题在情境创设中，充分考虑素材来源的多样化、呈现方式的多元化以及任务情境的多层次，素材选取关注学生的生活，情境创编关注学生的层进式的学习，将学生体验作为情境增删和修改的前提，以期能够真正做到素养立意。

项目化学习是体现地理实践力的重要途径，在命制项目化试题过程中，要考虑到真实项目的发展过程，将任务从项目中生发出来，并依据课程标准要求完善任务设置，从而做到立足地理学科主干知识，根据需要适当整合其他学科内容，引导学生完成真实任务情境下的项目化学习。

（案例撰写：范国栋　牛晓琳）

案例2　英语（2023·山西）

◎试题初稿：

The 3 most wonderful special train lines will provide the beauty of our motherland. Come and see which train route is your favorite.

Line 1:Xining to Lhasa Length:around 1,900 km　　Time:about 22 hours Price:781 yuan for a soft sleeper The train route is popular for travellers who want to visit Xizang—the roof of the world. It is the longest high altitude train trip in the world and is named as "the way to the sky". Most of the route is over 4,000 meters. You can see beautiful Qinghai Lake outside the train's windows on the journey.
Line 2:Chengdu to Kunming Length:around 1,100 km　　Time:high-speed train about 6 hours Price:487.5 yuan for a second class The railway line has been in service July 1970. It was considered as one of the three wonders in the 20th century. From Chengdu's plain area, with an altitude of 400 meters or so, the train goes up to about 2,000 meters across mountains. The complex geography along the railway line gives this route the name of Geological Museum.
Line 3:Lhasa to Rikaze Length:around 250 km　　Time:about 2.5 hours Price:64 yuan for a soft seat The railway line connects to the Qinghai-Xizang Railway and has an altitude of above 3,600 meters. It makes Xizang more convenient for travellers, especially those who want to see Mount Qomolangma, the highest mountain in the world.

(　　)34. Of the three routes, the longest train tripis ________

A. Line One　　B. Line Two　　C. Line Three

(　　)35. If a couple start a train trip from Chengdu to Kunming, they have to pay ________.

A. 781 yuan　　B. 975 yuan　　C. 551.5 yuan

(　　)36. Line One is called the "the way to the sky" because ________.

A. it gives passengers a feeling of flying

B. it goes up as high as over 4,000 meters

C. it takes us to the highest mountain in the world

(　　)37. All of the three train lines provide us with ________.

A. the journey to Xizang

B. a chance to visit kinds of museums

C. the natural beauty of out motherland

(　　)38. As for the three railway lines, we can infer that ________.

A. it is not quite safe to travel on them

B. they all run from the east to the west part of China

C. it was quite difficult to build them because of geography

备选题目：

(　　)The poster is put on the website to ________.

A. introduce the mountains and lakes in Xizang

B. encourage people to experience the train trip

C. offer some advice on travelling around the trip

(　　)If we take the train from Lahasa to Rikaze, we can see ________.

A. Qinghai Lake

B. Geological Museum

C. Mount Qomolangma

(　　)The three railway lines are wonderful because they ________.

A. go from the East to West of China

B. provide chances to visit some museums

C. cross the most beautiful places of China.

※发现问题：

1. 素材中的句子结构较为复杂，包含有个别专业术语，给学生理解文章内容、理清文章脉络造成了一定困难。

2. 第34、37、38题都是从整体理解的角度提出的问题，且以获取信息、辨别信息为主，未能落实对不同层级思维认知能力的考查目标。

※优化情境：

1. 在文章内容上，为了便于更加清晰准确地展示文本信息，将文中超纲生词删除。同时，将初稿中一些复杂难懂的句子改为简单句，删除无用的信息“It was considered as one of the three wonders in the 20th century.”，这样使得文本更加清晰，内容表达更加准确。

2. 38 题改为“The poster is put on the website to ________.”，考查学生理解应用文写作目的的能力。

◎试题改稿：

The 3 most wonderful railway lines will provide the beauty of our motherland. Read on the posters to see which line you want to start your journey with.

Line 1:Xining to Lhasa Length:around 1,900 km   Time:about 22 hours Price:781 yuan for a soft sleeper The Qinghai-Xizang is popular for travellers who want to visit Xizang—the roof of the world. It is the longest high altitude train trip in the world and is named as “the way to the sky”. Most of the line is over 4,000 meters. You can see beautiful Qinghai Lake outside the train's windows on the journey.
Line 2:Chengdu to Kunming Length:around 1,100 km   Time:high-speed train about 6 hours Price:487.5 yuan for a second class The railway line has been in service since July 1970. From Chengdu, with an altitude of 400 meters or so, the train goes up to about 2,000 meters across mountains. This line is called Geological Museum because of its geography.

Line 3: Lhasa to Rikaze

Length: around 250 km　　Time: about 2.5 hours

Price: 64 yuan for a soft seat

The railway line connects to the Qinghai-Xizang Railway and has an altitude of above 3,600 meters. It makes Xizang more convenient for travellers, especially those who want to see Mount Qomolangma, the highest mountain in the world.

(　　) 34. Of the three routes, the longest one is ________.

A. Line One　　B. Line Two　　C. Line Three

(　　) 35. Mr. Green and his wife are planning a train trip from Chengdu to Kunming, they have to pay ________ for their tickets.

A. 781 yuan　　B. 975 yuan　　C. 551.5 yuan

(　　) 36. The Qinghai-Xizang Railway Line is called the "the way to sky" because ________.

A. it gives passengers a feeling of flying

B. it is above as high as over 4,000 meters

C. it takes us to the highest mountain in the world

(　　) 37. All of the three lines allow us to ________.

A. get to Xizang easily

B. have a chance to visit museums

C. enjoy the natural beauty of our motherland

(　　) 38. The poster is put on the website to ________.

A. introduce the mountains and lakes in Xizang

B. encourage people to experience the train trip

C. offer some advice on travelling around the world

※发现问题：

1. 对情境素材的内涵挖掘不够，如 34 题“Of the three routes, the longest one is ________”要求比较铁路干线的长短，不能充分考查学生的理解能力；未能呈现多样的文本资料信息，问题所指向的思维层面比较单一，未能体现对学生多种思维认知能力的考查。

2. 在版面设计上，呈现形式比较单调，不能突出应用文的文体特征，可读性欠佳。

※优化情境：

1. 删去 34 题，将原 36 题调整为第 34 题，引导学生理解青藏铁路被称为“天路”的原因。36 题就成昆铁路沿线地形的特殊性进行提问，37 题就拉萨到日喀则的铁路线的相关信息进行提问。调整后，三个小题针对三条线路分别提出问题，考查了学生获取信息、转述信息等阅读技能。切换了提问的角度后，几个问题之间形成以“领略祖国大好河山”为主题的问题链，有助于展现学生的多层级思维。

2. 在文章呈现形式上，将其设定为更有意义的读的范本，即“旅游海报”，试题情境呈现为海报的样式，增加了青藏铁路的配图，图文有机融合，让考生从“看”和“读”的多样化视角获取信息、分析信息。

◎试题终稿：

The 3 most wonderful train journeys provide the natural beauty of our motherland. Read on to see which line you want to start your journey with.

Xining to Lhasa

Length: around 1,900 km　　**Price**: 781 yuan for a soft sleeper

Therailway line is popular with travellers who want to visit Xizang. It is the longest high altitude train trip in the world and is named as “the way to the sky”. Most of the line is over 4,000 meters. You can see Qinghai Lake outside the train's windows.

Chengdu to Kunming

Length: around 1,100 km　　**Price:** 487.5 yuan for a second class

The railway line has been in servicesince July 1970. From Chengdu, with an altitude of 400 meters or so, the train goes up to about 2,000 meters across mountains. This line is called Geological Museum(地质博物馆) because of the special geography along the railway line.

Lhasa to Rikaze

Length: around 250 km　　**Price:** 64 yuan for a soft seat

The railway line connects to the Qinghai-Xizang Railway and has an altitude of above 3,600 meters. It makes Xizang more convenient for travellers, especially those who want to see Mount Qomolangma, the highest mountain in the world.

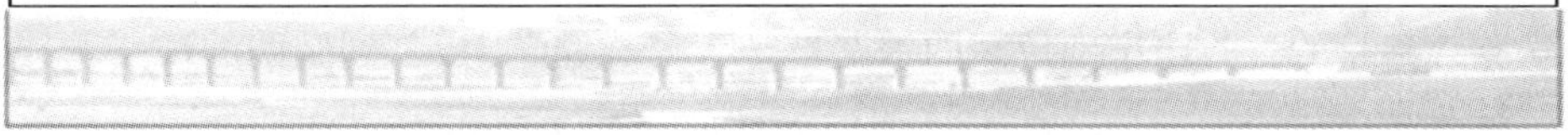

(　　)34. Xining to Lhasa Railway is called "the way to the sky" because ________.

A. most of it is over 4,000 meters

B. it gives travellers a feeling of flying

C. there are many high mountains along it

(　　)35. Mr. Green and his wife are planning a train trip from Chengdu to Kunming, they should pay ________ for their second-class tickets.

A. 781 yuan

B. 975 yuan

C. 551.5 yuan

(　　)36. As for Chengdu to Kunming Railway, we can know that ______.

A. it is about 2,000 kilometers long

B. it has been in service for 70 years

C. the geography along the line is special

(　　)37. The railway from Lhasa to Rikaze makes it easier for travellers to see ________.

A. Qinghai Lake

B. Geographical Museum

C. Mount Qomolangma

(　　)38. The three wonderful railway lines________.

A. go across Xizang all the way

B. run from the east to the west of China

C. takes us to enjoy the beauty of our motherland

※情境解读：

本题的材料为非连续性文本，图文并茂的呈现方式体现了情境素材的多样性。语篇从旅游指南的角度介绍了我国最美的三条铁路线，描写了每一条铁路线独特的美：西宁到拉萨的铁路被誉为“天路”，成都到昆明的铁路干线以特殊的地形而出名，拉萨到日喀则的铁路干线上可以一览珠穆朗玛峰的风光。该题素材充分利用图文彰显祖国的大好河山，加深了学生对中国自然美的感受与理解，涵养了家国情怀。

试题依托情境呈现的多样化，指向对学生不同的阅读技能和思维认知能力的考查，体现了情境创设的多样性原则。

（案例撰写：申彦敏）

案例3　生物学（2023・山西）

◎试题初稿：

22.　　　　　　　　　　**昆虫旅馆与传粉动物**

资料1　2019年3月末的一天，海口市百名亲子携手采用自然材料、依照虫儿习性打造“昆虫旅馆”。2022年12月14日央视早间新闻介绍了哥斯达黎加某市中央公园里的“独居蜂旅馆”。

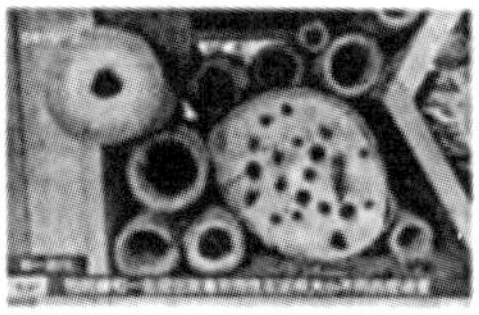

资料2　自然界中的蜜蜂80%都是独居蜂，独居蜂传粉率比群居蜂更高。传粉动物其实很多，除蜜蜂外，还有蝴蝶、蜂鸟、蜗牛、蝙蝠等，对传粉也有一定作用，这些传粉媒介影响着全球35%的作物产量。但由于城市化进程的加速，目前35%的无脊椎传粉动物正面临灭绝的风险。

请分析以上资料，结合相关知识回答：

（1）蜜蜂属于昆虫，是由于它们都具有________的特点。

（2）李时珍在《本草纲目》中提到“蜂子，即蜜蜂子未成时白蛹也”。由此可以推测，蜜蜂的发育应属于________发育，“白蛹”的前一个发育阶段是________。

（3）社会性蜜蜂中有蜂王、雄蜂和工蜂，关于蜂王和工蜂的发育，有人做过下图所示实验，你认为该实验可以说明________。

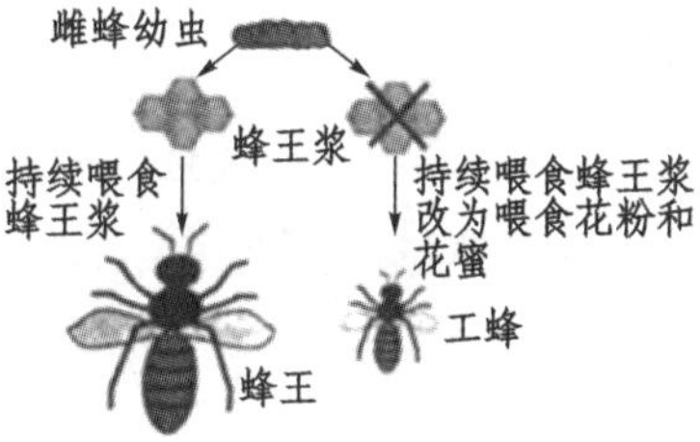

（4）请你尝试对资料中的传粉动物进行分类。

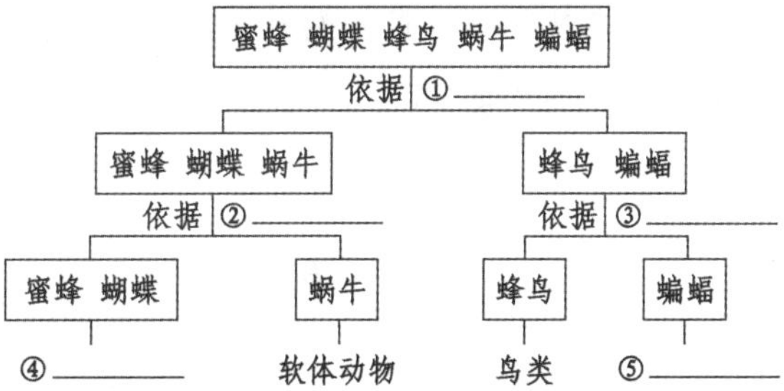

（5）为什么要专门给独居蜂营造“独居蜂旅馆”呢？________

如果你也准备在自家的院子里或周围的农田、花园里为独居蜂等昆虫建造一个“昆虫旅馆”，在选择建造材料时，你会注意什么呢？________

※发现问题：

1. 资料 1 中的三幅图片隐含了人们建造“独居蜂旅馆”所用材料的形态特点，但仅以图片呈现，形式单一，不利于学生提取相关信息。

2. 资料 2 中对蜜蜂的介绍不完整，只介绍了独居蜂。鉴于学生在学习中已经对蜜蜂的社会性特点有所了解，第（3）小题也给出了相关研究实验，但是在资料中却未提及社会性蜜蜂，因此应补充情境素材。

3. “在自家的院子里或周围的农田、花园里为独居蜂等昆虫建造一个昆虫旅馆”的情境创设不当，容易误导学生错误操作，导致在院子里、花园里等地建造的“昆虫旅馆”引来多种生有蜇刺的蜜蜂，给周围生活的人群造成安全隐患，甚至引发安全事件。

※优化情境：

1. 对资料 1 的文本描述作适当修改，使其更接近学生生活经验，在图片下方补充相关文字，使图片中的重要信息更容易被学生阅读和提取。

2. 在资料 2 中补充关于社会性蜜蜂的内容，与独居蜂作对比，帮助学生了解蜜蜂的不同类型。同时调整设问顺序，第（1）小题考查蜜蜂的社会行为，为低阶思维的考查内容；第（2）小题考查生物的性状与环境的关系，设置为高阶思维的考查内容，两问都与社会性蜜蜂的情境素材（资料 2 和实验图解资料）相关，体现了真实情境素材的多样性、设问角度的多样性、考查思维深度的多样性。

3. 更换设问内容和设问角度，从紧密联系题目资料所提供的真实情境出发，以情境中的“独居蜂旅馆”和保护传粉动物两个方面设置问题。问题具有开放性，给学生提供创新性思维空间。

◎试题改稿：

22. **昆虫旅馆与传粉动物**

资料 1 2019 年 3 月末的一天，海口市数十名少年儿童利用天然材料，依照虫儿习性为它们打造“昆虫旅馆”（图一）。2022 年 12 月 14 日央视早间新闻介绍了哥斯达黎加某市中央公园里的“独居蜂旅馆”（图二、图三）。

图一　海口市少年儿童在打造“昆虫旅馆”

图二　哥斯达黎加某市中央公园里的“独居蜂旅馆”

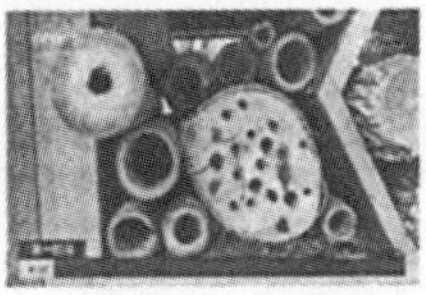

图三　独居蜂和一些昆虫就喜欢在这样的管道里栖息、产卵

资料2　自然界中的蜜蜂有社会性和独居性，其中80%都是独居蜂，独居蜂的传粉率比群居蜂高。其实，除蜜蜂外，蝴蝶、蜂鸟、蜗牛、蝙蝠等动物对传粉也有一定作用。这些传粉媒介影响着全球35%的作物产量，但由于城市化进程的加速，动物的栖息环境遭到破坏，目前约三分之一的无脊椎传粉动物正面临灭绝的风险。

请分析以上资料，结合相关知识回答：

（1）部分蜜蜂具有社会行为，该行为的特征之一是________。

（2）社会性蜜蜂群体中有蜂王、雄蜂和工蜂，关于蜂王和工蜂的发育，有人做过下图所示实验，你认为该实验可以说明________。

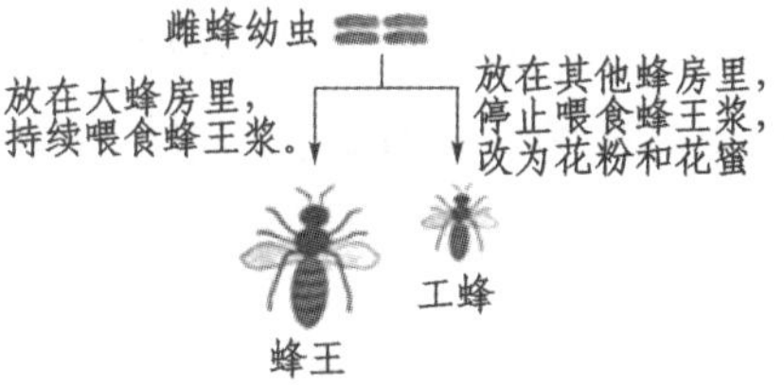

（3）李时珍在《本草纲目》中提到“蜂子，即蜜蜂子未成时白蛹也”。由此可知，蜜蜂的变态发育类型属于________，“白蛹”的前一个发育阶段是________。

（4）请你尝试依据一定的特征对资料中提到的传粉动物进行分类。

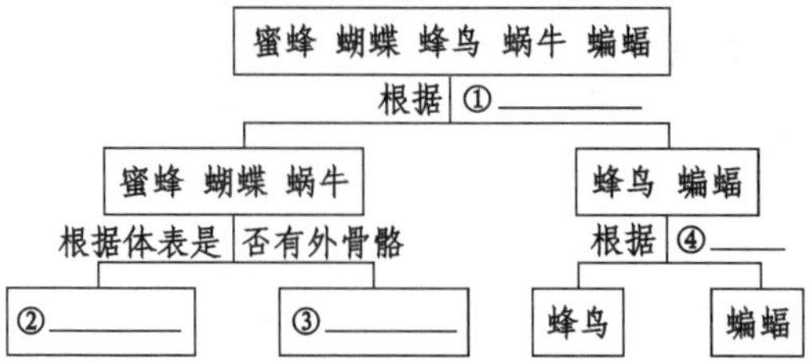

小提示:
①和④不能笼统填写“形态结构”或“生理功能”哦!

（5）为什么要专门给独居蜂营造“独居蜂旅馆”呢? ________

为保护传粉动物，你准备做些什么呢? ________

※发现问题:

1. 资料的呈现方式显得凌乱琐碎，需整合；问题与真实情境材料的关联度不足，部分题目无需情境资料也能完成解答。

2.《本草纲目》的情境材料取材立意好，传扬中国传统中医药文化，但素材文本为文言文，且内容与学生生活较远，供学生提取的有效信息不够明确，存在答题障碍。

3. 题目中“如何保护传粉动物”的设问内容和角度都比较常见，缺乏新颖性，与情境主题的联系度不高，应更换设问内容，呼应主题，加大开放性，使之更好地考查学生的独立思考和创新意识。

※优化情境:

1. 重组情境素材，将段落加图片的形式进行增减、加工和组织，增加小题与情境资料之间的关联度；以品字形的结构组合三个栏目，将三个情境资料放置在主题之下，利用简洁的花边分隔，使卷面更条理清晰；在动物图片中添加动物名称，避免学生因不熟悉某种传粉动物而产生不必要的答题障碍，帮助学生把时间和主要精力放在对题目的思考和回答上。

2. 仍使用关于《本草纲目》的情境素材，保证弘扬中国传统中医药文化的情境立意不降低。优化素材文本的呈现方式，适当调整设问语句，使问题指向更清晰；调整两空的顺序，使行文表述更流畅。

3. 更换第（5）题第二问的设问内容，加强情境素材和主题的关联性，修改问题为开放性更强的“如何建造昆虫旅馆”，学生可以从多角度思考，作出创新性解答。

◎试题终稿：

22.　　　　　　　　**传粉动物与“昆虫旅馆”**

资料1　自然界中的蜜蜂有社会性、独居性等类型。社会性蜜蜂群体中有蜂王、雄蜂和工蜂，且成员间有明确的分工；独居蜂中的雌蜂与雄蜂交尾后，则独自筑巢、产卵、喂养幼虫。独居蜂的传粉率比社会性蜜蜂更高。除蜜蜂外，蝴蝶、蜂鸟、蜗牛、蝙蝠等动物也能传粉。这些传粉动物影响着全球35%的作物产量，但由于城市化进程的加速，独居蜂等传粉动物的许多栖息环境已被破坏，目前约三分之一的无脊椎传粉动物正面临灭绝的风险。

资料2　有昆虫爱好者做过以下实验：

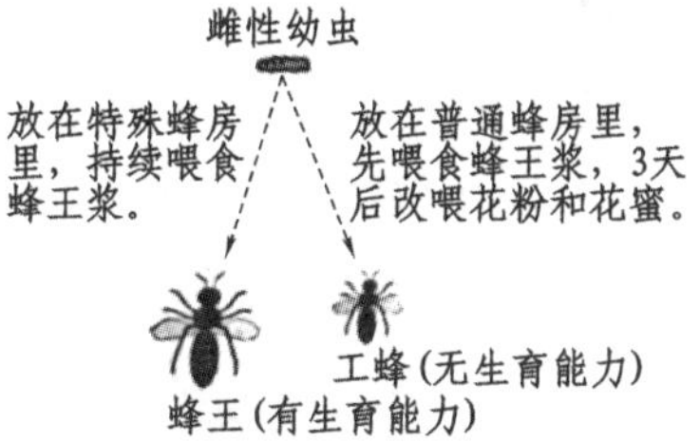

资料3　2022年12月14日，央视早间新闻介绍了哥斯达黎加某市中央公园里的“独居蜂旅馆”（如下图）。

哥斯达黎加某市中央公园里的“独居蜂旅馆”

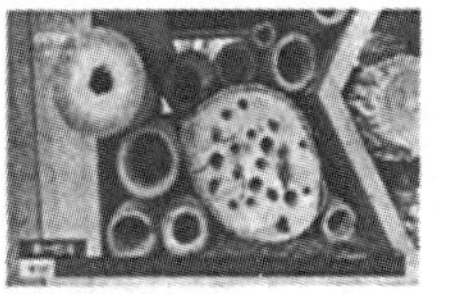

独居蜂和一些昆虫就喜欢在这样的管道里栖息、产卵

请分析以上资料，结合相关知识回答：

（1）分析资料1可知，社会性蜜蜂具有________行为，而独居蜂则不具有此行为。

（2）你认为资料2中的实验可以说明什么？________

（3）李时珍在《本草纲目》中提到的中药“蜂子”，其实就是蜜蜂的蛹，可见，蜜蜂的变态发育类型同家蚕一样，属于________。在资料 2 所示实验中，发育成“蜂子”的是________。

（4）资料中提到了几种传粉动物，让我们根据一定的特征给它们分分类吧：

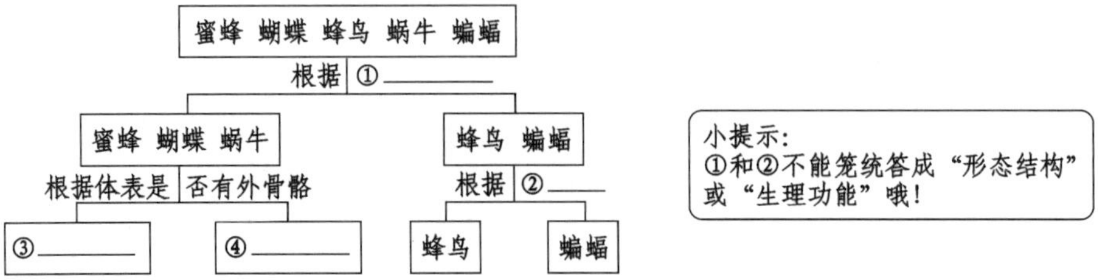

（5）请你谈谈人们为什么要建造“独居蜂旅馆”呢？________

如果由你来为昆虫们建造一个“昆虫旅馆”，你会怎么做呢？________

※情境解读：

本题的情境素材类型具有多样性，包括新闻报道、科普资料、对照实验图解、分类图解等，以文本、图片、图解等形式呈现。情境包含的信息量大，例如社会性蜜蜂与独居蜂行为的对比描述、传粉动物的生存状况、独居蜂旅馆的形态及建材类型、蜂王与工蜂发育的相关实验等。

本题第（5）小题“建造昆虫旅馆”的解答内容多元，学生可以从建造昆虫旅馆的材料、环境、形态等角度作答，还可以从观察昆虫的巢穴形态、调查了解昆虫的习性、调查濒危昆虫的种类、调查昆虫与农业生产的关系、昆虫生态与保护生物多样性的关系等角度作答，充分发挥学生的主观能动性，鼓励学生展开独立思考和发散思维。

（案例撰写：甄宝莉）

案例 4　道德与法治（2023 · 山西）

◎试题初稿：

小华同学的寒假生活

初中生小华家境本不富裕，去年冬天奶奶突然患病，家里更是捉襟见肘。今年正月，小华敏锐抓住疫情防控放开、出游人数猛增的机会，骑车到批发市场，用不多的压岁钱精心挑选了一些文创小商品，再到离家不远的景区门口出售。小商品的新颖有趣，再加上他自编的“说唱”式叫卖，引发网络关注。结果生意火爆，有的游客因他是学生，主动多出价；他只是表示感谢，坚持同等价位出售。

白天忙着赚钱，晚上忙着做作业，成为小华这个寒假的常态。不到半个月，他就赚了近六千元。除买开学用的文具和辅导用书，还专门给爷爷奶奶各买了一部老年手机。剩下的钱他全部交给了父母。不过小华最感慨的是：感觉自己突然长大了。

根据上述材料，请你回答下列问题：

（1）某自媒体在未征得小华同意的情况下，将他售货吆喝的照片制作成卡通表情包，发到了公众号。小华很生气，他应该怎么办？

（2）从经济常识的角度，小华同学赚的近六千元属于什么收入？

（3）有位网友留言：“小华同学是学生，应该专心学习，忙着赚钱是不务正业；尤其应充分利用假期，让自己的学习成绩超越更多竞争者。”针对该网友的留言，你的回复是什么？

※发现问题：

1. “游客因他是学生要多出价，而他坚持以同等价位出售”的内容与考查目标关联性不强，只是增加了阅读量，属于冗余信息。

2. 小华在短期内售卖小商品获得近六千元收入，不具有典型性，而且有可能使部分学生误以为挣钱是一件特别容易的事情，由此对其产生错误的价值导向。

3. 设问（2）要求学生“从经济常识的角度”理解这“六千元收入”的性质，这种问法不符合初中学生认知范围；此外，我国基本经济制度中所说的分配收入，指向的是有劳动能力的成年劳动者所获得的收入，不能以此来推断未成年学生勤工俭学所获得的收入情况属于何种性质，这样设问可能产生试题科学性问题。

※优化情境：

1. 将“游客要多出价”的冗余信息删除，减少阅读量，以此提高学生对关键信息的关注度。

2. 删除情境中有关具体收入的内容，避免可能会带给学生的不良价值导向。

3. 删除设问中对收入性质的判断，使考查目标更为集中合理。

◎试题改稿一：

小华同学的寒假生活

初中生小华家境本不富裕，去年冬天奶奶突然患病，家里更是捉襟见肘。今年寒假，小华敏锐抓住疫情防控放开、出游人数猛增的机会，骑车到批发市场，用不多的压岁钱，精心挑选了一些文创小商品，再到离家不远的景区门口出售。小商品的新颖有趣，再加上他自编的“说唱”式叫卖，一时生意火爆，引发网络关注。挣得的钱，小华不仅给自己买了学习用品，还给奶奶买了营养品。

根据上述材料，请你回答下列问题：

（1）小华无意中发现，自己“说唱”叫卖的照片被制作成搞笑表情包放在了网上。他应该如何依法维权？

（2）有位网友留言：“小华同学是学生，应该专心学习，忙着赚钱是不务正业；尤其应充分利用假期，让自己的学习成绩超越更多竞争者。”针对该网友的留言，你的回复是什么？

※发现问题：

1. 对小华家境的描述，可能会引起与小华有相似处境的学生的不愉快体验，对小华行为的判断也容易停留在改善自己生活处境的层面上。

2. 小华作为一名初中生，不一定具备敏锐把握商机的能力，这样的描述说服力不强，对于考查目标而言也不是必备信息。

3. 挣到的钱用来给老人买营养品和给自己买学习用品，是自主自立和孝敬长辈的表现，但格局还是不够大，有进一步提升的可能。

※优化情境：

1. 将有关小华家境的叙述删除，改为“小华要完成老师所布置的社会实践作业”。

2. 删除有关小华敏锐捕捉商机的表述，情境主题更为集中。

3. 将原来“挣到钱后给家人和自己买东西”改为“为班级和自己买书和学习用品”，这就将小华只是为“改善自己及家人处境”的立场提升到了

“积极帮助他人、为集体献爱心”的高度，试题的立意得以进一步提升。

◎试题改稿二：

小华同学的寒假生活

今年寒假，学校布置了一项社会实践作业，作业内容和形式由学生自己决定。进入假期，小华开始着手完成这项作业：他用自己平时积攒的零用钱，精心挑选了一些文创小商品，再到离家不远的景区门口出售。小商品的新颖有趣，再加上他自编的“说唱”式叫卖，吸引了不少游客前来购买。挣得的钱，小华不仅给自己买了学习用品，还为本班图书角添置了一些课外书籍。小华的做法受到老师的表扬。

根据上述材料，请你回答下列问题：

（1）小华无意中发现，自己“说唱”叫卖的照片被制作成搞笑表情包放在了网上。他应该如何依法维权？

（2）有位网友留言：“小华同学是学生，应该专心学习，忙着赚钱是不务正业；尤其应充分利用假期，让自己的学习成绩超越更多竞争者。”针对该网友的留言，你的回复是什么？

※发现问题：

1. 第（1）题设问缺少铺垫，稍显突兀。

2. 经过之前的修改，情境中的小华是在以积极的方式完成社会实践作业，而且还用挣得的钱为集体献爱心，但是，现有的设问可能出现网友还有不同观点的情况，会和情境内容发生冲突，第（2）题设问需要修改。

※优化情境：

1. 在“如何依法维权”之前增加一个小设问：“小华的什么权利受到侵害？”这样两个设问形成完整的问题链，思维层级更加具体而丰富。

2. 将第（2）题中网友的留言删除，设问相应地改为“老师为什么会表扬小华”，直接从正面引导学生积极参与社会实践、丰富自己的人生阅历、提高自己的社会责任感，这就使得试题立意更高，情境内容更加集中，正面导向作用表现得更加突出。同时将两个设问的顺序进行调换，逻辑性更强，考查主体目标也更清晰。

◎试题终稿：

小华同学的寒假生活

今年寒假，学校布置了一项社会实践作业，作业内容和形式由学生自己决定。进入假期，小华开始着手完成这项作业：他用自己平时积攒的零用钱，精心挑选了一些文创小商品，再到离家不远的景区门口出售。小商品的新颖有趣，再加上他自编的“说唱”式叫卖，吸引了不少游客前来购买。挣得的钱，小华不仅给自己买了学习用品，还为本班图书角添置了一些课外书籍。小华的做法受到老师的表扬。

根据上述材料，请你回答下列问题：

（1）老师为什么会表扬小华？

（2）小华无意中发现，自己“说唱”叫卖的照片被制作成搞笑表情包放在了网上。

①小华的什么权利受到了侵害？

②他应该如何依法维权？

※情境解读：

2011年版课程标准在课程目标“情感态度价值观”部分明确要求，初中学生要养成“自尊自信、意志坚强的人生态度”，养成“孝敬父母、乐于助人、有责任心的品质”，及“热爱劳动、注重实践、自主自立”的个性品质；在“能力”部分明确要求“初中学生要逐步掌握交往与沟通的技能，学习参与社会公共生活”。2022年版课程标准更进一步强调要以道德与法治教育为框架，有机融入劳动教育、金融素养教育等相关主题。

本题以初中生小华在学校生活之余，积极参与社会实践活动，在景区售卖文创小商品，给自己和班级带来精神和物质的双重收获为情境，这正是学生生活的丰富性和多样性在中考试卷中的体现，也能够引导学生学会正确处理学习与社会实践的关系，同时增强家庭与社会责任感，培养他们的担当精神。售卖小商品这种相对特殊的社会实践活动，一方面反映出社会生活是丰富的，学生社会实践活动的形式可以是多样的，我们应该打开视野，用包容的心态接纳生活中一些特殊但又有意义的新生事物，另一方面，也是对课程标准中培养学生金融素养的一种积极回应。（案例撰写：张增建　吴建平）

第三章
情境创设在学科命题中的实践应用

本章导读

传统教学中讲究“精讲多练”，如果“练”仅是局限于课本内容和解题训练，学生的知识应用范围就会被限定在狭窄的空间里，即使是演练到纯熟的地步，也只是固化的思维套路。注重情境创设，结合学生身边的生活呈现问题，给出丰富的情境，会激发学生拓展知识应用范围的主动性，增强学生在各种不同的情境中积极主动应用所掌握的知识认识真实世界、解决真实问题的能力。

从实际操作来看，试题情境创设不仅有通识性的基本原则和操作策略，还有基于学科特质的实践应用方法。2022 年版课程标准的出台，也从学科层面对试题情境给出了方向性指导和操作性要求。本章按照学科编排，每学科均在呈现课程标准要求的基础上，梳理情境主要来源，选取具有本学科特点的典型题型及相应例题，进行情境创设解析，最后总结注意事项，给出温馨提示，力求使读者对情境创设有更深刻的认知，对如何创设符合素养立意的情境有更准确的把握。

第一节　语文：情境源于语言文字运用的真实需求

一、课程标准要求

1.“关心社会文化生活，积极参与和组织校园、社区等文化活动，发展交流、合作、探究等实践能力，增强社会责任意识。感受多样文化，吸收人类优秀文化的精华。”这段话出自《义务教育语文课程标准（2022 年版）》（以下简称“课程标准”）的“课程总目标”。其中没有直接提到“情境”这个词，但又处处引导学生在真实情境中学语文、用语文。

2. 课程标准的评价建议中指出：“命题应以情境为载体，依据学生在真实情境下解决问题的过程和结果评定其素养水平”，“着重考查学生在真实情境中表现出的情感态度和语言能力”，“命题应贴近学生生活经验和情感体验，抓住社会生活中常见但又值得深思的真实场景，创设新颖、有趣、内涵丰富的情境，设计多样的问题或任务，激发学生内在动机和探究欲望”。可见，真实情境的创设在试题命制方面的重要性。

3. 命题策略方面，课程标准要求“试题情境可以从日常生活、文学体验、跨学科学习领域设置，也可以从个人、学校、社会等角度设置”，具体指出：“日常生活情境指向真实具体的社会生活，关注学生在生活场景中的语言实践，凸显语言交际活动的对象、目的和表达方式。文学体验情境侧重强调学生在文学作品阅读中体验丰富的情感，尝试用不同的方式进行创意表达；强调参与当代文化生活，关注学生对社会主义先进文化、革命文化、中华优秀传统文化的体认。跨学科学习情境侧重强调学生综合运用多门课程知识和思想方法解决实际问题。"

二、情境主要来源

1. 语文课程离不开真实的语言运用情境

语文课程是一门学习国家通用语言文字运用的综合性、实践性课程。工具性与人文性的统一，是语文课程的基本特点。语文课程应在真实的语言运用情境中，通过积极的语言实践，培养学生语言文字运用能力，发展思维能力，形成自觉的审美意识，积淀丰厚的文化底蕴，继承和弘扬中华优秀传统文化、革命文化、社会主义先进文化，全面提升核心素养。

课程标准教学建议中指出：创设真实而富有意义的学习情境，凸显语文学习的实践性。学习情境的设置要符合核心素养整体提升和螺旋发展的一般规律。语文学习情境源于生活中语言文字运用的真实需求，服务于解决现实生活的真实问题。

2. 语文考试命题的情境素材来源

语文学科命题情境分为日常生活情境、文学体验情境、跨学科学习情境。其中日常生活情境包括校园生活、家庭生活、社会生活等。情境素材来源非常丰富。具体如下图所示：

命题情境	素材来源
日常生活情境	校园生活如班会、读书会、艺术节活动、校园广播站、运动会、征文大赛等各种比赛，图书馆，代表年级或学校拟写通知、倡议书、表扬信等，这类情境在学校环境中十分常见。家庭生活如炒菜、做饭、洗衣服等。社会生活如旅游、参观展览馆、参观博物院等，这类情境往往以社会上重大的或典型的且富有教育意义的事件为依托设置。
文学体验情境	文学作品专题研讨活动，名著阅读专题阅读活动；演讲比赛、故事会、戏剧节、读书共同体活动等。
跨学科学习情境	科技活动、小课题组活动、热点话题线上线下讨论活动、专题研究活动；文学艺术社团活动、社区文化活动等。

三、经典例题解读

下面遴选经典例题，对思辨性阅读与表达题、文学作品阅读鉴赏与创意表达题、非连续性文本阅读与创意表达题这三类题型的情境创设进行解读。

（一）思辨性阅读与表达题

思辨性阅读与表达题是落实语文课程标准素养立意命题理念的一种重要题型。该题型一般包括“阅读材料”和“情境创设、任务设计”，所选材料通常为富含哲理的短文，任务设计通常是由两个问题组成的问题链，分别为简答题和微写作。思辨性阅读与表达题呈现出思辨性、逻辑性、探究性的特点。

1. 思辨性

思辨性阅读与表达题一般会借助材料来创设情境，所选材料为能表现人与自然、人与社会、人与他人关系的富含哲理的短文，如寓言、童话、书信、散文、诗歌等，可从不同角度进行解读，考查学生用书面形式把自己的观点、见解和态度表达出来的能力。

2. 逻辑性

思辨性阅读与表达题引导学生在语文实践活动中，通过阅读、比较、推断、质疑、讨论等方式，梳理观点、事实与材料及其关系；辨析态度与立场，辨别是非、善恶、美丑，保持好奇心和求知欲，养成勤学好问的习惯；能负责任、有中心、有条理、重证据、讲逻辑地表达，培养学生的理性思维和理性精神。

3. 探究性

思辨性阅读与表达题通常在试题的背景、条件、结论、过程、方法等方面没有必然的限制，为学生提供广阔的思维空间，学生能区分观点与材料，并能解释观点与材料之间的联系，能运用实证材料对他人观点作出价值判断，能运用文本信息解决具体问题，激发创新意识和探究意识。

典型例题 1　（2022・山西）

不被大风吹倒：致全国青年朋友的一封信

亲爱的青年朋友：

节日快乐！

我看到了你们在我的公众号的留言中提出的问题。人生难免遇到艰难时刻，这确实是一个必须面对的重要问题。我无法告诉你们一个适合所有人的标准答案，但可以与你们分享一个小故事。

小的时候，我跟着爷爷去荒草甸子割草，归程时，天色大变，仿佛有一根飞速旋转的黑色圆柱，向我们逼过来，并伴随着沉闷如雷鸣的声音。我惊问爷爷："那是什么？"

爷爷淡淡地说："风，使劲拉车吧，孩子。"

风越来越大，我们车上的草被刮扬到天上去。我被风刮倒在地，双手死死抓住两丛根系很深的牛筋草，才没被风刮走。我看到：爷爷双手攥着车把，脊背绷得像一张弓。他的双腿在颤抖，小褂子被风撕破，只剩两个袖子挂在肩上。爷爷与大风对抗着，车子未能前进，但也没倒退半步。

大风过去了，爷爷还保持着这姿势，仿佛一尊雕塑。许久之后，他才慢慢地直起腰，他的手指蜷曲着不能伸直了。

爷爷与狂风对峙的模样，永远印刻在我的脑海里。风来时，爷爷没有躲避，尽管风把我们车上的草刮得只剩下一棵，但我觉得我们是胜利者。

我的故事是老生常谈，不一定能让你们感兴趣，但因为这是我的亲身经历，所以还是讲给你们听，但愿能给你们带来一点启发。

莫言

2022 年 5 月 3 日

（来源：中国新闻网，有删改）

6. 莫言写这封信是为了回答青年朋友提出的什么问题？请用简洁的语言写出来。（3 分）

7. 好的故事常常发人深省，使人读有所思，读有所获。阅读上文，你获得的最深感悟是什么？请以此为观点，写一段议论性的文字。（8 分）

写作提示：①观点要明确；②论证要合乎逻辑；③不少于 100 字。

情境解读：

1. 情境创设的真实性

本题的情境素材取自莫言于 2022 年 5 月 3 日写给全国青年朋友的一封信。恰逢五四青年节，书信针对青年提出的困惑即"遇到艰难时刻该怎么办"，用富有哲理、具有智慧的故事进行回答。无论是青年在公众号的留言提问，还是莫言的答复书信，都是真实的。

2. 情境创设的导向性与适切性

这封信有助于解答青年的困惑，给青年们指明前进的方向。中学生正处于人生成长的关键阶段，正是树立正确的人生观、价值观的重要时期，面对困难会产生畏难心理，会有犹豫和彷徨，需要有前辈的智慧引领。同时，他们又处于叛逆期，对于“大道理”有所抵触，莫言用讲故事的方法，生动地折射出人生哲理，易于让中学生接受，引人深思，能够给青年带来人生启迪。该情境素材贴近学生心理，在考查学科能力和核心素养的同时，借助情境传递出正确价值观，具有导向性与适切性。

3. 情境创设的关联性

在情境创设的基础上，设计的第一个问题为简答题：“莫言写这封信是为了回答青年朋友提出的什么问题?”此题考查学生提炼关键信息并合理表达的能力。第二个问题为微写作，考查学生思辨性阅读与表达能力。要求学生研读情境素材，读有所思、读有所获，并能抒发自己的所思所感，形成有理有据的表达。两个问题由浅入深、由易到难、由考查提取信息到考查开放性思维，问题设计形成梯度，与情境水乳交融，体现情境创设下任务设计的关联性。

温馨提示：

思辨性阅读与表达题在情境创设方面应注意以下几点：

1. 材料本身就是情境的一部分，在确定试题立意后，可围绕命题立意和考查目标，尽量选择内涵丰富、有思辨性、能多角度解读的材料，力求形式多样。

2. 问题表述务必准确，要契合情境设置，指向对学生理性思维和批判质疑能力的考查。

（二）文学作品阅读鉴赏与创意表达题

文学作品阅读鉴赏与创意表达题一般包括“阅读材料”和“情境创设、任务设计”。选择优秀散文、小说等文学作品为试题语料，创设阅读情境，侧重考查学生对语言、形象、情感、主题的领悟程度和体验，评价学生欣赏文学作品的水平和创意表达能力。文学作品阅读鉴赏与创意表达题具有独特性、实践性、创新性的特点。

1. **独特性**

此类试题引导学生通过整体感知、联想想象，了解文学作品，感受文学语言和形象的独特魅力，提高审美品位，获得个性化的审美体验，进而表达自己对自然与社会独特的体验与思考。

2. **实践性**

此类试题一般会创设文学鉴赏课、主题性语文综合性实践活动等情境，设计梯度问题，引导学生在语文实践活动中，把握主要内容，理清行文思路，通过圈点、批注等多种方法呈现对作品中语言、形象、情感、主题的理解。

3. **创新性**

此类试题的命制应跳出传统的阅读理解、概括大意的套路，从素材选取和情境创设时就力求创新。选材要新颖，品读鉴赏的方式要多元，引导学生真实地表达对作品的理解，欣赏和初步评价文学作品。

典型例题 2　（2022・山西）

阅读下面的选文，完成第 15 题。

七十一个字

（前情概要：罗天福的女儿甲秀和儿子甲成都考上了城里的大学。他和老伴淑惠也一起来到城里，靠打饼、卖饼，给孩子们挣学费。房东家的儿子借酒闹事，甲成一怒之下把人给打了。罗天福给房东又赔钱又赔礼，甲成却拒不认错。）

自晚上罗甲成走后，罗天福就气得再没说一句话，任淑惠怎么劝，甲秀怎么把话题朝一边引，罗天福还是情绪低落得跟筋被谁抽了一样，无论站着、坐着、躺着，身体都是一扑塌，咋都拾不起。吃什么苦，受什么罪，遭什么屈辱，罗天福都不在乎，可儿子今晚对他的态度，让他寒心了。他本意是想借这个事件，好好教育教育儿子，没想到，儿子竟然丝毫不买账，并且全然是一副指责他软弱无能的神情。这事能强硬得起来吗？再强硬，就是更大的冲突。何况还是咱错了，再怎么着咱也不该打人，这是他始终都在坚持的判断。

他是担心儿子遇什么事，都以“拳打镇关西”的行为方式处事，长此以往，这个寄托了无限希望的儿子，又会成为一个什么样的人呢？看着儿子那副不屑一顾的神情，他的心思，简直烦乱得犹如万箭洞穿了。尤其是那不辞而别的傲慢神气，叫他现在想起来还心有余悸。淑惠和甲秀洗了手，就又开始打饼。他今天是懒得动了，只想一直躺着，甚至想永远都不起来算了。

就在这时，他的手机突然嘀嘀响了两声，开始他也懒得看，想着甲秀在身边，别人又不可能发，可能是垃圾信息。可想了想，还是打开看了一下，一看，他的眼睛湿润了，原来是甲成发来的。信息说：

爹，对不起，我错了。我晚上不该那样走了，我不是冲你们来的，我是不能忍受那一家人对我们的张狂态度。放心吧，我会好好学习的，不会辜负您的付出和期望。晚安！爹，娘，我爱你们！

罗天福眼泪唰唰地流到了被子上。他没有转过身来，不想让淑惠和女儿看到自己的脆弱。这段信息，一共七十一个字，但像强心针一样，一下把罗天福从精神死亡的边缘，迅速救回到健康乐观的现实生活中来了。

他突然异常兴奋地从床上爬起来，稀里哗啦地洗了手，一把将正擀饼的淑惠拉到一旁说："看你这号蔫不唧唧的老太婆，倒像是给地主磨洋工似的，来，看本小伙儿给你示范示范，啥叫擀饼，啥叫工艺，啥叫技术。"说着，就把擀杖拿起来，啪嗒啪嗒啪啪嗒嗒啪嗒，啪啪啪啪嗒嗒嗒嗒，嗒嗒嗒嗒啪啪啪啪，啪嗒啪嗒啪啪嗒嗒啪啪嗒……变出了无穷无尽的花样。淑惠没见过罗天福有这好的心情，甲秀更是没见过。淑惠甚至用手在罗天福眼前绕晃了几次，害怕他是犯了神经。

罗天福激动地要了阵擀杖后，就让甲秀给甲成回信息。甲秀把信息一看，才知是怎么回事。她感动得想哭，但她笑了，面对突然变得十分童真的父亲，她笑得很灿烂。她问爹信息咋回？罗天福说："你知道乾隆批奏折，一般是咋批的吗？"甲秀笑笑说不知道。罗天福说："就三个字：知道了。你就给他回这三个字。"甲秀就按爹说的，把三个字给甲成发出去了。

这一夜，甲秀没走，跟娘搭脚睡。罗天福给她娘儿俩唱了半夜戏。一直唱到谁的鼾声压过了唱声，才停下来。他又轻轻地把手机翻开，戴上老花镜，反复看了甲成那七十一个字后，才幸福地抿着嘴睡去。

（节选自《西京故事》，有删改）

15. 第十届茅盾文学奖获得者陈彦的小说《西京故事》，讲述了大时代中普通人的悲欢离合。在小说荐读课上，大家对上面节选的内容进行了品读。

（1）选文以第三人称叙事。请变换人称，以甲秀的口吻向弟弟甲成简要讲述那天晚上他走后家里发生的事。（50 字以内）（5 分）

（2）下面三句话从不同角度对《七十一个字》这篇小说作了点评。请你任选其中一句作为开头，写一段赏析性文字，和同学们分享交流。（不少于 150 字）（10 分）

◆好的故事总是会细致到足以让人产生兴趣。

◆罗天福是个普通人，而这样的人身上有着令人感动的特质。

◆“七十一个字”动人心弦，这个故事既是罗家的，又是中国的。

情境解读：

1. 情境创设突出导向性

本题所选的材料选自第十届茅盾文学奖获得者陈彦的小说《西京杂记》，节选内容展现了普通劳动者的悲欢，于平凡中传递出宽容、信任、坚强、慈爱等美好的人性品质和人格力量。这种力量不仅是主人公具备的，更是需要代代传承的中国智慧。

2. 情境创设突出真实性

本题创设了“在小说推荐阅读课上，大家对上面节选的内容进行品读”的学习任务情境，契合统编语文教材中的“走进小说天地”综合性学习活动，是课堂情境的真实再现。真实任务情境激发了学生阅读的欲望和表达的兴趣，让学生自然而然地成为行动者，在完成赏析的过程中，展现了语言、思维、审美等方面的综合素养，导向学生核心素养的养成。

3. 情境创设突出适切性

本题的阅读文本讲述了罗天福一家的悲欢离合，儿子甲成做事的冲动与对父亲的歉意深深打动着学生，这样的奋斗故事与学生认知水平、经验相适应。同时，“小说推荐阅读课”的情境既符合学生年龄特点，又引导学生通过联想想象、分析比较等深入文本，进而体会文学作品精妙之处，完成鉴赏任务，符合学生的思维发展水平。

从任务设置来看，本题与课程标准中对文学作品阅读与鉴赏的要求相适切。本题共设置了两个小题，第（1）题要求变换叙事视角，完成转述，考查学生转换人称、概述故事情节的能力；第（2）题要求围绕人物形象、语言表达、主题思想进行赏析，未直接给出赏析角度，而是给出了赏析性文字的首句，学生需要从首句中感知所要品析的文本的独到之处，增加了思维含量。第（2）题在问题设置中提供了三个不同的评价角度，允许学生在自行选择的基础上完成赏析，表现出对学生主体地位的充分尊重。试题在山西中考命题“一核·六维·四手段”理论的指导下，关注学生思维水平的发展，落实“立足核心素养”“注重阅读能力”“加大开放探究”等维度的命题要求。

4. 情境创设突出关联性

本题的答题任务均源自“小说推荐阅读课”这一学习情境，体现问题设计与情境创设的关联性。

（1）（2）两个问题考查的思维侧重点不同。第（1）题考查概括及转述的能力，第（2）题是一个完整且有一定深度的整体读写任务，学生需要在理解、分析、评价的基础上形成自己创造性表达，指向理解、分析、评价、创造等思维层级。这两个小题由浅到深，问题设计由易到难，最终指向高阶思维的考查，体现了问题之间的关联性。

温馨提示：

此类试题在情境创设方面应注意以下几点：

1. 材料本身就是情境的一部分，在确定试题立意后，可围绕命题立意和考查目标，尽量选择古今中外的诗歌、小说、散文、戏剧等体裁不同、风格各异、主题多元的文学作品，以丰富学生视野，增加学生阅读体验。

2. 要敢于突破既有模式，从广阔的生活中寻找灵感，勇于创设更多更新的符合学生认知特点的真实情境。

（三）非连续性文本阅读与表达题

命制非连续性文本阅读与表达题，一般需要选取生活中的热点话题作为情境主题，创设真实情境，围绕主题遴选图文结合的多篇材料组成试题语料，然后确定有内在逻辑关系的语文实践活动，设计语文学习任务。非连续性文本阅读与表达题呈现出实用性、综合性、开放性的特点。

1. **实用性**

非连续性文本阅读与表达题注重评价学生在真实生活情境中完成实际任

务时表现出的实用性阅读和交流的能力，引导学生在语文实践活动中，通过倾听、阅读、观察、获取、整合有价值的信息，根据具体交际情境和交流对象，清楚得体表达，有效传递信息，满足家庭生活、学校生活、社会生活交流沟通需要，学习发现、思考、探究问题的思路和方法。

2. **综合性**

非连续性文本阅读与表达题一般会创设主题班会、主题性语文综合实践活动、主题性社区文化活动等情境。学生在特定的情境中，阅读基于某主题的非连续性文本，完成情境任务。此类试题的材料丰富，学生需要完成的任务较为复杂，综合考查了学生学以致用的能力。

3. **开放性**

非连续性文本阅读与表达题通常在试题的条件、结论、过程、方法、途径等方面没有必然的限制，为学生提供广阔的思维空间，学生可以多角度、多侧面、多层次、多渠道展开思维，把握信息之间的联系，利用掌握的多种证据判断信息的真实性与可信度，得出有意义的结论，完成相应的表达。

典型例题 3　（2022 · 山西）

阅读下面的材料，完成第 16 题。

班级开展了“致敬航天英雄 · 奔向星辰大海”综合性学习活动。下面是各小组的成果汇报资料。

【发展历程】

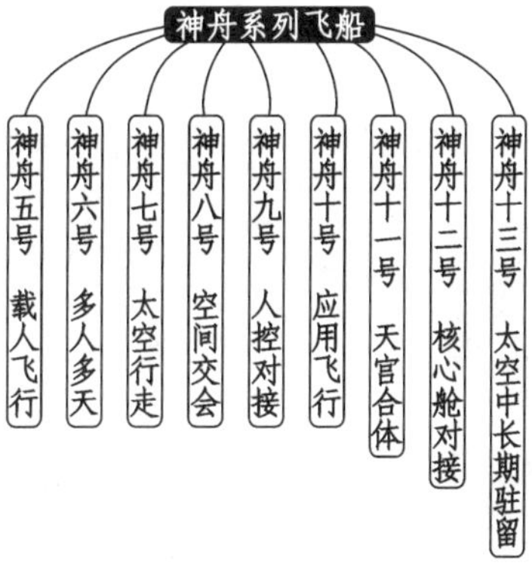

自 2003 年 10 月，神舟五号首次载人飞船发射成功以来，我国载人航天工程取得了辉煌成就。从无人飞行到载人飞行，从一人一天到多人多天，从舱内实验到太空行走，从空间交会到天宫合体，从太空短期停留到中长期驻

留……中国航天人一次次突破技术难关，实现了载人航天工程跨越式发展，中国载人航天事业一次次在浩瀚太空刷新“中国高度”。

【名称揭秘】

问：为何国外叫“宇航员”而中国叫“航天员”？

答：宇航，顾名思义，带有宇宙航行的概念，而宇宙包括的范围很广。“航天”一词由中国航天之父钱学森首先提出，钱老认为，在相当长的时间内，人类的宇宙航行活动只能局限在太阳系内，“宇航”的说法不免夸大。由此可见，“航天”二字中蕴含着一种精神，那就是尊重科学、实事求是的探索精神。

问：还有别的原因吗？

答：有，也是受毛主席的诗句“巡天遥看一千河”的启发，又从航海、航空“推理”而成。

【精神探源】

【致敬英雄】

“我下次出舱，感觉良好。”

他们在璀璨星河中/建设人类的太空家园/他们在浩瀚宇宙里/拓展人类的命运前途/看他们挥手的样子/摘星的样子/看他们微笑的样子/追梦的样子/就是中国航天人的样子

神舟十三号任务

☑2次出舱活动

☑2次“天宫课堂”太空授课

☑在神舟十二号基础上完成20余项(在轨)科学实验

☑完成国际首次皮肤干细胞长期失重条件下的悬浮培养实验

☑……

☑2022年4月16日，神舟十三号载人飞船成功返回。航天员在空间站出差达183天，创下中国航天员连续在轨飞行时长新纪录。

16. （1）同学们的汇报材料中提到：中国载人航天事业一次次刷新“中国高度”。该怎样理解“中国高度”的含义呢？请你阅读材料，作出解释。（2 分）

（2）中国航天精神是中国载人航天事业得以飞速发展的“精神密码”。中国航天精神具有哪些内涵？请阅读材料，写出你的探究结果。（4 分）

（3）从神舟五号到神舟十三号，从戚发轫到翟志刚、王亚平、叶光富等，中国航天事业飞速发展，中国航天精神代代传承。成果汇报会接近尾声，请你围绕“致敬航天英雄 · 奔向星辰大海”这一主题发言，表达对以神舟十三号航天员为代表的中国航天人的敬意，体现新时代青年人的使命担当。（8 分）

写作提示：①结合材料；②不少于 100 字。

情境解读：

1. 情境创设突出导向性

本题关注了当时的热点新闻，即神舟十三号航天员平安回家的消息，以“致敬航天英雄 · 奔向星辰大海”为主题，整合中国航天发展的相关资料，围绕活动主题分为四个版块，即“发展历程”“名称揭秘”“精神探源”“致敬英雄”，形成一个真实的综合性学习活动流程。

《义务教育语文课程标准（2022 年版）》在课程内容部分指出：围绕社会主义核心价值观，确定社会主义先进文化内容主题，选择反映世界文明优秀成果、科技进步、日常生活等方面的主题。主要载体包括口头和书面交流与沟通、跨媒介阅读与表达等语文实践活动。本题情境创设很好地落实了课程标准要求，情境所选材料聚焦令华夏儿女精神振奋的最新消息，反映了国家最新科技发展成果，具有鲜明的时代特征和高远的政治导向，能极大地激发学生的民族自豪感，增强民族自信心。

在此情境下的问题设计也具有正面导向功能，学生需要根据成果汇报材料，明确发言主题，提取关键信息并予以组合加工，形成合乎语境、主题鲜明、感染力强的表达语段，表达对中国航天人的敬意，体现新时代青年人的使命担当。本题综合考查学生的参与意识、情感态度和表达能力，学生完成作答的过程也是一次思想境界提升的过程。

2. 情境创设突出真实性

本题以“致敬航天英雄·奔向星辰大海”为主题，创设了学生比较熟悉的综合性学习活动情境。四个活动版块中关于中国航天发展的相关资料均来自权威媒体，来源真实可靠。

该情境是学生真实生活在试卷上的投影。“发展历程”“名称揭秘”“精神探源”“致敬英雄”四个活动版块围绕主题有序展开，符合生活逻辑。在该情境下学生能自然、深入地阅读关于祖国航天科技创新和社会主义建设新成就的材料，交流自己的发现与体会，学习为创造人类美好生活作出贡献的航天英雄的事迹，激发自己的创造精神和使命意识，具有较强的现实意义。

3. 情境创设突出适切性

本题设计了“班级开展综合性学习活动”的情境，贴近学生学习生活，为学生在熟悉的场景中完成解答提供了便利。

该题情境材料长度适宜，将阅读量控制在适合学生考场阅读的范围内；难度适中，根据测试要求精心组合选材内容；形式多样，实景图片、文字表述、框架图例、任务清单等多种形式素材展现丰富内容，聚焦热点话题，显现出鲜明的时代特色，适合学生阅读。

情境创设下的问题设计由易到难，形成明显的梯度，符合学生认知水平和思维能力。第（1）题谈对“中国高度”的理解，考查提炼筛查信息的能力；第（2）题探究航天精神的内涵，考查比较、分析、推理的能力；第（3）题引导学生从中国航天人身上汲取精神力量，激发青年人为国家富强而奋斗的热情，考查综合运用、创新表达的能力。这样设计的问题链符合学生已有经验和认知水平，设问指向不同层级的能力考查，使学生容易融入情境和任务中进行思考和探究，充分展示其核心素养的发展水平，体现了情境创设的适切性原则。

4. 情境创设突出关联性

本题创设的任务情境围绕活动主题分为四个版块进行展示，材料内容由浅入深，有梯度性地保持关联。第一个材料为“发展历程”，展现2003年以来我国载人航天工程取得的辉煌成就，凸显我国航天事业的跨越式发展；第二个材料为“名称揭秘”，以问答的形式揭秘“航天员”名称的由来，体现我国科学家尊重科学、实事求是的探索精神；第三个材料为“精神探源”，通过同学们聊天交流的形式，摘引 2021 年感动中国人物中致“中国航天追梦人”的颁奖词，揭秘了中国航天人的精神密码；第四个材料为“致敬英雄”，以图文结合的丰富形式列举神舟十三号部分任务清单，多形式地表达出对中国航天追梦人的崇高敬意。四个材料全都围绕“致敬航天英雄·奔向星辰大海”进行阐述，层层递进，彼此关联，内部逻辑关系严密。

该题的情境创设和任务设计也有密切的逻辑关系。试题设置了三个问题，即理解“中国高度”的含义、探究中国航天精神的内涵、表达新时代青年人的心声，梯度设问由易到难，考查了学生理解推理、分析综合和表达应用的能力。做题的过程让学生经历尽可能完整的知识发现、形成、应用、发展、得出结论的过程，使学生在真实的语言运用情境中，通过积极的语言实践，提升思维品质，提升核心素养。

5. 情境创设突出多样性

纵观历年山西省中考试题中非连续性文本阅读与表达题，情境设置涉及学校、家庭、社会、自然等多个领域，兼顾了知识应用和学习生活的多种情境，让学生在真实而复杂的情境中充分展现正确的世界观、人生观、价值观，引导学生在不同情境中深入思考探究、综合分析、解决问题，在学以致用的过程中展示核心素养的发展水平。

温馨提示：

此类试题在情境创设方面应注意以下几点：

1. 创设的情境、设计的问题应统摄于统一背景和主题之下，前后应保持一致，不应仅为追求丰富多样而与主题背离，若整张试卷有“大主题”，则该情境应尽量与之相融。

2. 鉴于非连续性文本阅读与表达题涉及的材料内容较丰富，应积极探索跨学科的情境创设形式，让学生有更丰富多元的真实体验。

第二节　数学：构建用数学思维探索现实世界的平台

一、课程标准要求

《义务教育数学课程标准（2022 年版）》在总目标、学业质量和学业水平考试中，都对“情境”提出了要求。具体内容如下：

1. 总目标：体会数学知识之间、数学与其他学科之间、数学与生活之间的联系，在探索真实情境所蕴含的关系中，发现问题和提出问题，运用数学和其他学科的知识与方法分析问题和解决问题。

2. 学业质量：能从生活情境、数学情境中抽象概括出数与式、方程与不等式、函数的概念和规则，掌握相关的运算求解方法，合理解释运算结果，形成一定的运算能力、推理能力和抽象能力。

能从具体的生活与科技情境中，抽象出函数、方程、不等式等数学表达形式，用数学的眼光发现并提出（或转化为）数学问题，用数学的思维探索、分析和解决具体情境中的现实生活问题，给出数学描述和解释，运用数学的语言与思想方法，综合运用多个领域的知识，提出设计思路，制订解决方案。

3. 学业水平考试

①命题原则：适当提高应用型、探究型和综合型试题的比例，题目设置要注重创设真实情境，提出有意义的问题，实现对核心素养导向的义务教育数学课程学业质量的全面考查。

②试题命制：创设合理情境。根据考查意图，结合学生认知水平和生活经验，设计合理的生活情境、数学情境、科学情境，关注情境的真实性，适当引入数学文化。

二、情境主要来源

生活情境	1. 从个人日常生活情境中遴选素材，如食品的制作、购物、娱乐、个人健康、交通、体育、旅游、日程安排和储蓄理财等。 2. 从职业情境中遴选素材，如测量、成本计算、建设材料订货、运输、工资、库存、设计、工作的决策等。 3. 从社会生产、社会热点中遴选素材，如投票、会议、政策、各种统计、经济等。 4. 从科学情境中遴选素材，如天气或气候、生态学、医学、物理学、化学、遗传学、测量学和数学本身等。
著作文本	1. 从教材的例题、习题中遴选素材，如可以对例题多种方法进行综合、引申，也可以改变题目的条件或结论等。 2. 从教材的阅读材料中遴选素材进行改编。 3. 从教材相关的数学史料中遴选素材，展现数学知识发生、发展及应用的过程，渗透数学的观念、意识和思维方式等。
学习情境	1. 设置新的信息创设情境，如定义中学数学中没有学过的一些概念、新运算、新符号等。 2. 根据实践、操作、探究活动创设情境，如通过平移、旋转构造出新图形等。 3. 根据教学过程创设情境，将某个学习过程置于试题中。 4. 根据学生学习过程中因认知偏差、学习习惯造成的错题资源作为创设情境。

三、经典例题解读

下面遴选经典例题，对综合与实践型试题、阅读与思考型试题、数学应用型试题、操作探究题等四类题型的情境创设进行解读。

（一）综合与实践型试题

“综合与实践”型试题通常选取现实中学生较为熟悉的生活场景、社会生产活动、关注度较高的时代热点、数学学科内部的探究性活动或跨学科综合与实践活动等情境，要求学生综合运用“数与代数”“图形与几何”“统计与概率”的有关知识和方法，将实际问题抽象转化为数学问题，设计解决问题的方案，展示发现与提出问题、分析与解决问题的过程。“综合与实践”型试题的命题类型可分为“数与代数”探究类、“数与代数”应用类、“图形与几何”探究类、“图形与几何”应用类、“统计与概率”应用类、“代数、几何与统计概率”综合类等。此类试题的情境具有如下特点：

1. **综合性**

“综合与实践”型试题的情境一般具有综合性、复杂性的特征，试题情境所蕴含的知识信息较多，要求学生具有良好的学科素养，着重考查学生的抽象能力、建模能力、应用意识和创新意识。试题要求学生具有全面完整的知识储备与知识结构，具有灵活运用数学思想和方法的能力以及丰富的数学活动经验，考查学生能从现实情境中抽象概括数学模型分析与解决问题。如综合运用方程模型、不等式模型、函数模型刻画现实生活中的数量关系和变化规律，利用直角三角形模型、相似三角形模型计算现实生活中物体的高度、宽度、深度等，综合运用全等三角形、特殊四边形的性质、相似三角形的性质、锐角三角函数解决从生活中抽象出的图形的边、角等相关元素有关的计算等。

2. **实践性**

“综合与实践”型试题的情境还具有实践性的特征。试题情境通常取自学生的探究实践活动，对学生的动手操作、实践探究能力的要求较高，此类试题要求学生有丰富的实践活动经验，考查学生在实践操作、观察分析、抽象概括等数学活动中发现与提出问题、分析与解决问题的能力。如在折叠、平移、轴对称等情境中，综合运用图形与几何的有关性质，探究图形蕴含的数量关系等。

3. **跨学科、项目化**

《义务教育数学课程标准（2022 年版）》颁布以来，为引导教师“进一步加强综合与实践”教学活动，此类试题的呈现方式又出现了新的变化，具体表现为以“某个课题活动”为背景，以“跨学科”或“项目化学习”的方式，给学生呈现较为完整的“综合与实践”活动过程，考查学生综合运用所学知识解决问题的能力，发展学生的应用意识、创新意识和实践能力。

典型例题 1　（2022 · 山西）

19.（本题 8 分）首届全民阅读大会于 2022 年 4 月 23 日在北京开幕，大会主题是“阅读新时代 · 奋进新征程”. 某校“综合与实践”小组为了解全校 3 600 名学生的读书情况，随机抽取部分学生进行问卷调查，形成了如下调查报告（不完整）：

××中学学生读书情况调查报告

<table>
<tr><td colspan="2">调查主题</td><td colspan="3">××中学学生读书情况</td></tr>
<tr><td colspan="2">调查方式</td><td>抽样调查</td><td>调查对象</td><td>××中学学生</td></tr>
<tr><td rowspan="2">数据的收集、整理与描述</td><td>第一项</td><td>您平均每周阅读课外书的时间大约是（只能单选，每项含最小值，不含最大值）
A. 8 小时及以上
B. 6~8 小时
C. 4~6 小时
D. 0~4 小时</td><td colspan="2">平均每周阅读课外书的时间调查统计图
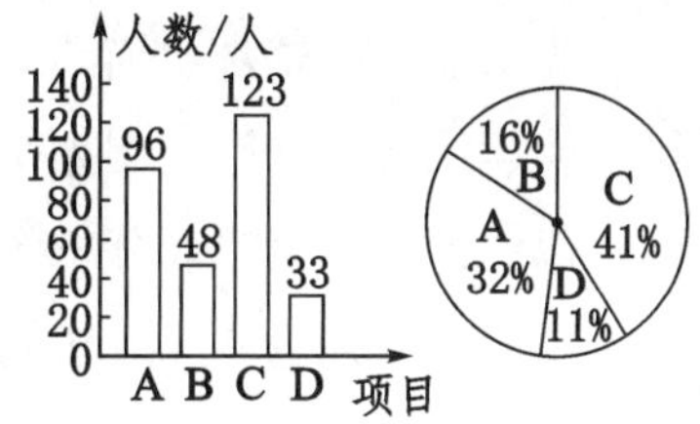
</td></tr>
<tr><td>第二项</td><td>您阅读的课外书的主要来源是（可多选）
E. 自行购买
F. 从图书馆借阅
G. 免费数字阅读
H. 向他人借阅</td><td colspan="2">阅读的课外书的主要来源调查统计图
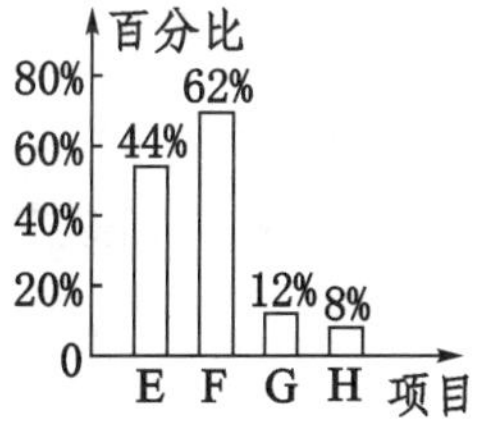
</td></tr>
<tr><td colspan="2">调查结论</td><td colspan="3">……</td></tr>
</table>

请根据以上调查报告，解答下列问题：

（1）求参与本次抽样调查的学生人数及这些学生中选择“从图书馆借阅”的人数；

（2）估计该校 3 600 名学生中，平均每周阅读课外书时间在“8 小时及以上”的人数；

（3）该小组要根据以上调查报告在全班进行交流，假如你是小组成员，请结合以上两项调查数据分别写出一条你获取的信息.

情境解读：

本题的情境素材贴近学生的实际生活，情境创设真实自然，使学生有非常熟悉的体验与感受，体现了情境创设的真实性、适切性、导向性等原则。

1. 试题选取了真实的社会热点问题，以首届全民阅读大会于 2022 年 4 月 23 日在北京开幕为背景创设情境，大会主题是“阅读新时代，奋进新征程”，体现了倡导全民阅读的良好社会风尚。该情境的创设真实自然，对引导、培养、提升学生的阅读素养有积极的推动作用，对学生正确价值观的形成有良好的导向性。

2. 试题以“××中学学生读书情况调查活动”为背景，创设的情境贴近学生认知水平与活动经验。试题情境以“调查报告”的形式呈现了比较完整的“数据的收集、整理、描述”过程，要求学生在阅读调查报告图表信息的基础上，运用统计思想对调查结果进行统计和推断，并对调查结果进行交流展示，以此评价学生阅读分析统计图表的能力，考查学生数据分析观念的发展水平。由于试题情境选取于真实的社会读书活动，“平均每周读课外书时间”和“阅读课外书的主要来源”是开展读书活动关注度很高的两个要素，调查学生（公民）的读书开展情况、根据调查结果引导学生（公民）积极参与读书活动也是学校（社会）经常开展的实践活动之一，所以情境创设体现了适切性和关联性原则。

典型例题 2　（2022 · 山西）

21.（本题 8 分）随着科技的发展，无人机已广泛应用于生产和生活，如代替人们在高空测量距离和角度．某校“综合与实践”活动小组的同学要测量 AB，CD 两座楼之间的距离，他们借助无人机设计了如下测量方案：无人机在 AB，CD 两楼之间上方的点 O 处，点 O 距地面 AC 的高度为 60 m，此时观测到楼 AB 底部点 A 处的俯角为 70°，楼 CD 上点 E 处的俯角为 30°，沿水平方向由点 O 飞行 24 m 到达点 F，测得点 E 处俯角为 60°，其中点 A，B，C，D，E，F，O 均在同一竖直平面内．请根据以上数据求楼 AB 与 CD 之间的距离 AC 的长（结果精确到 1 m．参考数据：$\sin 70° \approx 0.94$，$\cos 70° \approx 0.34$，$\tan 70° \approx 2.75$，$\sqrt{3} \approx 1.73$）．

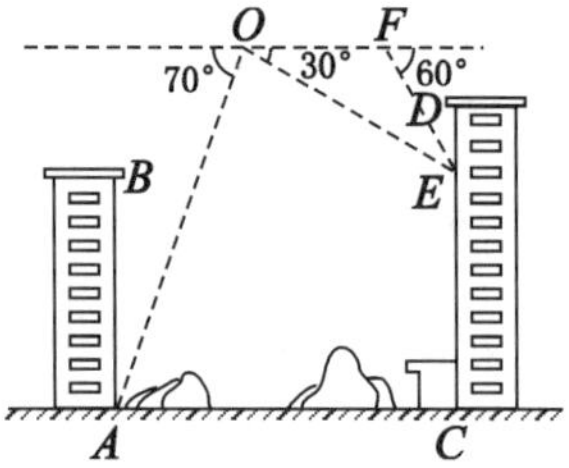

情境解读：

本题创设的情境具有较高的实践性和综合性，体现了情境创设的真实性、适切性和导向性原则。

1. “利用无人机在高空测量距离和角度”是社会生产活动中经常遇到的问题，是人们利用高科技工具解决现实问题的缩影，所以试题创设的情境具有真实性。

2. 运用几何模型计算物体的高度是初中阶段经常开展的“综合与实践”活动，如测量学校旗杆的高度、测量教学楼的高度等，学生对此类实践活动有较好的经历体验和较为丰富的活动经验。本题创设了某校“综合与实践”活动小组“测量底部楼间距问题”的情境，由于楼间距不能直接测量，在给出测量方案的基础上，提供了无人机测量方案实景图及示意图，学生可以直观地结合图形理解测量方案的操作步骤，顺利提取测量的数据信息，抽象直角三角形模型进行求解。在角度设置中给出特殊角30°，60°和70°角，学生通过直角三角形模型、等腰三角形模型等多种方法求解，不同学生的多样化思维得以展现，呈现出不同层次的解决问题方案，体现了情境创设的适切性原则。

同时，试题情境凸显了科技发展和时代特征，突出了数学学科的育人功能，也体现了试题的导向性原则。

温馨提示：

此类试题在情境创设中，经常出现的问题有：创设的情境与现实中的活动经验相冲突，将意图考查的知识生硬套入问题情境中，将实际问题复杂化，使得任务与情境不能高度融合。建议在创设此类试题情境时紧密联系学生的学习和生活实际，情境的创设不能是简单的场景假设，而要具有真实性、启发性和过程性，要充分做到理论与实践的结合，考查内容应符合学生现阶段的知识储备和认知程度，符合课程标准的学业质量要求，真正践行素养立意的命题追求。

（二）阅读与思考型试题

阅读与思考型试题的情境创设结构通常是“材料+任务”。历年山西中考数学试题设计的阅读材料非常丰富，有“数学文化素材”“教材内容的深化与拓展”“数学的跨学科应用”等。对考查学生能力的任务也体现在以下四个方面：考查与“概念”有关的阅读能力；考查与“运算”有关的阅读能力；考查与“操作”有关的阅读能力；考查与“推理”有关的阅读能力。此类试题的任务情境通常是在材料的基础上，依据相关的知识、方法提出具体的问题，要求学生精读材料，运用已有认知经验完成判断、计算、推理、作图、证明等数学活动。

典型例题 3　（2022・山西）

20.（本题 8 分）阅读与思考

下面是小宇同学的数学小论文，请仔细阅读并完成相应的任务.

用函数观点认识一元二次方程根的情况

我们知道，一元二次方程 $ax^2+bx+c=0$（$a\neq0$）的根就是相应的二次函数 $y=ax^2+bx+c$（$a\neq0$）的图象（称为抛物线）与 x 轴交点的横坐标. 抛物线与 x 轴的交点有三种情况：有两个交点、有一个交点、无交点. 与此相对应，一元二次方程的根也有三种情况：有两个不相等的实数根、有两个相等的实数根、无实数根. 因此可用抛物线与 x 轴的交点个数确定一元二次方程根的情况.

下面根据抛物线的顶点坐标$\left(-\dfrac{b}{2a},\dfrac{4ac-b^2}{4a}\right)$和一元二次方程根的判别式 $\Delta=b^2-4ac$，分别从 $a>0$ 和 $a<0$ 两种情况进行分析：

（1）当 $a>0$ 时，抛物线开口向上.

①当 $\Delta=b^2-4ac>0$ 时，有 $4ac-b^2<0$.

∵　$a>0$，

∴　顶点的纵坐标$\dfrac{4ac-b^2}{4a}<0$.

∴　顶点在 x 轴的下方，抛物线与 x 轴有两个交点（如图 1）.

∴　一元二次方程 $ax^2+bx+c=0$（$a\neq0$）有两个不相等的实数根.

②当 $\Delta=b^2-4ac=0$ 时，有 $4ac-b^2=0$.

∵　$a>0$，

∴　顶点的纵坐标$\dfrac{4ac-b^2}{4a}=0$.

∴　顶点在 x 轴上，抛物线与 x 轴有一个交点（如图2）.

∴　一元二次方程 $ax^2+bx+c=0$ $(a\neq0)$ 有两个相等的实数根.

③当 $\Delta=b^2-4ac<0$ 时，

……

（2）当 $a<0$ 时，抛物线开口向下.

……

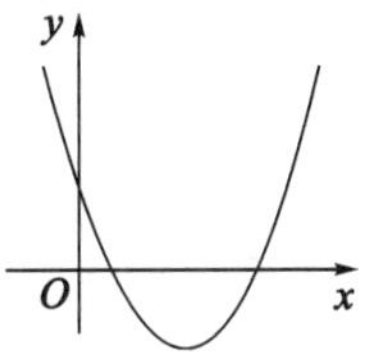

图 1

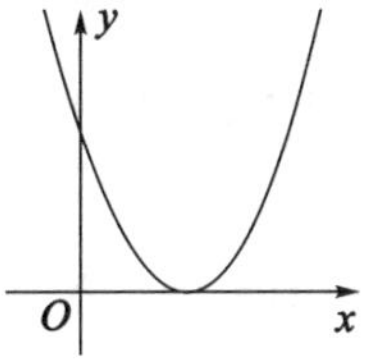

图 2

任务：

（1）上面小论文中的分析过程，主要运用的数学思想是______（从下面选项中选出两个即可）；

A. 数形结合　　B. 统计思想

C. 分类讨论　　D. 转化思想

（2）请参照小论文中当 $a>0$ 时①②的分析过程，写出③中当 $a>0$，$\Delta<0$ 时，一元二次方程根的情况的分析过程，并画出相应的示意图；

（3）实际上，除一元二次方程外，初中数学还有一些知识也可以用函数观点来认识，例如：可用函数观点来认识一元一次方程的解. 请你再举出一例为________.

情境解读：

本题创设的情境选取于学生熟悉的教材内容，体现了情境创设的适切性、关联性与导向性。

1. 情境素材选自于教材习题，是课程标准要求掌握的内容。试题情境在教材习题的基础上进行了拓展与深化。学生对素材内容比较熟悉，并且在课堂中经历过此类知识的探究学习，有较为丰富的探究经验，符合情境创设的适切性原则。

2. 试题以“用函数观点认识一元二次方程根的情况”为任务情境，以小论文的形式设置阅读材料，通过呈现“问题—思考—构建—应用”的学习研究过程，展示了在函数观念下从“数形结合”的角度重新认识“一元二次方程根的情况”。试题在材料中首先讨论了当 $a>0$ 时，一元二次函数 $y=ax^2+bx+c$ 的图象与 x 轴的交点情况和一元二次方程根的判别式之间的对应关系，从“形”的角度对一元二次方程根的情况进行了阐释，然后在任务中要求学生按照材料中提供的方法，讨论当 $a>0$，$\Delta<0$ 时，一元二次方程根的情况，引导学生建立知识之间的关联，加深对函数与方程、函数与不等式之间关系的理解，形成对数学方法的结构化认识，领悟知识之间的统整与关联，体现了试题情境创设的关联性原则。

3. 试题还创设了“除一元二次方程外，初中数学还有哪些知识可以用函数观点来认识”的任务情境，引导教师形成大观念下的整体单元教学观，充分落实新课程标准理念。这也体现了情境创设的导向性原则。

典型例题 4　(2021 · 山西)

（本题 8 分）阅读与思考

请阅读下列科普材料，并完成相应的任务.

图　算　法

图算法也叫诺模图，是根据几何原理，将某一已知函数关系式中的各变量，分别编成有刻度的直线（或曲线），并把它们按一定的规律排列在一起的一种图形，可以用来解函数式中的未知量. 比如想知道 10 摄氏度相当于多少华氏度，我们可根据摄氏温度与华氏温度之间的关系：$F=\frac{9}{5}C+32$ 得出，当 $C=10$ 时，$F=50$. 但是如果你的温度计上有华氏温标刻度，就可以从温度计上直接读出答案，这种利用特制的线条进行计算的方法就是图算法.

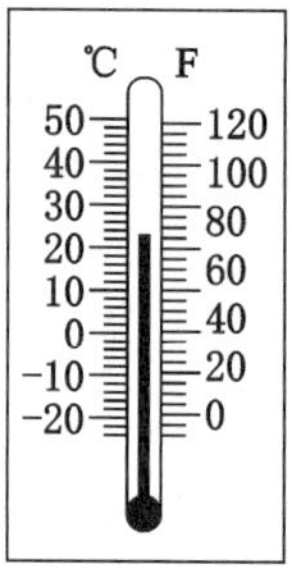

再看一个例子：设有两只电阻，分别为 5 千欧和 7.5 千欧，问并联后的电阻值是多少？

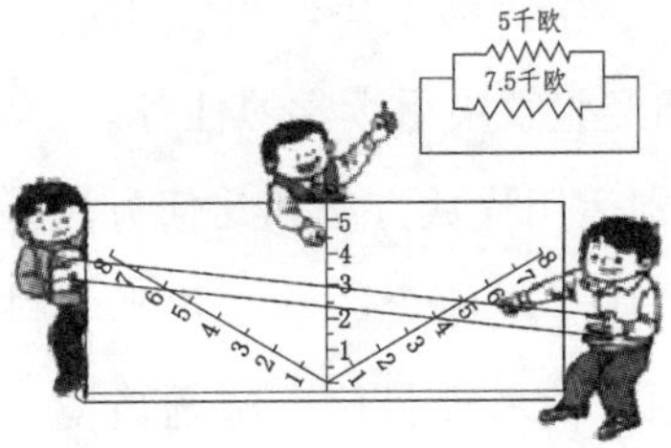

我们可以利用公式$\frac{1}{R}=\frac{1}{R_1}+\frac{1}{R_2}$求得$R$的值，也可以设计一种图算法直接得出结果：我们先来画出一个120°的角，再画一条角平分线，在角的两边及角平分线上用同样的单位长度进行刻度，这样就制好了一张算图．我们只要把角的两边刻着7.5和5的两点连成一条直线，这条直线与角平分线的交点的刻度值就是并联后的电阻值.

图算法得出的数据大多是近似值，但在大多数情况下是够用的，那些需要用同一类公式进行计算的测量制图人员，往往更能体会到它的优越性.

任务：

（1）请根据以上材料简要说明图算法的优越性；

（2）请用以下两种方法验证第二个例子中图算法的正确性：

①用公式$\frac{1}{R}=\frac{1}{R_1}+\frac{1}{R_2}$计算：当$R_1=7.5$，$R_2=5$时，$R$的值为多少；

②如图，在$\triangle AOB$中，$\angle AOB=120°$，OC是$\triangle AOB$的角平分线，$OA=7.5$，$OB=5$，用你所学的几何知识求线段OC的长.

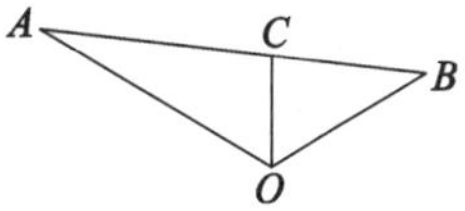

情境解读：

试题创设了跨学科学习的问题情境，体现了数学与其他学科的联系，整体上突出体现了情境创设的关联性原则。

1. 试题情境选取科普材料图算法，由于图算法属于工程测量方面的概念，对学生来说比较陌生，材料首先给出图算法的描述性定义，接着展示了同时标注有华氏温度和摄氏温度刻度线的温度计，展示了从“数”与“形”两个角度，如何确定“对于一个确定的摄氏温度值，直观求出对应的华氏温度值”，对图算法的概念进行了示例说明，让学生明白图算法比公式法直观明了，简单易操作，突破了学生因涉及跨学科概念而造成的解题障碍，使学生能够运用现有知识水平和经验解决后续学习任务。

2. 试题要求学生分别运用代数方法和几何方法验证并联电路中总电阻和两个分电阻之间的关系，让学生体会数学在物理学科中的工具性作用，体现了数学与其他学科的联系，使考查目标、试题情境、学习任务高度融合，凸显了情境创设的关联性原则。

3. 学生在用几何方法求解并联电阻的总电阻时，知识运用的综合程度较高，需要学生抓住任务情境中的特殊角（60°）及角平分线，合理构造等边三角形和相似三角形等基本图形，建立方程模型进行求解，考查了学生综合运用知识解决问题的能力，体现了数学学科内部之间的联系，这也进一步体现出情境具有较好的关联性。

温馨提示：

命制阅读与思考题，选择合适的素材创设情境是最大的挑战，纵观各种试题中的阅读素材，常存在以下问题：

1. 所选素材超出课程标准的要求。如摘取高中教材中的内容作为阅读材料，选择教材中删除的内容作为阅读材料，在命制跨学科试题时选择的其他学科素材超出所跨学科课标标准的要求等。

2. 素材中涉及其他领域的一些专有名词或学术术语，没有考虑到学生的认知水平，对这些术语没有进行专门的解释与说明，或者是解释不够明了，使多数学生不能理解，有失学业水平考试的公正公平。

3. 所选素材阅读量过大，超出多数学生的阅读能力水平，降低了评价结果的信度和效度。

4. 所选素材的阅读内容与学习任务不匹配，学生即便不用阅读材料中的内容和方法也能解决问题，使预定的考查目标和意图流于形式。

建议在创设此类试题情境时，从以下角度加以改进：

1. 要有丰富的阅读素材，命题者应根据命题立意与测量目标，寻找合适的，具有权威性、典型性与不确定性特点的材料。

2. 命题者在保持真实性的基础上，要根据试题测量目标对阅读素材进行加工。加工素材要依据导向性、可行性、适切性、关联性等原则，去粗取精，去伪存真，尽可能过滤掉一些无关任务的变量、元素以及学生不熟悉的术语。

3. 在对所选素材进行改编加工的过程中，命题者应根据试题测量目标的不同，依据同一领域或不同领域的素材之间内在的逻辑关系进行重组建构。改编素材时可以在不改变其背景的前提下，改变它的呈现形式或呈现角度。对于学生陌生的素材，通过改变信息条件、设问角度、解释说明等方法进行知识和方法的类比变形，使之能够兼顾到全体学生的认知水平。

4. 阅读与思考题中经常呈现“查阅资料”“收集信息”等资料性栏目，以拓展学生的视野，为学生提供解释、分析、解决问题所必需的相关信息，引导学生从不同的视角丰富对学习内容的认识，从而满足个性化的学习需求。

5. 在创设跨学科阅读与思考试题情境时，一定要把本学科的知识作为解决问题的主要核心，凸显本学科在其他学科中的价值。同时要注意在所跨学科上也要符合该学科课程标准的要求。如果跨学科整合涉及其他学科概念、方法时，必须严谨，要满足所跨学科的学术科学性原则。

6. 根据考查目标和命题规划，把握好素材的阅读量和所提问题的难度。

（三）数学应用型试题

在义务教育阶段，用字母、数字及其他数学符号建立起来的代数式、关系式、方程、函数、不等式及各种图表、图形等都能够成为现实问题或其他学科对应问题的数学模型，我们借助这些数学模型，概括地或近似地描述现实世界事物的特征、数量关系和空间形式。此类试题通常会选取与当前现实生活紧密相关的背景材料，提出明确的问题，要求学生在理解题意的基础上，自己选择、确定以及综合运用数学知识、方法与策略来解决问题，并反思自己的解题结果和策略。

典型例题 5　（2022 · 山西）

18. （本题 7 分）2022 年我国已成为全球最大的电动汽车市场，电动汽车在保障能源安全、改善空气质量等方面较传统汽车都有明显优势. 经过对某款电动汽车和某款燃油车的对比调查发现，电动汽车平均每公里的充电费比燃油车平均每公里的加油费少 0.6 元. 若充电费和加油费均为 200 元时，电动汽车可行驶的总路程是燃油车

的 4 倍，求这款电动汽车平均每公里的充电费.

情境解读：

试题以“新能源汽车在保障能源安全、改善空气质量等方面的优越性”为话题创设情境，突出体现了情境创设的真实性原则和导向性原则。

1. 试题运用生活中电动汽车和燃油车行驶成本的真实数据，设计分式方程应用题，要求学生依托熟悉的基本数量关系单价×数量=总价，通过阅读情境素材，提取出两类汽车单价之间的关系、总里程（即数量）之间的关系和总价之间的关系，进而建立分式方程并求解分式方程解决问题，引导学生用数学思维探索分析问题、用数学语言表达解决问题，体现了情境创设的真实性原则。

2. 试题情境中并没有生硬地表述新能源车的经济性和环保价值，而是让学生通过问题的解决，对比后发现新能源汽车的优势，自然渗透提倡使用新能源汽车的观念，同时让学生认识到我国新能源车的快速发展。试题情境既有国际视野，又有家国情怀，体现了情境创设的导向性原则。

典型例题 6　（2021 · 山西）

21.（本题 8 分）某公园为引导游客观光游览公园的景点，在主要路口设置了导览指示牌，某校“综合与实践”活动小组想要测量此指示牌的高度，他们绘制了该指示牌支架侧面的截面图如图所示，并测得 $AB=100$ cm，$BC=80$ cm，$\angle ABC=120^\circ$，$\angle BCD=75^\circ$，四边形 $DEFG$ 为矩形，且 $DE=5$ cm. 请帮助该小组求出指示牌最高点 A 到地面 EF 的距离（结果精确到 0.1 cm. 参考数据：$\sin 75^\circ\approx0.97$，$\cos 75^\circ\approx0.26$，$\tan 75^\circ\approx3.73$，$\sqrt{2}\approx1.41$）.

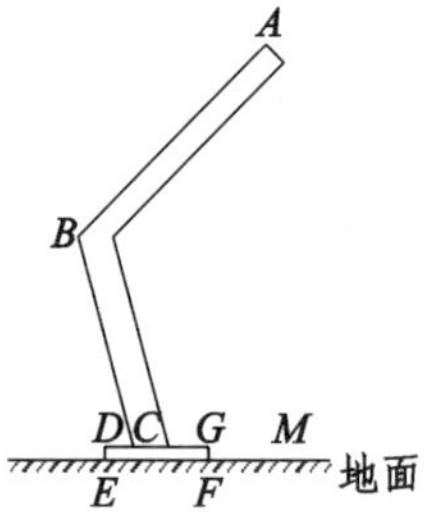

情境解读：

试题情境贴近生活实际，以大多数学生所熟悉的公园导览图作为情境素材，要求学生根据测得的有关数据求出指示牌的高度，体现了情境创设的真实性原则和适切性原则。

试题情境以公园导览图指示牌照片和抽象出的指示牌支架侧面的截面图为素材，真实给出指示牌截面示意图，用学生熟悉的生活情境通过绘制指示牌支架侧面截面图的形式，创设出学生相对陌生的试题情境，期望通过这样的考查形式，引导学生运用数学的图形和符号进行思考、提炼和表达。和往年同类型的题目相比，本题取材新颖，在解答此题时学生没有固定解题路径，不能套用已有模式，须借助已有经验或直觉建立几何模型，体现了情境创设的适切性原则。

温馨提示：

此类试题创设的情境通常出现的问题有：

1. 情境素材选自真实的现实生活，但创设的学习任务与此情境没有关联，剥离情境后不影响本题的解答，创设的情境为虚假情境。

2. 情境中的数据人为随意设置，数据失真，与现实生活不相符合。

3. 情境素材有明显的地域差别特征，有的学生有较好的生活体验，有的学生对情境素材比较陌生，不能兼顾到大多数考生的公正与公平。

如下面这道试题：

王强在一次高尔夫球的练习中，在某处击球，球的飞行路线满足抛物线 $y=-\frac{1}{5}x^2+\frac{8}{5}x$，其中 y（m）是球的飞行高度，x（m）是球飞出的水平距离，球落地时离球洞的水平距离还有 2 m.

（1）请写出抛物线的开口方向、顶点坐标、对称轴；

（2）请求出球飞行的最大水平距离；

（3）若王强再一次从此处击球，要使球飞行的最大高度不变且球刚好进洞，则球的飞行路线应为怎样的抛物线？求出其解析式.

这道题对实际问题的数学化处理得不够合理，人为编造痕迹过于明显，如球的飞行路线与球洞在不在同一平面内试题并没有进行说明；一次性击球球直接进洞的可能性极小，且球的落地点与球洞之间虽有一段距离，但球滚动后还有可能进洞；在“在某处击球”意指坐标原点，但题目中没有明确交代，情境创设失去了真实性和关联性。

此类试题的情境创设应注意以下几点：

1. 命题者应根据命题立意与测量目标，运用具有一定丰富性和不确定性特点的材料创设真实任务情境。情境的创设要考虑以下两个要素：一是要面向学生，贴近学生实际，这样做有利于营造良好的考试评价氛围；二是要有利于考查学生的学科素养，考查学生多角度的思维能力和探究能力。

2. 命题者可依据需要对情境进行学科化整合，常见的有与日常活动直接相关的情境、所在地域或更大生活环境中与社会相关的情境、学生的学校生活情境、科学技术或科学理论情境等，使之具有测量功能和严密的逻辑性。

3. 加工素材要依据导向性、可行性原则，要剔除素材中的冗余信息和学生不熟悉的术语，兼顾所有考生的现实生活体验，并做到面向时代、面向生活。

（四）操作探究题

操作探究题试题情境通常以学生的操作探究活动为背景，主要以图形与变化为考查的核心内容，具体类型有不含图形变化的图形探究、平移型图形探究、旋转型图形探究、折叠型图形探究以及图形变化综合类探究等。

此类试题一般由“问题情境、操作发现、提出问题、问题解决和应用拓展”等部分构成，以平移、旋转、折叠等图形变化为背景，设置作图、证明与计算等，设问方式为同一背景或类似背景下连续设问、环环相扣，引导学生经历“问题情境—建立模型—求解—解释与应用”的思维过程。内容覆盖面广，涉及线段、角、三角形、四边形等多方面的综合。

典型例题 7　（2022・山西）

22.（本题 13 分）综合与实践

问题情境：在 Rt$\triangle ABC$ 中，$\angle BAC=90°$，$AB=6$，$AC=8$. 直角三角板 EDF 中 $\angle EDF=90°$，将三角板的直角顶点 D 放在 Rt$\triangle ABC$ 斜边 BC 的中点处，并将三角板绕点 D 旋转，三角板的两边 DE，DF 分别与边 AB，AC 交于点 M，N.

猜想证明：

（1）如图①，在三角板旋转过程中，当点 M 为边 AB 的中点时，试判断四边形 $AMDN$ 的形状，并说明理由；

问题解决：

（2）如图②，在三角板旋转过程中，当$\angle B=\angle MDB$时，求线段CN的长；

（3）如图③，在三角板旋转过程中，当$AM=AN$时，直接写出线段AN的长.

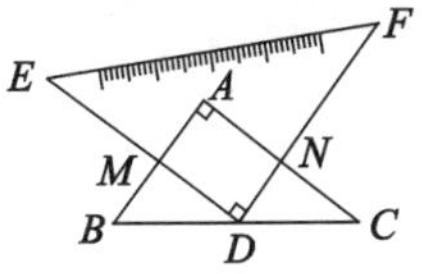

图①

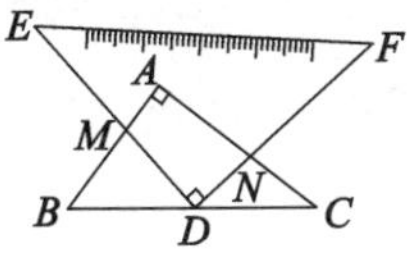

图②

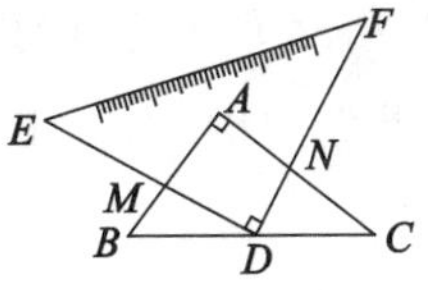

图③

情境解读：

该题运用学生熟悉的学习工具三角板和典型的直角三角形设置探究数学结论的综合实践活动情境，将三角板的直角顶点放置在直角三角形斜边中点，并以此为旋转中心进行旋转变化，让学生探究特殊位置下图形形状或相关计算问题。用简约的图形模拟数学课堂活动，让学生体会由三角板能迸发出的几何妙想智慧，感受图形变化中变与不变的本质。

本题在大的问题情境下，设置三个互相关联、层次分明且解法开放的小问题情境，体现了情境创设的多样性与适切性。第（1）题设置了三角板一边经过直角三角形一边中点的特殊位置这样的情境，此时四边形的形状明显，解题路径简单易得，考查学生对基本图形性质的掌握情况，几何直观和推理能力的发展水平。第（2）题和第（3）题给出的分别是在三角板的旋转过程中出现相等角和相等线段的特殊位置，并要求计算此时相关线段的长度，两个问题虽然落脚点相同，但均指向对学生高阶思维的考查。第（2）题在建构解题路径中，学生需要借助直观感觉和推理论证、建构基本图形和运用图形性质解决问题。这不仅考查了图形性质的综合运用，而且突出了对探究解题路径中高阶思维能力的评价，很好地体现了素养立意的命题思想。第（3）题设置了更加复杂和隐蔽的情形，需要学生面对问题不断进行尝试、推理和合理性反思，更多地指向创新思维和高阶思维的评价。

典型例题 8　（2023 · 山西）

22.（本题 12 分）综合与实践

问题情境：“综合与实践”课上，老师提出如下问题：将图 1 中的矩形纸片沿对角线剪开，得到两个全等的三角形纸片，表示为$\triangle ABC$和$\triangle DFE$，其中$\angle ACB=\angle DEF=90°$，$\angle A=\angle D$．将$\triangle ABC$和$\triangle DFE$按图 2 所示方式摆放，其中点$B$与点$F$重合（标记为点$B$）．当$\angle ABE=\angle A$时，延长$DE$交$AC$于点$G$．试判断四边形$BCGE$的形状，并说明理由．

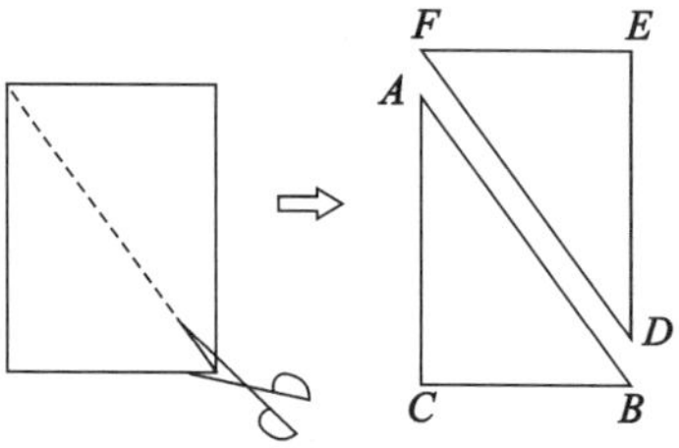

图 1

数学思考：

（1）请你解答老师提出的问题；

深入探究：

（2）老师将图 2 中的$\triangle DBE$绕点B逆时针方向旋转，使点E落在$\triangle ABC$内部，并让同学们提出新的问题．

①“善思小组”提出问题：如图 3，当$\angle ABE=\angle BAC$时，过点A作$AM\perp BE$交BE的延长线于点M，BM与AC交于点N．试猜想线段AM和BE的数量关系，并加以证明．请你解答此问题；

②“智慧小组”提出问题：如图 4，当$\angle CBE=\angle BAC$时，过点A作$AH\perp DE$于点H，若$BC=9$，$AC=12$，求AH的长．请你思考此问题，直接写出结果．

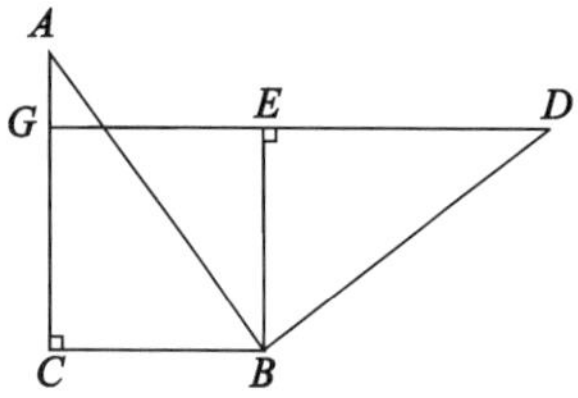

图 2

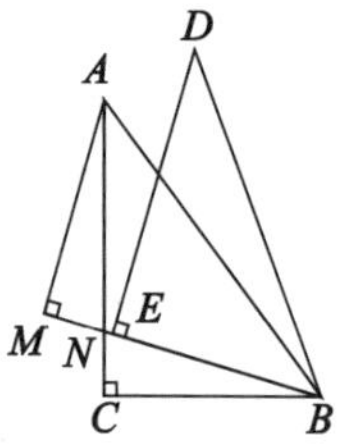

图 3

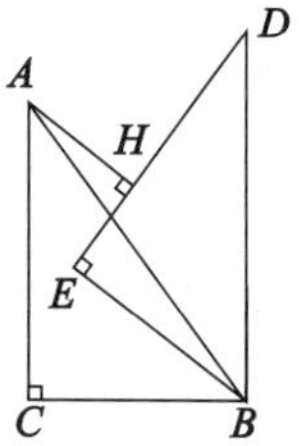

图 4

情境解读：

试题以“矩形纸片沿对角线剪开得到两个直角三角形，再将两个直角三角形绕共同顶点逆时针旋转”为背景，以“综合与实践”的形式，模拟真实的课堂活动，考查学生的理性思维与科学精神。

1. 试题第（1）问要求学生根据已知条件判定四边形 $BCGE$ 是否为正方形，兼顾到全体学生的学业水平；第（2）①题在给定旋转满足的条件后，让学生猜想并证明特定位置下的线段关系，突出考查学生的几何直观、空间观念和逻辑推理能力；第（2）②题则要求学生计算在特定位置下的线段长度，学生需要综合运用相似三角形的性质、解直角三角形、等腰三角形的性质等知识进行基本图形的构造或分解，对条件进行组合与较深层次挖掘，综合性强、探究层次深、思维方式广，既兼顾到学生个性思维能力的发挥，又对学生的探究能力作了较好的考查。

2. 试题抓住了两个三角形纸片在旋转过程中，$\angle ABE$ 与 $\angle CBE$ 在旋转到不同位置时与 $\angle BAC$ 出现的相等关系，从而出现的线段之间的相等或成比例的数量关系，在“图形旋转”这一大背景下，根据不同位置出现的特殊数量关系创设了三个任务情境，三个问题逻辑连贯，层层深入，情境创设符合真实性、适切性、关联性等原则。

温馨提示：

此类试题的情境创设通常出现的问题有：

1. 没有掌握好开放探究的“度”，如果开放度过大，一方面有可能增加学生的思考时间和书写量，从而增大试题的难度；另一方面也可能会增加阅卷教师的工作量，并使阅卷的主观性增强，不利于评分的公平、公正。

2. 没有把握好任务情境的梯度和难度，有的试题前面的任务情境难度偏大，没有兼顾全体学生的学业水平能力，没有体现试题情境创设的适切性，有的试题几个任务情境设置的难度区别不大，体现不出试题评价的效度和区分度。

3. 任务情境的内在逻辑不够连贯，被生搬硬套造成形式上拼凑感强，不符合情境创设的关联性原则。

建议创设此类试题的任务情境时注意：

1. 运用由“特殊到一般”的数学思想创设探究情境，主要思路是观察发现将图形变换在特殊位置时的结论推广到一般位置时是否成立或是否有类似的结论产生，这种创设情境的方法主要是“类比思想”。

2. 运用由“一般到特殊”的数学思想创设探究情境，这种创设情境的方法是先探究一般位置时图形具有的数量关系或位置关系，再探索当图形变换到特殊位置时，运用探究到的结论和方法解决问题，这种创设情境的方法是“转化思想”。

3. 运用“类比变形”重组建构的方法创设探究情境，这种创设情境的方法是根据图形在不同位置（特殊位置）时所产生的线段或角之间的关系进行设问，每个小情境之间在设问角度上相互独立（并列关系），在探究难度上层层深入（递进关系），并且体现各个小情境之间的关联性。

4. 运用“发散思维”创设探究情境，根据测量水平层级，在不改变情境的背景下改变情境的呈现角度，如可以从平移、旋转、轴对称的角度呈现图形的全等关系等，设问上可以考查图形形状、线段的数量关系、角的数量关系、线段的位置关系、线段长度计算、角度计算、图形的周长和面积的计算等，体现试题的开放性与探究性。

第三节　英语：创设以主题为引领的特定情境中的语言活动

一、课程标准要求

《义务教育英语课程标准（2022 年版）》对“情境创设”提出相关要求，具体内容摘录如下：

1. 课程目标与内容

（1）英语课程内容的选取遵循培根铸魂、启智增慧的原则，紧密联系现实生活，体现时代特征，反映社会新发展、科技新成果，聚焦人与自我、人与社会和人与自然三大主题范畴。内容的组织以主题为引领，以不同类型的语篇为依托，融入语言知识、文化知识、语言技能和学习策略等学习要求，以单元的形式呈现。

（2）秉持在体验中学习、在实践中运用、在迁移中创新的学习理念，倡导学生围绕真实情境和真实问题，激活已知，参与到指向主题意义探究的学习理解、应用实践和迁移创新等一系列相互关联、循环递进的语言学习和运用活动中。

（3）语言能力指运用语言和非语言知识，以及各种策略，参与特定情境下相关主题的语言活动时表现出来的语言理解和表达能力。

（4）语用知识指在特定语境中准确理解他人和得体表达自己的知识。

2. 学业水平考试

（1）命题原则

导向性原则。强化英语课程的育人导向，注重考试命题的素养立意，在真实情境中，全面考查学生在解决真实问题、完成真实任务的过程中体现出的语言能力、文化意识、思维品质和学习能力。

科学性原则。以具体情境为载体，设计典型、多样的问题任务，突出试题的基础性、代表性、综合性、探究性和开放性。

规范性原则。确保命题框架合理、试题内容准确、问题情境真实、容量难度恰当、考试指令清晰、考试结果有效。

（2）命题规划

合理选择测评形式。对于语言能力的测评，要设计能够体现学生在真实情境中综合运用英语进行理解和表达的试题。

二、情境主要来源

按照知识和能力应用的现实生活领域、使用的场合或目的不同，将情境分为四类：学习探索情境、日常生活情境、生产劳动情境以及国家社会和人类发展情境。英语试题中的情境主要来源如下：

1. 学习探索情境：这一类情境通常是为了将学到的知识和能力用于解决学生学习中的问题，主要来自学生日常的学习经历。如撰写学习日志；利用思维导图、信息结构图等梳理知识；建构基于语篇的结构化新知；探究语篇的主题意义；分析、赏析和评价语篇；比较文化异同，产生思维碰撞；撰写阅读日志；故事创编；戏剧表演和读书心得分享等活动；阅读圈、读者剧场等。

2. 日常生活情境：创建英语广播站；制作班级网页；制作英语墙报；进行校园英语环境设计；创建班级图书角；创办校园或班级刊物；英语演讲会；英语主题班会；英语作品展示；国际学生交流活动；调研采访；综合其他相关课程知识自主开展项目化学习，如调查大气污染、探析中华传统节日、家乡一日游、走进博物馆等；中外影视、戏剧等艺术形式中的作品赏析；运动、文艺等社团活动；游览中外名胜古迹；参观科技馆等公共服务设施；等等。

3. 生产劳动情境：家务劳动；传统手工艺品赏析与制作；科技小发明；参观工厂；志愿服务；公共服务；公益活动；校园与社区环境保护；职业体验；等等。

4. 国家社会和人类发展情境：关键历史事件；重大体育赛事；社会热点

事务；科学技术前沿；伟大建设成就；发明与创新；对世界、国家、人类和社会进步有突出贡献的人物；地球与宇宙探秘；航天事业发展；环境污染及原因；环保意识和行为；等等。

三、经典例题解读

下面遴选经典例题，对填空题、简答题、书面表达题等三类题型的情境创设进行解读。

（一）填空题

山西省中考英语试题中的填空题包括听力填空、概要填空、词汇填空三种类型。此处重点介绍听力填空题和概要填空题。

听力填空要求学生在听的过程中记录关键信息，可以考查学生获取信息的真实能力。这种考试形式比较接近生活中英语的实际使用情况，即人们一边听一些重要的指令、计划、安排等，一边记录关键信息。

一般情况下，选取的听力材料应接近真实语言使用环境，话题和内容应符合学生的认知特点和生活经历，如演讲稿、人或事物介绍、安排、建议、经验介绍等，作答任务的要求也应符合真实生活中的使用情境。

概要填空是读、写结合的综合技能题。概要填空题需要学生阅读所给材料和概要，然后根据对语篇的理解填入概要中空缺的词语。概要中的考点通常是语篇中的关键信息，应考查能够体现学生对原文关键信息理解的核心词汇，引导学生在理解原文意思的基础上，区分文中的主要信息和辅助信息，同时引导其关注常见语篇类型的结构特征和信息组织方式，培养语篇意识。

该题型在语篇层面的具体语境中，考查学生在阅读过程中获取信息、分析信息、归纳信息、转述信息的能力以及综合语言运用能力，体现了对学生思维品质的考查。这一题型能够更加深入地考查学生对文本的理解程度以及重新表达文本意义的能力。

典型例题 1　（2023・山西）

四、听力填空

本题你将听到一篇短文。请你根据所听内容，完成下面的句子，并将获取的信息填到答题卡相应的位置上。每空一词。

A Labor(劳动) Star	
Name: Li Lei	Age: __16__ years old
Experiences: • When he was ten, he made a __17__ for his mom. • To make a good meal, he had to __18__ again and again. • His mom and dad __19__ enjoy his food. • He's really __20__ that he can help around the house through his hobby.	

Hi, everyone. At today's class meeting, I'd like to introduce the Labor Star of our school, Li Lei. You know, he is fifteen years old and likes cooking very much.

Li Lei started cooking at a very young age. When he was ten, he made a cake for his mom—it was terrible! It was the first time he helped his mom in the kitchen. He was eleven when he made his first meal—tomato and egg noodles. Gradually, he fell in love with cooking. To make a good meal, he had to practice again and again. Now, he has his own cooking shows on the Internet. They're watched by thousands of people. He really enjoys himself making the shows. His mom and dad usually enjoy his food, and they are glad that they don't have to make dinner every weekend. Actually, Li Lei is really happy that he can help around the house through his hobby. You see, Li Lei sets a good example for us. Let's follow him.

情境解读：

第一，情境创设符合真实性。该题的情境反映现实生活的现象与问题，引导学生综合运用所学知识，在实际生活中分析和解决问题。本题听力材料的内容来源于真实的资料，一位同学介绍班里喜欢烹饪的“劳动之星”，在文中谈到了这位同学的基本信息，即姓名、年龄、爱好、他第一次做饭的经历以及为这个爱好而付出的努力等。文章的结尾处还重点强调了父母对他的肯定，以及他通过这个爱好帮到家里而由此产生的“快乐”感受。同时情境创设有现实意义，劳动教育是课程标准的重要组成部分，该情境以“劳动教育”为主题，引导学生参加劳动、享受劳动，体验劳动带来的幸福。

第二，情境创设符合导向性。该题情境在内容上倡导学生向主人公学习，认识劳动的光荣，从而去体验劳动的快乐，争做德智体美劳五育并举的新人，具有正面导向功能。小男孩劳动的过程也经历了困难，但他克服了挫折，不断尝试，最终获得了“劳动之星”的称号，这样的过程引导学生意识到劳动的意义所在，传递了人人要“热爱劳动”的正确价值观。

第三，情境创设符合适切性。首先，该题和学生的生活现实很契合。素材的主人公是一个荣获“劳动之星”称号的15岁小男孩，这个孩子和学生同龄，这样的设计贴近考生的心理特征。另外，材料所讲述的事情发生在一次班会课上，贴近学生真实学校生活。其次，设置的问题与课程标准要求的学科水平也很契合，该题为听力填空题，课程标准要求“英语学业考试应着重考查学生听、说、读、写等四种英语语言技能的综合实践能力以及灵活运用语言知识的能力，为真实语言交际打基础”。根据这一要求，本题设计为听写结合的综合技能题，要求学生听短文后完成句子，主要考查学生“针对所听语段的内容记录简单信息”的能力。该题语篇内容简短，容易理解，适合在听力过程中捕捉重要信息。此外，情境和学生的认知水平契合，考查的目标设定为原文中可以直接提取的关键词汇，分别为 fifteen、cake、practice、usually、happy，这五个词都是语篇中的关键信息点，较好地概括了原文的核心内容。

第四，情境创设符合关联性。该题的情境和任务水乳交融。任务设置分别为主人公的基本信息介绍和他的经历阐述。考虑到听力填空需要识别故事的主题、大意和要点，在保证材料语言正确、地道、得体的前提下，将情境围绕主人公的年龄和经历两方面进行叙述就方便提取主要信息。从情境和任务的关系上来说，它们之间彼此关联，16 题要求获取人物基本信息，17 题指向人物经历的第一次体验，18 题是分析主人公获得荣誉背后的原因，19 题重点捕捉主人公得到父母的高度评价，20 题是从主人公自己的感受谈劳动的体会。所填写的五个词中体现了主人公的基本信息、经历，还有他的感受和自我评价，问题指向明确，相辅相成。

第五，情境创设符合多样性。该题素材来源多元化，有来自真实新闻的素材，也有相关故事情节的素材作支撑，使整个情境内容丰富充实。该题设置的情境多元化，既有基本信息介绍，也有经历体验，还有体会感受，让考生从不同角度理解语篇深层含义。

典型例题 2 （2023·山西）

Animals are important in our lives. They offer us __49__, friendship, help and a sense of the wonder of the natural world. However, our actions make many kinds of animals in danger, and we treat millions of animals __50__. World Animal Day reminds us to be thankful to animals. It was started in 1931 to draw people's attention to the __51__ of endangered animals. Now World Animal Day is celebrated on October 4th every year. On this day, many activities are held to __52__ how to improve the relationship between humans and animals. So let's just be __53__ to take part and offer animals as much as they offer us.

情境解读：

该题为概要填空题。

首先，试题体现情境创设的导向性。本题介绍“世界动物日”，这一主题属于“人与自然”的范畴，内容涵盖在话题“保护自然”这一子话题之下。本题语篇内容介绍了人与动物的关系、动物的现状、动物节的由来及深刻含义，还有人类的行动在动物节中发挥的积极作用，引导学生热爱大自然，保护环境，同时引导学生了解不同文化的节日、尊重文化节日的多样性和差异性，汲取文化精华，逐步形成跨文化交流的意识和能力，树立国际视野，涵养家国情怀，坚定文化自信。

其次，试题体现情境创设的真实性。本题通过解决来自生活中的真实问题，即解决人与动物的关系，让学生真实地参与到知识构建、知识应用等的探究、实践活动中，从而让学生感受到动物的现状，自觉用行动去保护大自然、保护动物。这样的情境创设既面向学生，又贴近学生实际。

再次，试题体现情境创设的适切性。该题选择“人与自然”主题之下的子主题“保护自然”，这一话题符合学生年龄、思维、认知水平，让学生感受到保护动物的重要性，进一步思考如何保护动物。同时，该题符合学生的学科现实，学生可以从文本已有的信息中检索关键信息，处理未知信息。本题设置了 5 个小题，全部针对文章的核心内容而设，引导学生深入阅读，逐步通过缩写文章理解把握文章的主旨。另外，该题符合学生的成长规律，从学生感兴趣、易接受的话题谈起，引导学生体会保护动物的重要性，并且将保护动物的行动落实于实践。

最后，试题体现情境创设的关联性。首先，问题与情境复杂度相互关联，每一小题的情境和设问之间互相提供信息，行文相互关联，保持一贯性，且整体上体现了由低阶到高阶的思维考查过程。49 题考查学生对句子转换的理解能力，指向动物对人类的重要性；50 题考查对句子的概括能力，指向各种动物濒危灭绝的原因；51 题考查获取信息能力，增加了信息点分析对比，让学生进一步理解世界动物日的来源；52 题考查提取、归纳信息的能力，从而了解世界动物日的深刻意义；53 题考查信息对比、提炼信息的能力，启发学生积极行动起来保护动物。其次，学生认知与情境关联。情境的创设符合学生的认知水平和思维深度。该题语篇内容为学生所理解和所熟悉的内容，呈现方式为学生所乐见。5 个小题均在文中能够直接找到答案，其中 49、51、53 题所给的信息对比点较多，属于简单题，学生比较容易回答；50、52 题需要学生理解概括，归纳文意，学生需要全面分析后方可作答。这些问题由浅入深，符合学生的认知规律。

温馨提示：

就听力填空题而言，命制此类试题要注意听力材料的长度合理，整体语言难度适中，语言表达简洁，体现口语语篇特点。考点应在课程标准规定的范围内选取，考查具有代表性的词汇。

命制概要填空题则应注意概要中的考点应与原文关联，所填入的词汇必须通过阅读原文获取，避免只要阅读概要就可以通过常识或根据词语之间相对固定的搭配形式获得答案。

此类题型主要的考查目标是学生对原文主题意义的理解，要看学生是否真正读懂了文章。因此，要求学生所填入的词汇可以涉及原文中关键的细节信息，还可以涉及文章的主旨及作者的态度、观点等。

（二）简答题

简答题需要学生根据问题写出答案，有时需要写出完整的句子，能够比较真实地反映学生对原文理解的情况。与选择题相比，简答题增加了回答的开放性。如果问题的答案可以从文中直接提取出来，那么其开放性就相对较低；如果问题需要学生自己总结甚至评价、创新，那么学生给出的答案就会更为多样，开放度就相对较大。

山西省中考英语命题注重考查学生的阅读能力和思维品质，简答题所选的素材一般为包含图片、表格等非言语信息的非连续性文本，所提出的问题通常既包括提取答案这类较容易的题目，也包括推理、归纳、概括，甚至是评价、创新等更为开放和考查高阶思维的题目，注意问题之间的关联性，使问题之间呈现一定的梯度，引导学生进行基于语篇、深入语篇、超越语篇的阅读，通过回答问题反映出学生对语篇的加工过程和理解程度。

一直以来，山西中考命题积极探索开放性、探究性试题的命制，英语简答题的题目设计也在实践中不断地改进、完善，在确保检测学生阅读能力的同时，加大对思维品质的考查力度。在提出的问题中，有个别小题是两个相互关联的问题，如针对一个询问事实性信息的问题，有时会追问原因，旨在促进学生理性思维和思辨能力的发展。更具开放性的问题则是将语篇内容与学生的生活紧密联系，此类问题通常要求学生在理解语篇主旨的基础上，结合自己的生活表达真实的想法，从而引导学生将从语篇中所学的知识、方法、思想、情感态度等迁移到生活中，解决真实的问题，让学生体会到学习的现实意义和价值。

典型例题 3　(2022 · 山西)

Footprint means the influence that a person' s or organization's activities have on the environment. Simply understanding it is very useful to us. (Let' s take the example of Mr. Brown's footprints.)

Water Footprint

Water is the source of life. We use water directly for drinking, cooking and washing, but we also use water indirectly for producing things such as food, paper and cloth. A water footprint tells us how much water is being used. It can help us come up with ways to save water. You can learn about how your daily habits influence your water use through the food you eat, the things you buy and even the energy you use.

Food	**Water Footprint**
an apple	70 litres(升)
a cup of coffee	140 litres
a kilo of beef	15,500 litres
one hamburger	2,400 litres

(*Chart* Ⅰ)

Mr. Brown' s Water Footprint
breakfast: a hamburger, a cup of coffee
lunch: a cup of coffee, a sandwich, an apple
dinner: vegetable salad, 0.2 kilo of beef

(*Chart* Ⅱ)

Carbon（碳）Footprint

A carbon footprint is the total amount of CO_2 a person or organization produces. We can use it to understand the influence of personal behavior on global warming (全球变暖). Most people are surprised when they see how much CO_2 their activities create. Then they begin to think about changing their daily habits to reduce (减少) their carbon footprints. For example, they can walk instead of using a car.

Carbon Footprint (*Each of the following activities adds 1 kilo of* CO_2.)
travel 10 to 12 km by train or bus
drive 6 km by car
produce 5 plastic bags
use your computer for 32 hours

(*Chart* Ⅲ)

Mr. Brown's Carbon Footprint
drive to work 24 km
drive to the supermarket 5 km
use 5 plastic bags for shopping
use his computer for about 8 hours

(*Chart Ⅳ*)

How to reduce your water footprint and carbon footprint to be greener

Tip 1: Save water and electricity

When you are at home, don't leave the water or lights on when you don't need it.

Tip 2: ________

Meatless Monday is popular with people who want to eat less meat. The production of meat uses lots of energy and produces lots of CO_2.

Tip 3: Buy less

The more we buy, the more we throw away later. Before you buy something, think about whether you really need it.

Everyone plays a role in making a greener Earth. If you know about your footprints well, you can think up more ways to protect the environment.

54. What do we use water indirectly for?

55. How many litres of water are used for Mr. Brown's breakfast?

56. Why do we use carbon footprint?

57. What can Mr. Brown do to reduce his carbon footprint? Why do you think so?

58. What is the best subtitle (小标题) of Tip 2?

59. What's your understanding of footprint? How can you become "greener"?

情境解读：

从情境导向性来说，本题旨在向学生渗透关爱地球家园的意识，引导学生形成"保护环境、人人有责"的社会责任感。本题选取具有育人价值的生产生活实际问题。第一，紧密联系真实生活，以低碳环保的生活理念，让学生在紧密联系社会生活、生产实践的真实情境中，充分展现用现有知识解决实际问题的能力。第二，考查了学生的综合素养，引导教师探索问题导向的教学。通过直观的数据，促使学生自我反思，渗透了“保护环境从我做起，从小事做起”的正确价值观，具有导向教学的作用。第三，需要考生认真观察、分析、探索、实践和创造，同时也让学生不断反思自己的生活，培养环保意识，树立正确的价值观，符合情境创设的导向性原则。

从真实性原则来说，本题具有时代性、思想性、科普性及教育性，以真实情境中的实际现象与实际问题为主，以 footprint 为主题，链接了日常行为中水的消耗量和碳的排放量的参考标准和行为记录，并以表格的形式呈现，所有数据精确可靠，具有科普性。本题的内容来源真实，情境中增加了布朗先生的日常生活足迹，引导学生思考个人行为对环境的影响，引导学生树立环保的意识，并落实在日常行为上，主动承担起保护环境的社会责任。该题“绿色生活”符合学生的学习探索情境，让学生能把自己学到的知识和能力用于解决学习中的问题。本题的任务设置真实，语篇以文本和数据图表的形式呈现，让学生客观地提出建议并说明原因。

从适切性原则来说，首先，该试题符合学生认知，考虑到了学生的生活中绿色环保和他们的经历息息相关，学生可以在了解 footprint 的基本常识后，将其运用到生活实践中，做一个环保卫士。其次，该试题考虑到学生的思维发展水平，考生能够运用自己所获知的碳排放知识来解决未知问题。另外，该试题关注学生发展水平，让学生在探究实践过程中了解自己生活中是如何消耗水资源的，并提出减少碳排放的合理化建议。

从关联性原则而言，问题来源于情境，并且可以反映情境中的复杂程度以及思维的深刻性、创新性。该题共 6 个小题，指向不同的思维认知能力，问题间形成了内在关联。54 题考查学生提取关键信息的能力；55 题考查学生分析和应用的能力；56 题考查学生推理判断的能力；57 题要求学生在理解、分析图表中不同日常活动所增加的碳排放量的基础上，根据布朗先生的活动，提出减少碳排放的合理化建议并说明原因，指向学生的理性思维；58 题考查学生概括的能力；59 题为开放题，第一问询问学生对“footprint”的理解，要求学生在深度理解语篇的基础上表达自己的思想，第二问学生需反思自己的生活习惯，生成创造性的表达。考虑到学生的生活体验、学习经历以及知识范畴和理解水平，设置问题由易到难分布。

从多样性原则来说，文本的设计版块既有数据分析图，又有表格图，客观真实，具备科学性；问题设置从多角度出发，鼓励学生多方面思考。从问题的预设答案中也体现了多样性的特征，其中 55、57、59 题较好体现了开放性、探究性试题的特征——思维开放、答案开放，引导学生将从语篇中所学到的知识、方法、思想等迁移到生活中。本组题从社会、自然等多领域设计情境，兼顾了知识的应用和教学的活动。

温馨提示：

1. 要提出好的问题，阅读材料的选择是关键。首先，材料的内容要有新意且具有现实意义，这样才能引起学生阅读的兴趣，也有利于挖掘语篇的育人价值，引导学生围绕主题进行深度思考。其次，语篇类型要真实多样，符合学生在实际生活中经常读到的材料的形式，使阅读任务尽量真实。另外，阅读材料的难度要适中，且有充分的信息，信息密度高的材料更容易挖掘出有价值的考查内容，也更有深度阅读和思考的意义。

2. 简答题中问题的指向要明确，一定要基于语篇信息提出问题，避免根据生活经验即可得出答案的问题，而且问题要围绕语篇中的主信息设计，尽量覆盖语篇的主要内容，帮助学生理解语篇的核心内容。

3. 问题要多样化，要尽可能测量多种阅读技能，而这些技能的总和能够较好地反映出学生的阅读能力，同时还要注意对思维认知能力的要求也应当多样化，以便全面反映学生的思维品质。

（三）书面表达题

写作测试是一种综合测试，它不仅能考查学生的输出技能（productive skill），同时也能考查学生的接受性技能（receptive skill）；它能同时测试语言的各个层次和范畴，不仅可以测试学生的词汇、语法等语言要素，还能测验学生的组织能力、分析能力、表达能力、逻辑推理、对各种语体的掌握等。

写作测试的方式有很多，山西省中考英语试题通常采用的是“有指导的写作（guided writing）”，或叫“有控制的写作（controlled writing）”。这类试题提供特定的信息，明确写作内容、段落、体裁、长度等，但是学生依然有较大的自由发挥空间，可以根据自己真实的感受和经验进行写作。这样的试题有利于考查学生的构思能力、信息组织能力和语言表达能力。

高效度的写作测试试题应具备以下特点：

1. 写作试题要有真实的任务情境。话题应面向学生、面向生活、面向时代，与学生的生活经验、社会体验自然融合。情境是学生现在或将来很有可能遇到的情境，只有试题的情境真实，才能测试出学生真实的写作技能。

2. 写作试题要保证以意义为测试焦点，而非语言形式。写作测试测量的是学生的输出性技能，设计这类试题的一个重要原则就是要以测试信息的表达为目的，语言形式为第二位。

3. 试题的要求应该是互动性的行为。在现实生活中，人们使用语言来进行交际时，无论口头还是书面形式，都是一个交互性的、动态的过程。

4. 设计题目的同时要考虑到评分的可靠性，要提高评分的信度。如题目的要求尽量明确、规范；对写作的字数、内容等有具体的要求；参考答案和评分说明应合理分层赋分，并提供相应的答案示例、评分建议等，允许并鼓励学生展现多样化的答题思维。

典型例题 4 （2022 · 山西）

九、书面表达（共 15 分）请将短文写在答题卡相应的位置上。

有效的课后作业能激发学生的学习兴趣，丰富学习经历，提升综合素养，并在知识与生活之间架起一座桥梁。某校为减轻学生的负担，改进作业布置的方式，针对“你最喜欢的一种英语课后作业类型”，对 1267 名学生进行了问卷调查，下图是相关的统计数据。

Students' Favorite Kinds of English Homework

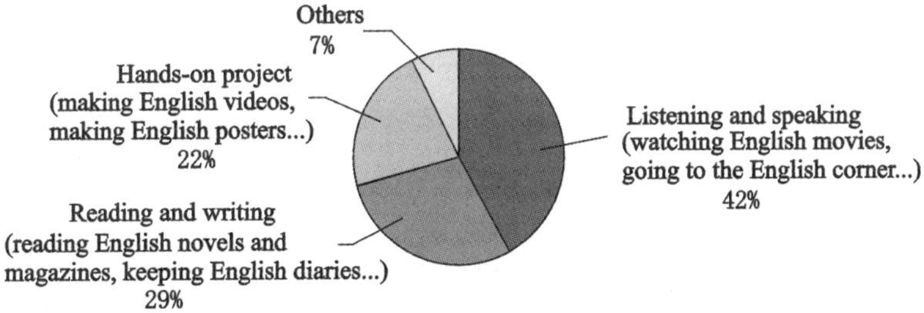

假如你是该校的学生，请你根据以上图表信息，用两段话写一篇短文。

内容包括：

1. 简要说明图表内容；

2. 从图表中选出一种你最喜欢的作业类型，结合自己的经历，谈谈这种作业的好处。

要求：

1. 词数不少于 80 词，首句已给出，不计入总词数；

2. 文中不得出现真实的人名、校名；

3. 参考词汇仅供参考。

WORD BANK
arouse interest　激发兴趣
enrich experiences　丰富经历
promote competence　提升素养

情境解读：

1. 本题情境创设导向性突出。该题要求学生选取最喜欢的作业类型，并结合自己的经历说明这种作业形式的好处，引导学生以积极的态度面对课后作业。有效的课后作业能激发学生的学习兴趣，丰富学习经历，提升综合素养，并在知识与生活之间架起一座桥梁。该题在立意上具有时代感和现实意义。在国家“双减”政策的出台下，作业设计体现出多样性、多元化，以培养学生的综合能力。因此本题的情境设置了听说型作业、读写型作业、实践类作业和其他，符合学生日常的学习经历。

2. 本题情境创设具有真实性。作业是学校生活中的一个重要组成部分，是学生真实生活的缩影。该题以学生熟悉的学习情境为背景，不仅能够激发学生的表达欲望，也给不同学习水平的学生留有发挥的空间。该题共两个要点：首先是阅读统计图，它来源于真实的学校调查，内容真实可靠，学生需要结合数学知识进行数据分析，符合学生日常的生活情境；其次是从图表中选取自己最喜欢的作业类型，结合自己的经历谈这种作业类型带来的好处，这一要求考查学生以书面表达的形式再现生活经历、发表真实观点的能力。

3. 本题情境创设具有适切性。该题选材符合考生的年龄、心理、思维、认知水平和发展水平。其一，该题与生活现实高度契合，学生每天都要写作业，作业形式是学习体验的一个重要部分，同时对作业形式的评价也是他们在亲身经历后的现实感受和评价。其二，该题与学科现实相契合，学生可用自己已有的知识储备，围绕主题输出相关的信息，运用所学语言知识自如地表达自己的思想。其三，该题对思维认知水平的考查目标指向理解、运用、评价、创新等思维品质，与学生思维发展水平相契合，考生可以根据试题要求清晰地描述有关作业类型的数据统计图内容，阐述自己的经历，说明这种作业形式带来的好处，这些都符合学生的认知和实际的水平。

4. 本题情境具有关联性。从任务设置来看，围绕自己最喜欢的作业类型，既有客观的数据分析，也有主观的描述经历和表达观点，任务符合情境的复杂度，情境与任务水乳交融。从情境内容来看，作业是学生课堂学习过程中和课堂学习之后，为了运用和巩固所学知识而设计的基本训练材料和学习诊断材料，该题的情境设置将作业选择和作业评价关联在一起，符合内在逻辑。

5. 本题体现情境创设的多样性。从板块的设计上，既有图表，也有文字表述，情境丰富多样。从问题的设置上，让学生多角度理解情境、挖掘情境，给予学生探究开放、分享表达的空间。

温馨提示：

1. 写作任务应是学生能够完成的有代表性的任务。如课程标准要求学生能够“为所给图表或自己创作的图片写出简单的说明”，可以设计要求学生说明统计图表的任务。

2. 设计任务时应明确写作的功能、体裁、阅读对象、话题的熟悉度等因素对学生写作的影响，应选择至少符合大部分学生认知水平和生活经验的话题。

3. 所选的话题要具有现实意义，能够引导学生对生活中的现象进行有益的思考，引发对自我、对社会和对自然的关注，形成积极的价值观念。

第四节　物理：像科学家一样探究自然现象背后的原理

一、课程标准要求

从社会学角度看，情境指一个人正在进行某种行为时所处的社会环境，是人类社会行为产生的具体条件；从心理学角度看，情境指对人有直接刺激作用，有一定生物学意义和社会学意义的具体环境；从教育学角度看，情境必须发生于一定的社会背景之中，学习者在其中创建学习共同体，并在该共同体中构建他们的知识。所以要将纯物理问题置于真实任务情境中，才更容易被学生接受。

《义务教育物理课程标准（2022年版）》“课程理念”中提到：遵循初中学生身心发展规律，贴近学生生活，关注学习生长特点，以具体事实、鲜活案例、生活经验和基本概念引导学生进行理性思考。注重科学探究，突出问题导向，强调真实问题情境，引导学生不断探索，提高分析问题、解决问题的实践本领和科学思维能力，发展核心素养。

“试题命制”中则明确要求：考虑试题情境和问题的设计。要创设真实的问题情境，以便考查学生运用物理知识解释现象与解决问题的能力。试题情境要客观真实，准确可靠，反应生产生活中典型物理现象和问题；试题情境要符合学生的学业水平和心理发展特点，符合学生的学习和生活实际；试题情境要服务于考试目标，信息量要适当。试题情境应为大多数学生所熟悉，对不同群体学生作答的公平性无影响。

二、情境主要来源

物理试题情境创设是通过文化发展、实验探究、日常生活、生产劳动、科技发展、社会热点等材料创设具体生动的背景素材，将课程标准规定的学业水平考试的考查知识点融入其中，形成立意新颖、生动贴切的物理试题，让核心素养在解决真实问题的情境中生长出来。情境创设需要具备任务性、真实性和开放性三个特征，并遵循导向性、真实性、贴切性、关联性、多样性等原则，才能达到考查核心素养的目的。

1. **情境素材的来源分类**

物理试题命制情境素材来源分类

类别	情境素材来源
文化情境	• 中华优秀传统文化、社会主义先进文化、革命文化。 • 认识科学本质的内在动力。了解科学、技术、社会、环境之间关系的科学态度与责任。 • 推动可持续发展和实现中华民族伟大复兴的使命担当。
实验情境	• 演示实验，学生实验（测量性实验、探究性实验），活动建议（小制作、设计实验、社会调查）等。 • 探究过程的问题设计，学生在学习过程中遇到的问题、观察到的现象。 • 教材中的示例以及课后习题中的困惑等。
生活情境	• 学生在生活中经历过的雨露风霜、阴晴圆缺等自然现象，衣食住行等生活现象，跑跳坐卧、攀爬拉伸等体育活动。 • 日常生活用品使用中的问题、生活中存在的安全隐患、低碳生活、节能环保、安全与健康生活建议等。
社会情境	• 社会现实问题、社会热点问题、新闻动态。 • 项目化学习的任务和需要解决的问题。 • 能源的开发利用对社会生活的影响，新材料的研发与应用对社会发展的影响。
生产情境	• 人类从古至今在生产活动、农业劳作中的现象，我国劳动人民为人类发展所作出的贡献。 • 物理与工程实践相联系的相关问题，新材料、新能源的使用等。

（续表）

类别	情境素材来源
科技情境	●从古至今发展过程中的科学技术，包括古代科学技术及其应用，以及现代科技发明、自主创新等。 ●物理学在信息技术中的应用，通信技术进步对社会发展的影响。 ●科技发展的成就，科技对国家发展的战略意义，科技强国的责任感和使命感。比如现代的航空航天技术、深海探测技术、5G网络信息技术等。

2. **试题命制过程中情境素材的选择注意事项**

要注意利用物理与日常生活、社会实践有密切联系的素材创设情境，围绕风霜雨露等自然现象、衣食住行等生活现象，创设学生熟悉的情境，启发并引导学生对真实情境中的物理问题进行思维加工，概括它们的共同特征等，要从物理学的角度加以解释、分析，测查学生利用物理知识解决问题的素养。

要注意利用中华优秀传统文化、社会主义先进文化、红色革命文化为背景创设情境，充分利用科学史料，培养学生的科学态度和责任感。建议选材时将科学成就引入课堂，如通过分析和讨论孔明灯、司南等与中华优秀传统文化有关的素材，如运用和5G技术、北斗卫星导航系统、高速动车组列车、奋斗者号载人潜水器等我国现代化建设新成就有关的素材创设情境，培养学生的爱国情怀，提升学生民族自豪感和实现中华民族伟大复兴的使命感。还可通过项目式学习、开展制作小型电动机、小型发电机等项目活动，让学生体会法拉第等科学家取得的成就及其对社会发展的贡献。

要注意选取可持续发展的相关素材创设情境。选取有关低碳生活的信息、当地使用的主要能源及其对当地经济和环境的影响，让学生提出开发可再生能源的建议等，形成可持续发展的理念和素养。选取人类从古至今在生产活动、农业劳作中的现象作为试题背景，体会我国劳动人民为人类发展所作出的贡献。

试题命制过程中情境素材的选择要保证准确可靠、科学合理；选择的情境要根据课程标准要求结合试题任务进行整合设置，服从试题立意，具有价值和意义；另外，情境可以有文字类、图片图表类以及对话等多样化形式，让试题的呈现更加丰富多彩，更贴近学生的年龄特点、思维层次和习惯。

三、经典例题解读

下面遴选经典例题，对实验探究题、简答题、科普阅读题、综合应用题等四类题型的情境创设进行解读。

（一）实验探究题

该题型的考查内容出自《义务教育物理课程标准（2022年版）》中一级主题“实验探究”下的二级主题“测量类学生必做实验”（9个）、“探究类学生必做实验”（12个），及评价建议中“能否拟定简单的研究方案并进行实验”“能否尝试利用科学方法来解决问题”。

科学探究既是研究物理问题的方法之一，也是核心素养视域下课程中重要的学习方式，初中物理探究类试题可分为演示实验，学生实验（测量性实验、探究性实验），活动建议（小制作、设计实验、社会调查）等。

实验探究题具有三大特征：

1. 实践性

通常从学生熟悉的生活背景出发，将抽象的知识设计成符合学生年龄特点和认知需求的学习情境或探究实验，让学生观察现象、发现问题、提出问题、动手操作、收集数据、解释数据、表达和交流，引导学生积极思考，利用物理素养解决真实问题。

2. 合作性

从任务要求出发，引导学生经历实验探究过程，从而学会学习、学会合作，协作发展，培养合作能力和团队意识。

3. 开放性

在不限定条件的情况下，学生自选器材、设计实验、得出结论并分类讨论，在开放的情况下作答。引导学生从情境中抽象出具体的解决问题的办法。透过知识的表层考查学生科学思维和知识结构的理解和掌握，试题的思维含量较高。

4. 活动性

探究类活动尤其是活动建议中小制作、设计实验、社会调查等均以调研实践活动的方式进行，强调在学习中经历亲身实践和积极探究，实现做中学、用中学，经历知识探索和获得的过程，掌握必备的方法和能力。

典型例题 1　（2022 · 山西）

35. 六一儿童节前夕，小明妹妹所在的幼儿园将要举办“亲子滑草”比赛，比赛须知如图所示。为了赢得比赛，他们全家进行了讨论。小明认为：高度一定，越陡的坡用时应越短，要选择最陡的坡。妈妈认为：体重越大，滑行用时越少，应让体重最大的爸爸和妹妹参加。请你选择小明或小明妈妈的观点设计一个实验进行探究，为优化参赛方案提供建议。

比赛须知
1. 提供同样的双人滑草板。
2. 任选一家庭成员与孩子参赛。
3. 可任选一草坡，草坡高度一样，坡度不同。
4. 到达坡底用时最短的家庭获胜！
成长幼儿园感谢您的参与！

（1）实验器材：____。

（2）实验步骤：____

____。

（3）实验结论：____

____。

情境解读：

科学探究是一种客观理性的活动，是获得有效判断和决策的手段，让现在的做题与现实的做事有机融合。从命题的角度来看，命制这种现实背景的试题要比纯理论试题难度更大。情境的设置要有现实意义，要讲究真实性，素材来源于真实的事件，内容与学生的物理知识紧密结合，问题情境要贴近学生现实生活，所采用的生活背景必须是学生熟悉的，不能由于情境的陌生而造成阅读、理解障碍。这样的试题强调对实际问题的理解和思考，考查学生的阅读分析和表达交流的能力，对学生思维的开放性、创新性和创造性提出了更高的要求。

1. 本题符合情境创设的导向性。试题以小明妹妹幼儿园的“亲子滑草”比赛为背景，体现家庭成员团结合作、和睦相处的风貌，引导学生感受家庭温暖，珍惜亲情。

2. 本题符合情境创设的多样性。试题既用文字呈现比赛事宜，又结合图片给出比赛须知，以家庭对话的形式提出可探究的问题，多样性的情境有效考查学生提取信息、处理问题的能力。

3. 本题符合情境创设的适切性。试题以创新小组的同学们在合作学习中遇到的困惑、老师的点拨、同学的分享、展示与交流为背景，构建了一个师生合作学习的画面，展现了新课程方案倡导的协作性思想，使试题更贴近真实的课堂学习过程。另外，开放的设计体现了情境设置的适切性，从实验器材的选择到实验步骤设计，再到实验结论的得出都符合课程标准的要求，也符合学生的认知规律，这样的试题不仅体现了以人为本的命题理念，也为不同层次的学生提供了多层次的思维空间和通道。

4. 本题符合情境创设的真实性，是真实课堂学习情境的再现，将生活问题最终落脚于物理学科知识，体现了目标、情境和任务的一体化设计。对于一线教师切实改变自己以往陈旧的教学模式，构建适合学生学习的课堂教学新模式具有很好的示范导向作用。

5. 本题符合情境创设的关联性。试题情境任务设置立足物理学科知识，关联日常生活实际，利用物理知识解决生活问题，确保情境与任务之间极好的关联。

典型例题 2　（2022・山西）

34. 据《天工开物》中记载，3000 多年前，我们的祖先在弓的基础上，又研发了能从容瞄准目标击发的弩，如图甲所示。实践小组的同学们模拟弩的结构，把一根稍许绷紧的橡皮筋两端固定在卫生纸卷芯开口处两边，在纸卷芯内安装带凹槽的固定装置，制作了发射器，并用吸管代替弩箭，如图乙所示。利用这个自制发射器，同学们探究吸管飞行的距离与发射角度的关系。

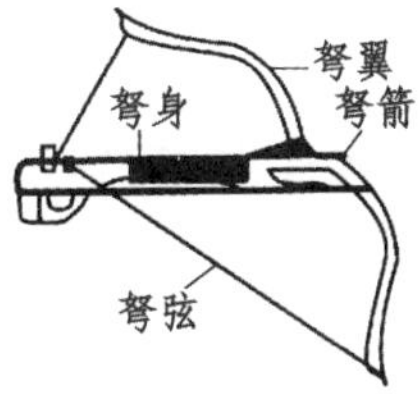

甲

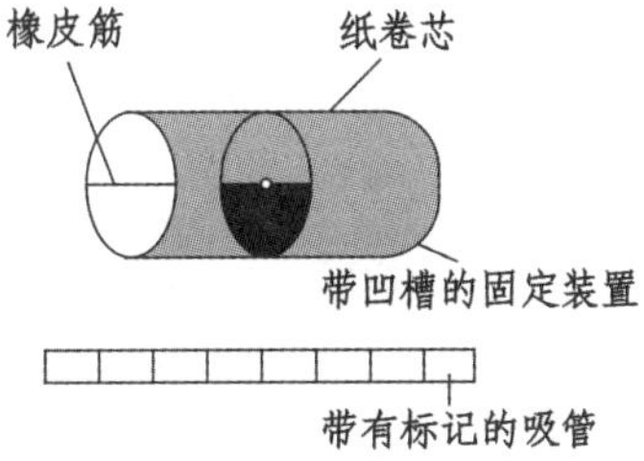

乙

(1) 同学们在吸管上每隔 1 cm 标注记号，其目的是________。（答案合

理即可）

（2）请你帮助小组同学设计记录实验数据的表格。

（3）结合弩的材料、结构特征，请你猜想吸管飞行的距离还跟自制发射器的什么因素有关？________。（写出一条即可）

情境解读：

该试题考查内容源自课程标准中的评价建议：“能否了解物理学的基本思想和方法，能否从不同的角度去独立思考问题。”

1. 试题选定“新情境实验研究”这一题型，创设了真实任务情境“实践活动小组的同学模拟《天工开物》中的‘弩’制作发射器开展探究活动”。从古代的“弩”抽象建立一个物理模型“发射器”，既能激发学生兴趣，又可以在解决问题过程中体现知识的价值。

2. 由“学中做”到“做中学”，动手动脑学物理，从物理知识跨越到工程实践，也体现了情境之间的跨学科关联。

3. 试题鼓励学生从古人的思想中汲取智慧，弘扬中华优秀传统文化，增强民族自尊心和自豪感，培养创新精神，体现了试题情境的导向性原则。

4. 情境素材的选择符合学生的年龄特点和思维层次递进特点，通过巧妙的设问，引导学生站在一定的高度去审视问题，通过对题干中信息的分析，用控制变量法的思想思考实验探究过程，并利用转换法的思想具体表述操作目的，培养学生用物理思想设计实验解决问题的能力。

5. 试题情境以图辅助文字说明，图文并茂，情景交融，将“我们祖先在弓的基础上制作的弩”的实物结构图，以及实践小组的同学们模拟弩制作的发射器的解析图片呈现出来，方便学生理解题意，便于学生处理和解决问题。

温馨提示：

1. 命制实验探究类试题，要注意情境素材真实自然，选取合适的情境作为命题素材，尤其是“活动建议”中的素材。在素材的选择上尽量生动活泼，贴近学生生活实际。

2. 实验探究类试题可通过情境设置的开放性为学生提供多种形式的自主实践机会，发展学生的思维能力、动手实践能力和创新能力。加大开放探究就是为学生提供自由的思维空间，鼓励学生的创造性，激发学生的创新意识和探究意识。山西省中考物理试题在加大开放探究性方面作出了探索与努力，2022 年分值达 15 分，占比 18.75%，2023 年分值达 16 分，占比 20%。不同维度的开放有效促进了学生开阔思路、启发创造性思维，体现了对学生的关爱和理解，体现了试题的温度。

3. 探究性试题的情境创设要有高远的立意，试题情境要基于物理学科自身的学科特色，揭示物理本质，理解概念、形成结论，用这样的方式考查学生能否应用所学知识去思考、探索、完成情境中的任务，通过完成这些任务的情况检验学生在解决问题过程中表现出的素养水平，使评价指向学生正确的价值观、必备品格和关键能力。

（二）简答题

简答题是中考主观性试题的重要考查形式，要求考生根据考题材料建构意义，考查学生能否在考题和已获得的知识之间建立联系，并在此过程中将新发现的知识整合到已有知识图示和认知框架中。简答题通常形式活泼、角度巧妙，将数字化、信息化和全球化环境下对沟通交流和团队合作能力的重视渗透其中。该类试题命制时情境设置要具体，任务指向要有意义，思维的结果要有价值。

简答类试题命制时需注意：

1. 信息提取。考查“理解和应用”信息，在新的情境中识别信息，用一定的方式准确表达信息。

2. 分析概括。发现一个事物、事件或思想与另一个事物、事件或思想要素和模型之间的一一对应关系，并对某一事件、事物进行因果分析。

3. 交流共享。用物理语言去表达、交流与共享，有效区分学生的思维层次，思维结构越复杂，越需要逻辑思维能力，所表达的内容越全面，越能有效反映学生的科学思维。

典型例题 3　（2023・山西）

39. 如图是某地消防部门公布的 2022 年各场所火灾数据统计图，其中住宅火灾占比达 43%，不正确的家庭用电是形成住宅火灾的主要原因。在“安全用电”主题班会上，小梦和小兰针对家庭电路火灾原因发表了不同见解。请你任选一个同学的观点，用所学物理知识解释家庭电路引起电线火灾的原因。

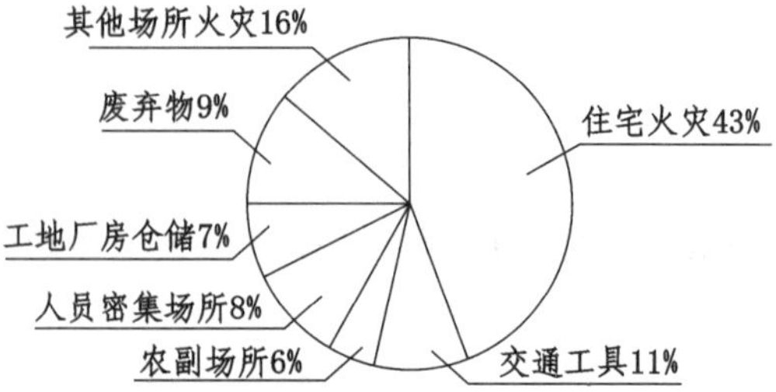

2022 年各场所火灾数据统计图

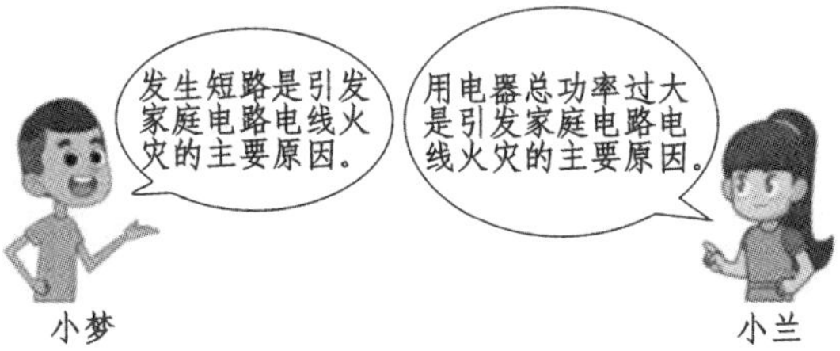

情境解读：

1. 试题选取“某地消防部门公布的 2022 年各场所火灾数据统计图”作为情境素材，引出关于安全用电的讨论，落脚到家庭电路中形成电线火灾的原因分析，引导学生关爱生命，关注生命安全。

2. 创设真实的“主题班会”情境，围绕小梦和小兰针对家庭电路火灾的原因发表的不同见解进行分析，考查学生物理学的基础知识与基本技能，以及将其运用于实践的能力。问题情境设置是教材内容的变形，也是生活情境的再现。

3. 试题选取学生熟悉且指向明确的“住宅火灾”，情境选材贴近学生生活，符合学生认知特点，符合课程标准“从生活走向物理，从物理走向社会”的课程理念，体现情境创设的适切性。让答题者“任选一个观点”对其进行解释，为层次不同的学生提供了思维的自由度和选择性，体现了试题对学生的尊重。

4. 试题用饼状图提供某地消防部门公布的 2022 年各场所火灾数据统计情况，用图文对话的形式给出不同的观点，有图表分析又有情境对话，形式多样，情境设置合理。

5. 目标、情境一体化设置，试题情境的图表关联到主题班会，主题班会上的讨论关联到线路火灾的物理问题，情境与任务之间有必然的关联。

典型例题 4　（2022・山西）

40. 生活中导线与插座连接时，有人会将直导线的裸露端直接插入接线孔，但更好的接法是先将导线裸露端折成“U型”再插入，如图所示。这种“U 型”接法可以增大连接处的接触面积，会更安全。请你用学过的物理知识解释其中的道理。

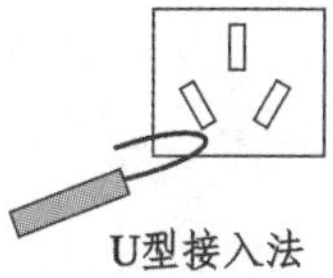

U型接入法

情境解读：

该试题考查的内容出自课程标准中“用焦耳定律说明生产、生活中的一些现象”。试题以“生活中导线与插座的连接方法”这一生活实践为命题素材，综合考查学生用所学的物理知识解释“U 型”接入法更安全的道理，引导学生关注生活问题，培养安全用电的意识和解决问题的能力。

该试题内容呈现简洁、灵活，情境真实、适切，符合课程标准的要求和“从生活走向物理，从物理走向社会”的课程基本理念。生活中经常需要将导线与插座连接，采用“U 型”插入法可以增大连接处的接触面积，减小接触处的电阻，减少发热，不仅安全，还可以延长插座的使用寿命。任务要求既考查了学生对焦耳定律的理解，又考查了对控制变量思想的应用。

温馨提示：

命制物理简答题应注意以下几方面的问题：

1. 设问的情境指向性要明确，有利于复现相关事实性知识。

2. 此类试题的情境必须是新材料，是生活中存在但教学过程中没用过的材料，以确保学生无法靠死记硬背来答题。

3. 试题通过创设交流情境，考查学生勇于表达、善于沟通、乐于分享的意识和能力。

（三）科普阅读题

阅读是人类最基础的认知活动，通过对阅读材料的认知、理解、判断、评价、吸收和应用等一系列过程，形成主动学习、主动思考的自主成长。根据阅读的动机不同，或依据读物的性质不同，阅读者可根据不同的阅读目的对阅读的方式、速度等进行调节。现代社会离不开阅读，阅读能力被视为学生的必备品格和终身学习的基本能力。山西省中考命题落实素质教育的六个维度之一就是“注重阅读能力”。

科普阅读类试题的特点：

1. 时代性。山西省中考物理阅读试题的情境主要来源于社会生活、科学技术、社会热点、科幻阅读、学科知识等，引导学生追踪科技前沿知识，通过阅读提升能力，使核心素养落地，使立德树人的根本要求得以实现。

2. 科学性。阅读素材的选择要体现科学性，保证材料的选择准确无误。

3. 综合性。以科普阅读为载体考查学生阅读能力，不仅重视科普阅读开阔视野的功能，更重要的是通过阅读科普文章，让学生经历提取信息、分析处理信息得出结论，再运用结论解决问题的过程，考查学生自主学习能力。

科普阅读类试题情境创设的基本要求：

1. 要突出导向性，选取有育人价值的生产生活问题、社会热点问题等素材，创设真实的育人情境，强化理想信念、爱国情怀，树立正确的政治导向和学科核心价值。

2. 要有适切性，选取的阅读材料与课程标准中要求的考查目标一致；与学生的学习水平和认知经验相适应，与学生的思维水平相契合，激发学生浓厚的学习兴趣，把物理知识还原到真实的生产生活中，应用到社会发展和实践中，增强学生的自主学习能力。

3. 要有关联性，聚焦于一个主题之下，所选用的背景材料之间具有必然的关联。

典型例题 5　（2022・山西）

39. 阅读短文，回答问题。

一起向未来

2022 年 4 月 16 日，圆梦天宫，英雄凯旋，在太空“出差”183 天的中国航天员三人组平安返回地球。随着我国航天事业的不断发展，让普通人进入太空旅行的计划正在逐步实施。未来，会有更多的人实现上九天揽月的飞天梦。

太空中没有空气，人若暴露在太空中无法获得氧气，这种状态下 10 s 就会失去意识；太空中没有作用于身体的大气压，体液就会快速沸腾，从而使身体组织膨胀，体温降低而冻结；太空中处于真空状态，阳光直射下温度可高达 120 ℃，而在阴影处温度则会骤降至-150 ℃；太空中还有速度极快的微小陨石，人体一旦碰到将造成极大伤害。

为实现太空旅行，人们不断研发各类宇航服，每一批新型宇航服的诞生都是人类技术的又一次巨大飞跃。可以想象，未来的宇航服将是个人太空旅行的宇宙飞船。

（1）太空中没有作用于人体的大气压，体液就会快速________，其原因是________________________________。

（2）沙克尔顿环形山位于月球南极，在山的边缘阴影区永无日照，保持着太阳系最低温的记录，请你推测这个最低温可能是________℃。

（3）假如，你穿着自己设计制作的宇航服，在星空中遨游、月球上漫步。你的宇航服应具备哪些功能？

情境解读：

本题的命题依据来源于课程标准中的“物质”部分：了解人类探索太阳系及宇宙的大致历程，知道人类对宇宙的探索将不断深入，关注人类探索宇宙的一些重大活动；了解物质世界的大致尺度。

本题以航天事业的发展为背景，选取“太空中没有空气，人若暴露在太空中无法获得氧气，10 s 就会失去意识”的真实情境，引导学生了解我国在载人航天技术领域的新成就，体会航天技术发展的不易，感受我国航天人热爱祖国、为国争光的坚定信念和勇于攀登、敢于超越的进取精神。

任务情境真实，在确定命题立意和其所依托的主干知识之后，明确任务指向并以此任务为驱动，精选科普阅读材料，提炼素材的核心信息，寻找科普阅读与任务指向之间的关联点，最终确定素材为展现我国航天事业新成就的科普短文《一起向未来》。

物理试题离不开真实情境，但又不能止步于现实情境。该题最后设问让学生结合阅读，在了解太空生存环境的基础上，将自己置身于太空遨游的浪漫想象之中，合理想象制作自己未来的宇航服。这样的试题不仅考查了学生的想象力，更能激发学生科学创造的兴趣。科学需要理性，更需要想象。中考物理试题植入想象力的考查，引导教学关注保护和培养学生的想象力，为国家培养更多更好的创新型人才。

温馨提示：

命制物理科普阅读题，应特别注意以下几点：

1. 选取阅读素材时眼界要开阔，阅读素材要来源广泛，不拘一格，可以来自科学期刊，也可以来自电视、网络等。

2. 试题的情境包括日常生活情境、生产生活情境、科技热点情境以及古代科技发明等类型。

3. 试题要有高远的立意，借助情境传递出正确价值观的引领，引导学生崇尚科学、热爱科学，增强社会责任感，成长为合格的社会主义建设者和接班人。

4. 选取真实的情境素材，保证来源可靠，且具有科学性，呈现新科技发展前景，考查学生学科能力和素养的同时，引导学生关注高科技发展，回应时代重大主题。

（四）综合应用题

物理综合应用试题立足核心素养，突出科学思维的考查，强化育人功能，在促进学生全面发展和改进学习方式等方面发挥着积极作用。其特点主要体现在：

1. 注重考查学生掌握学科知识体系的完整性，关注不同知识之间的联系，引导学生整合所学知识，培养学生的实践思维、创新思维等。

2. 通常具备开放性特点，而且随着命题理念的更新和命题技术的发展，综合性试题的类型也越来越丰富，开放性也越来越强。

3. 考查学生运用物理知识和方法解决实际问题的能力。力学综合主要考查速度、压强、功、功率等物理概念的理解和应用；电热综合主要考查比热容、电流、电压、电阻、电能、电功率和热效率等知识。

典型例题 6　（2023・山西）

41. 如图是小伟同学在单杠上做引体向上时的情景。每次引体向上身体上升的高度为 0.6 m，求解下列问题。（小伟的质量为 50 kg，g 取 10 N/kg）

（1）引体向上前小伟先进行了热身训练，他绕操场跑了 600 m，用时 5 min，他热身运动的平均速度；

（2）小伟完成 1 次引体向上克服重力做的功；

（3）小伟做完引体向上运动后，双脚稳稳地站在水平地面上，请你估算他此时对地面的压强。

情境解读：

虽然综合应用计算类试题考查的知识点已经基本明确，但山西省中考物理综合应用试题用“不确定性结构”营造新情境，创设新题型，设计新问题，使试题呈现“常考常新”的特点。

1. 将考查的相应知识与情境材料相互融合，突出了对学生自主学习的考查。这样的试题拓展了学生的思维空间，关注学生的终身发展，引导学生养成热爱生活、关注体育运动的良好习惯。

2. 试题以日常生活中常见的运动锻炼场景为背景，以“小伟同学在单杠上做引体向上”为真实任务情境，将要考查的物理主干知识融入真实的体育课中，情境真实，任务明确。

3. 试题设置活动情境，设计符合学生认知水平的三个问题。从学生参与和体验的角度出发，考查实践能力以及思维能力。不仅要求学生能够应用物理规律、公式解答问题，还要求能够从情境材料中提取有效信息，合理估测人的双脚鞋底与水平地面的接触面积，然后进行计算，且试题答案不唯一，体现了对不同身高的学生的关注，体现了对事实的尊重和对学生的理解。

4. 试题采用文字表述与图片呈现相结合的方式，更为形象直观地展现运动的过程，且图表的呈现清晰地说明了运动前后的连续过程，有助于学生更好地理解每次引体向上上升的高度为 0.6 m 的概念。

温馨提示：

命制综合应用时要注意：

1. 试题情境与社会热点结合起来，体现物理试题的时代性和实用性。计算中还应考查物理科学思维中的模型建构，考查对物理概念和规律的理解，要求学生经历信息处理过程，有对信息的有效性、客观性作出判断的意识，能够构建适合的物理模型，利用公式进行科学推理，并能规范写出分析、推测、解决问题的依据及主要步骤，侧重科学思维考查。同时重视对图表类问题的考查。

2. 试题应以多元化的情境为背景。要将学科知识置于生产实践领域，考查学生的深度思维。问题可以是单个的，更多时候是多个的、连续的，随着情境的发展依次出现。综合应用性试题一般是多元化的，鼓励学生展示自己的思考结果，表达自己的真知灼见。试题应让学生感受学科知识与生产实际的关系，学生在解决实际问题的过程中发展综合应用能力，涵养理性思维、质疑创新的品质。

3. 试题情境选择要有真实性。命制综合应用性试题时，应当根据考查的需要，注重选择生产生活中的真实情境，或者学习进程中的真实场景，参照学生的实际认知水平进行合理调整，从而有效考查学生综合运用知识的能力和水平。

第五节　化学：展示化学与生产生活及社会进步的密切相关

一、课程标准要求

情境创设是初中化学情境教学和问题考查的必要载体。中考试题创设生动有趣、直观形象又具有真实性的情境，对激发学生思维和唤醒学生相关记忆有着不可忽视的作用，对学生从不同情境中获取化学知识和发展思维，运用化学知识解决实际问题、培养和建构新的知识体系，以及对检验和考查学生应对不同的问题、提升多元视角下对事物的推理和判断有着重要的作用。

《义务教育化学课程标准（2022 年版）》指出：核心素养是科学育人价值的集中体现，是学生通过课程学习而逐步形成的适应个人终身发展和社会发展所需要的正确价值观、必备品格和关键能力。化学课程要培养的核心素养，主要包括化学观念、科学思维、科学探究与实践、科学态度与责任，是中国学生发展核心素养在化学课程中的具体化，反映了义务教育化学课程的教育价值与育人功能，体现了化学学科育人的基本要求，全面展现了化学课程学习对学生发展的重要价值。义务教育化学课程作为一门自然科学课程，具有基础性、实践性和探究性等特点，是材料科学、生命科学、环境科学、能源科学、信息科学和航空航天工程等现代科学技术的重要基础，是推动人类社会可持续发展的重要力量，在应对能源危机、环境污染、突发公共卫生事件等人类面临的重大挑战中发挥着不可替代的作用。对落实立德树人根本任务、促进学生德智体美劳全面发展具有重要价值，为学生的终身发展奠定了牢固的基础。

二、情境素材来源

真实情境的创设对学生的学习具有积极意义。中考化学试题的情境选取围绕化学与资源、能源、环境、健康、工程、技术、跨学科等不同领域多个角度进行筛选，并根据全卷规划，分布在各个学习主题下。

近年来，山西中考化学试题情境素材主要来源于实验素材、生活素材、生产素材、社会素材、科技素材和化学史料素材等六个方面。

素材类型	素材来源
实验素材	基本实验、探究试题、课外小实验、观察与思考、交流与讨论、活动与探究、拓展视野、练习与实践、练习与应用
生活素材	衣、食、住、行
生产素材	编织、冶炼、制瓷、开采、发明等
社会素材	资源、能源、环境、治理等
科技素材	国之重器、工程建设、高新科技等
化学史料	科学贡献、国家遗存、时代变迁、时代特色等

三、经典例题解读

下面遴选经典例题，对项目化学习试题、化学与技术题、实验设计题等三类题型的情境创设进行解读。

（一）项目化学习试题

化学学科的项目化试题具有 5 个特征：一是指向个人价值和社会价值的结合；二是指向核心知识的再建构和思维的迁移；三是指向真实而有挑战性的问题，用高阶学习驱动低阶学习；四是有持续探究和实践过程；五是有指向驱动性问题解决的公开成果。

立足素养视角下的项目化学习，基于课程标准，指向大概念或学科最核心、最本质的问题，更多采用跨学科的方式，通过学科间不可分割的联系和对问题的持续性探究达到对问题的解决。项目化学习在促进学生学业成绩、相关学科领域的能力和学习主动性、社会交往技能上都产生了不同程度的效果，研究表明，项目化学习对不同程度的学生学业水平的提升也有明显的促进作用。

典型例题 1　（2022 · 山西）

30. 胜利中学与某沿海学校建立了“手拉手，结对子”的联盟校。今年，由于受到疫情影响，两所学校的同学无法实地交流，于是借助数字化平台进行了“云端”活动，他们对海洋中海水利用概况、海水处理技术、车间废水成分以及海洋发展前景等展开了项目化学习的探究。

任务一：调查海水利用概况

【查阅资料】我国海水利用主要有海水直接利用、海水淡化、海水化学资源利用等。

【分析交流】两所学校的同学们共同获悉，海水里的化学资源有________（写 1 种）。

任务二：咨询海水处理技术

【咨询专家】同学们通过数字化平台，向海洋专家进行了咨询，专家介绍，海水淡化使用了反渗透膜淡化技术，其工作原理如图所示。

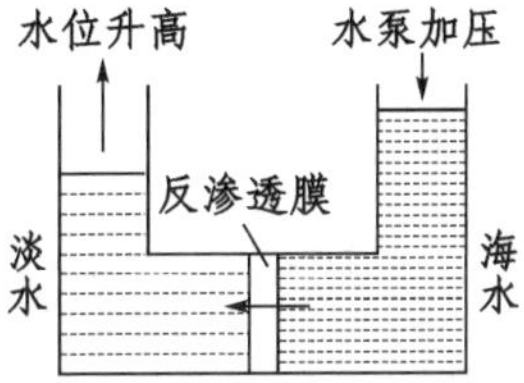

【小组讨论】同学们对以下两个问题，进行了网上交流并达成共识。

（1）海水通过反渗透膜，发生改变的是________。

（2）淡化后的海水可用于________（写 1 种）。

任务三：探究海水提取车间废水成分

沿海学校的同学获得一瓶海水提取车间的废水，在“云端”共同完成了如下探究。

【教师指导】①提取车间未经处理的废水含有酸性物质。② $BaSO_4$ 为难溶于水的白色沉淀。

【猜想假设】该强腐蚀性废水中可能含有硫酸和盐酸。

【进行实验】设计实验方案，探究废水成分。

<table>
<tr><th>项目</th><th>实验步骤</th><th>实验现象</th><th>实验结论</th></tr>
<tr><td rowspan="3">方案</td><td>①取少量废水于试管中，滴入几滴紫色石蕊溶液。</td><td>______</td><td rowspan="3">废水中含有硫酸和盐酸</td></tr>
<tr><td>②另取少量废水于试管中，滴加过量 $Ba(NO_3)_2$ 溶液，静置。</td><td>产生白色沉淀</td></tr>
<tr><td>③取步骤②的上层清液于试管中，滴加几滴________。</td><td>产生白色沉淀</td></tr>
</table>

【反思评价】

（1）废水中不含 CO_3^{2-} 的原因是________________。

（2）步骤③中发生反应的化学方程式为________________。

任务四：展望海水发展前景

【小组交流】同学们了解到随着海水农业技术的创新和推广，富含碘、硒等微量元素的海水食物将为人类健康提供必要的保障，他们一致认为，经常食用可预防的疾病是________（写 1 种）。

【成果分享】通过“云端”合作，同学们知道了海洋作为人类重要的资源宝库，不仅可以提供丰富的自然资源，还可以通过科技手段推动再生资源的开发和利用。

情境解读：

本题是一道以海洋问题为驱动的项目化学习试题，具有素养视角下的项目化学习的特征，如通过“海洋资源的认识、保护和开发利用，体现个人价值和社会价值的有机结合”。通过“海水成分判断、淡化技术应用、淡水资源用涂、实验探究的物质选择、原理分析及高新农业为人类提供健康保障”等一系列问题，将核心知识进行了建构，将思维进行了迁移；通过“反思评价”，将高阶思维牵拉低阶思维的学习行为渗透在试题中；通过“展望海水发展前景”，给予学生持续探究和实践的设想，突出学科特点，拓展学生对海洋现在、未来的新认知。在关注“海洋资源造福人类”这一大观念下，通过“资料查阅”“教师指导”等 10 大环节，考查学生理解、运用、分析、评价的能力。

本题通过云端交流学习创设项目化学习的情境，立足探究过程的问题设计，关注情境与问题的内在联系，任务具体，角度多元，引导学生在长情境中获取信息、合作共享、实验探究和解决问题。试题从内容结构看，任务一中的【分析交流】环节，联系了人教版爱护水资源中的相关内容，侧重考查学生对海水资源概况的初步了解，落实了课程标准“了解海洋中蕴含着丰富的资源”。任务二的【小组讨论】，考查在答案开放的情况下，学生根据个性化认识解答问题的能力。任务三的【进行实验】，考查了学生对酸碱指示剂的应用，以及沪教版下册关于氯化银沉淀生成的基本应用，落实了课程标准中“实验探究酸碱的主要性质”和“知道利用化学变化可以获得新物质，以适应生活和生产需要”的基本要求。【反思评价】环节重点考查学生从微观角度分析物质成分的判断解释能力，在氢离子存在的实例特征中，通过推理查找碳酸根离子不存在的根本原因。任务四的【小组交流】环节使学生进一步认识到，海洋作为人类重要的资源宝库，不仅可以为人类提供丰富的自然资源，还可以通过新技术、新工艺，推动再生资源的开发和利用，倡议大家要爱护水资源，保护水资源，防治水体污染。

典型例题 2　（2023 · 山西）

【科学探究】

30. 随着我国“资源节约型”与“环境友好型”社会的建设，城市垃圾的处理成为一项重要工程。某校实践小组的同学们在老师的组织下，带着极大的兴趣对垃圾的分类、处理、焚烧产物及宣传活动等展开了项目化学习。

任务一：调查垃圾分类的价值

【咨询交流】同学们参观了一个垃圾分类处理厂，获悉城市生活垃圾可分为 ________、有害垃圾、厨余垃圾和其他垃圾。垃圾的综合化分类具体可得到金属、塑料和 ________________ 等可再利用的资源。

任务二：学习垃圾分类处理的方法

【参观学习】小组同学在技术人员的指导下，了解到垃圾回收处理的过程如下：

分类收集 → 运输 → 垃圾处理厂筛分 → 分类处理 → 最终处置

【小组交流】垃圾筛分时，可根据 ________ 区分铜和铝。

任务三：探究垃圾焚烧产生的气体成分

【提出问题】垃圾焚烧产生的气体中是否含有 SO_2、CO、CO_2？

【查阅资料】①SO_2 能使红色的品红溶液褪色，常用于检验 SO_2；②紫红色酸性高锰酸钾溶液可与 SO_2 反应而褪色，常用于除去 SO_2；③SO_2 也能使澄清石灰水变浑浊。

【进行实验】设计实验方案，探究垃圾焚烧产生的气体成分。

实验步骤	实验现象	实验结论
①将除尘后的气体通入盛有少量品红溶液的试管中	红色褪去	________
②将除尘后的气体先通过图1装置后，再通入盛有澄清石灰水的试管中	澄清石灰水变浑浊	含有 CO_2

图 1

【反思评价】(1) 步骤②中，气体从 ______ 端通入图1装置。

(2) 步骤②中，澄清石灰水变浑浊的化学方程式为________________。

(3) 小组同学通过一定手段，测得焚烧垃圾产生的气体中 CO 体积分数变化如下图，$t_1 \sim t_2$ 时间段内 CO 体积分数出现异常的原因是 ________________________________。

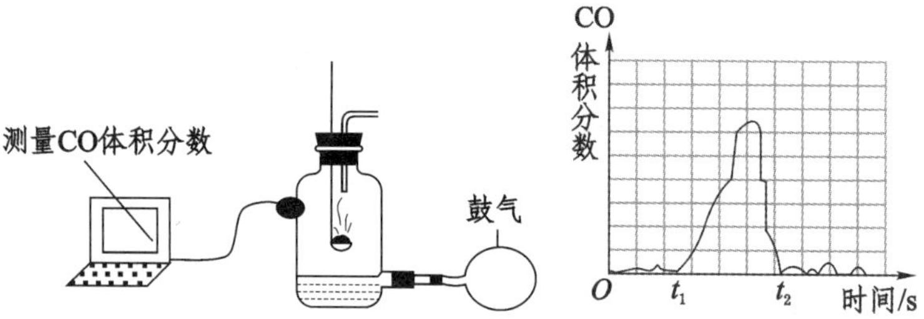

图 2

任务四：设计垃圾分类回收的宣传活动

活动主题	实现垃圾分类　共建美丽家园	活动对象	小区居民
时间地点	5月6日上午、文明小区	活动形式	演讲
活动流程	①用讲解的方式普及垃圾分类的重要性和分类知识 ②引导小区居民认识垃圾桶上的分类标识 ③活动总结，撰写实践报告		

成果分享：同学们通过各种方式，学到了垃圾减量化、无害化、资源化的分类管理知识。在项目化学习的成果报告中，同学们提出了许多合理化的建议。为了强化垃圾分类处理意识，让更多的人了解并执行分类措施，你还能提出的一条有价值的建议是________________________。

情境解读：

1. 设置项目式学习任务，挖掘学科独特育人价值，培养学生实践能力。本题是一道以垃圾资源化问题为驱动的项目化学习试题，具有素养视角下项目化学习的特征，以大观念“垃圾资源化”为统领，落实了课程标准关于“了解我国资源短缺的国情，认识资源综合利用和新能源开发的重要意义”“认识废气金属对环境的污染，知道回收金属的重要性”“认识常见碱的主要性质和用途”“调查家庭金属垃圾的种类，分析回收的价值和可能性”及“观察某些燃料燃烧和不完全燃烧的现象”等相关内容。通过“调查垃圾分类的价值”“参观学习垃圾分类的处理方法”“探究垃圾焚烧产生气体的成分”“设计垃圾分类回收宣传活动”和“成果分享”五大学习任务，将八个核心问题进行再建构，思维进行再迁移，形成对“环境友好型”社会建设的全面了解，建立化学观念。

2. 立足学科素养，关注交流共享。本题立足探究过程的问题设计，关注情境与问题的内在关系，任务具体，角度多元，结果开放。通过对城市垃圾资源化的交流学习，创设项目化学习的问题情境，考查学生对城市垃圾回收意义的认识，强化垃圾资源化的社会价值。从试题结构看，任务一中的【咨询交流】关注了新课标和两个版本教材的呈现方式，侧重考查垃圾的基本分类及回收。任务二中的【小组交流】考查从物理性质的角度区分金属类型的方法。任务三中【进行实验】和【反思评价】，结合查阅资料的相关内容，分别考查了科学探究的实践过程和分析解决问题的高阶思维能力。任务四的活动方式体现了项目化学习跨学科、跨领域的特点，凸显了项目化学习对学生组织能力、协调能力、合作学习、表达交流能力等优秀品质的考查。试题最后的【成果分享】环节将垃圾的减量化、无害化、资源化分类管理提升到了社会化层级，倡导学生从我做起，增强垃圾分类处理意识，努力做一名垃圾资源开发和利用的践行者和实践者。

温馨提示：

项目化试题的情境创设要注意以下几点：

1. 此类情境素材通常为社会领域和科技领域的内容，与教学实际距离较远，应注意衔接。

2. 此类情境任务都是大观念统领下的大任务问题设置，涵盖内容广泛，技术性强，跨学科、跨领域，需要较多的资料支撑。

3. 创设这类情境时，必须具有较为完备系统的宏观设计方案和具体的实施策略，才能从不同层级、不同维度、不同的创新点上找准考查目标并落实考查要素。

4. 由于情境创设要蕴含问题链，因此首先要统筹问题的呈现形式、问题数量、问题类别，其次要考虑如何匹配图形、图表和完成任务的技术手段。

5. 因为每个任务下问题的立足点不同，情境创设需要兼顾整份试卷与其他内容是否重叠。

6. 项目化试题为提升学习品质和育人价值，要从发展的角度设置目标任务。

（二）化学与技术题

我国的传统文化是劳动人民在长期的生产生活实践中总结出来的宝贵的精神财富，是劳动人民智慧的结晶，其中蕴含着丰富的科学方法和化学知识，此类试题与学生的考查目标紧密结合，有助于引导学生用发展的眼光看待我国在化学知识起源和应用方面的重大贡献，通过渗透劳动教育，培养学生的劳动智慧和科技创新精神，树立劳动创造美的思想感情，让学生在传统工艺的生产和制造中体味作为劳动者的奉献之美。同时，引导学生逐步树立文化自信，弘扬中华优秀传统文化，传承我国几千年来积累下来的手工技术。以此作为真实情境设置问题，有利于育人目标的实现。

典型例题 3　（2022·山西）

25. 新型发光陶瓷是将高科技蓄光材料融入传统陶瓷釉料中，经高温烧制而成。它吸蓄光能后，可在阴暗环境中自行发光，以下是其部分生产流程。

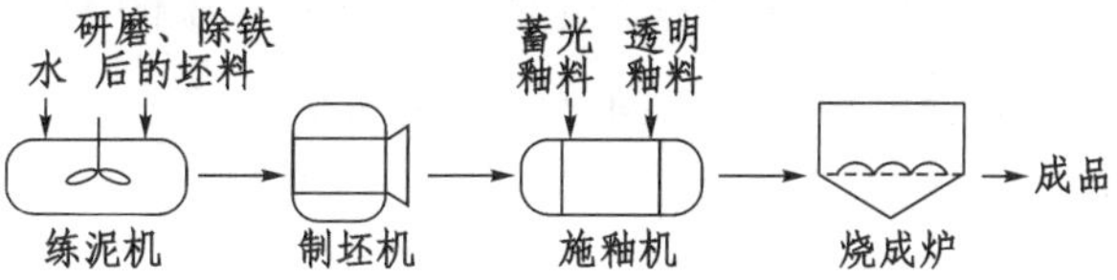

分析流程，回答问题：

（1）上述设备中，有化学变化发生的是________。

（2）练泥机将水和坯料充分调和，其作用相当于实验操作中的________。

（3）施釉机先将蓄光釉料印刷在坯体上，再涂抹一层透明釉料的作用是________。

（4）生产蓄光材料需要在稀有气体环境中进行，利用稀有气体的性质是________。

（5）若坯料中铁粉未被除去，则烧制的陶瓷会出现黑点，其原因是________________________________（用化学方程式表示）。

情境解读：

山西中考化学试题的素材选取以真实境况下的实际现象与实际问题为主，考虑学生的生活经历、学习经历、知识范畴和理解水平，考虑他们的认知视野、应变能力和参与实践活动的范围。任务情境来自工程、技术、资源、能源、环境、健康、民生、媒体等多个领域，保证选取的素材能够真实反映社会现象和实际问题。

此题素材的来源真实可靠，能较好地体现积极正面的价值导向，体现化学学科在社会建设中的巨大贡献。本题通过简约化的工艺流程图，把真实、复杂的生产过程有效地呈现出来，使不具备该实践知识和经验的学生能够认识并理解问题创设的内涵，有利于学生借助直观的题干信息捕捉到解决问题的思路和方法。

试题通过制作工艺过程，把考查的落点落实到课程标准中关于物质的变化、实验操作、物质用途、物质性质及反应原理等各方面的内容，巧妙地将学生已有的化学知识融入生产实际中，让学生了解新型产业的社会价值，检验学生综合应用知识解决问题的能力，落实了课程标准中规定的关于“认识新型材料的开发与社会发展的密切关系”“利用化学变化可以获得新物质以适应生活和生产的需要”“实验：金属的物理性质和化学性质”“认识化学与社会发展的密切关系”“在做科学的探究实践中培养学生的创新精神和实践能力”等学业要求，充分体现情境与问题的有机联系。

典型例题 4　(2023 · 山西)

【化学与技术】

25. 制作豆腐过程中用到了盐卤。盐卤是我国数千年来豆腐制作的传统凝固剂，有较好的溶解性和凝固性，主要成分为氯化钠（含量 2%～6%）和氯化钾（含量 2%～4%）等。豆腐的制作流程如下，请结合图文信息，分析思考，解决问题：

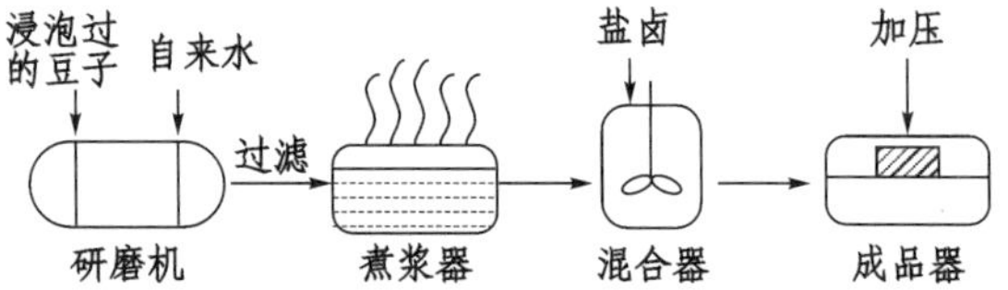

（1）研磨机将豆子研碎、研细的目的是____。

（2）煮浆器内在煮沸过程中，可将有毒豆浆转化为无毒豆浆，发生的主要变化是______________________。

（3）为加快凝固速度，当把盐卤慢慢加入混合器时，需进行的操作是________________。

（4）向盐卤中滴加 $AgNO_3$ 溶液，发生反应的化学方程式为______________________。（写 1 个）。

（5）“花开富贵”是一道吃出咸辣味、品出世间美的豆腐制品，它有强筋骨、防贫血等功效，由此推知，这种食物含有的微量元素是____________。

情境解读：

1. 渗透劳动教育，凸显情境的导向性。本题情境源自《中国古代制造技术》，采用图文结合的形式，把我国传承下来的古代豆腐手工制作流程用简图的形成表示出来，通过对研磨机将豆子研碎、研细这一过程的考查，突破以往化学反应中“固体粉碎的目的就是增大反应物接触面积，使反应更加充分或反应速度加快”这一思维定式。探究制作过程中对有害物质的处理，渗透劳动教育，引导学生建立健康理念。而对盐卤的使用和检验，考查了基本实验操作和物质的性质，实现了科学素养与真实任务情境的有机结合。

2. 考查核心知识和能力，体现情境的适切性。本题考查目标围绕我国数千年来制作豆腐的盐卤成分、用途和性质展开，联系生活实际，压缩了原文的相关叙述，采用简略而有指向性的文字创编了 5 个考查要素作为试题考点。依托豆腐制作的原料利用、豆浆的无毒转化、盐卤的凝固作用、“花开富贵”的创意制作等，优化试题情境，问题角度多元，既考查了学生对化学生活化的认知，也考查了化学与技术的关系，落实了课程标准关于“化学实验的基本技能”“化学变化的基本特征”和“收集有关人体必需的微量元素的资料”的基本要求，传承了中国的传统技术，体现了化学的实用性和应用性，情境创设具有适切性。

温馨提示：

此类试题进行情境创设时要注意以下几点：

1. 此类试题与工业、农业、生产、生活有一定联系，但因为工艺过程复杂，生产流程较多，大多需要 5 个以上的生产装置才能表达清楚，很难通过图示形式简化生产流程，容易出现不符合课标要求的现象。

2. 情境包含问题时，容易出现与化学无关的试题设问和问题结论，需要时刻注意设问方式的转化，设法给考点一个转角，让它自然地走入与化学有关的问题情境中。

3. 最后一问通常区分度较大、开放度较大，需要有大量的学术资料作支撑。所以平时就要下意识地多关注这方面的书籍阅读和工程资料积累。

（三）实验设计题

实验设计题侧重考查基本实验操作、常见物质的制备和验证以及物质的鉴别、除杂等，一般呈现方式以实验装置、仪器图示或实验操作的图示为主，以达到考查学生观察能力和基本实验能力以及思维水平的目的。

1. 化学实验类试题重在考查实验的基本规范、基本操作和基本原理，强调化学实验思维，多联系生产生活实际。情境富有时代气息，渗透人文素养，体现爱国情怀，凸显学以致用。

2. 情境基于课程标准，考查实验技能。化学实验包含的考查内容以课程标准的描述或教材中呈现的内容为主，情境创设大多源自化学教科书、学生基础实验活动的“原型”或改编，也可以为工业生产（原理）的简化形式。情境的呈现形式大多数是实验装置图，也有些以文字描述为主。

3. 强调与化学原理知识的融合，解决与实验有关的实际问题。化学实验考查的主要载体是元素化合物知识，初中所学习的化合物知识有限，主要集中在氧、氢、碳元素和常见金属、酸、碱、盐等。化学实验基本要求的考查离不开元素化合物知识，试题将实验操作、物质制备、性质验证与物质检验分离等与元素化合物知识融合，以解决实际问题作为试题设问的主线。

4. 突出学习理解能力的考查，关注情境的真实性。考虑到初中化学属于化学启蒙阶段，化学实验基本要求部分的考查要求多以低阶学习水平为主，所以试题主要考查学生“辨识记忆、概括关联、说明论证”等学习理解能力。命题要体现将已学的化学实验知识应用到新的情境中，解决生产、生活中的实际问题。

典型例题 5　（2022・山西）

【基本实验】

29. 我国西汉时期就有用胆矾湿法炼铜的记载。现阶段，这种方法在生产有色金属方面的作用越来越大。为了验证铁和硫酸铜溶液的反应，认识其反应原因，同学们设计了如下实验方案，请根据下列提示，补全实验内容：

【实验方案】

（1）实验方法：将洁净的铁丝伸入盛有硫酸铜溶液的试管中。

（2）实验原理：____________________（用化学方程式表示）。

（3）实验现象：____。

（4）实验结论：____。

【问题与交流】

①该实验成功的关键是什么？（写 1 点）

②简述铁和硫酸铜溶液反应的微观实质。

情境解读：

1. 突出情境创设，考查实验方案。本题创设的试题背景和问题情境源自史料记载，选取了我国2000多年前的化学传统制造工艺——利用铁与硫酸铜反应湿法冶金炼铜。情境创设真实可信，问题设置角度多元，从学生熟悉的教材内容和实验报告的撰写方法切入，打破学生的惯性认知，即对知识的死记硬背和生搬硬套，从能力和素养的视角，考查学生规划实验步骤、描述实验现象、验证实验原理、形成实验结论、进行问题反思与评价的基本实验技能，以及运用所学知识、综合已有的化学元素设计实验方案的关键能力和必备品质。

2. 联系学习实际，体现学科实践。本题联系学生的课堂学习场景，体现以学生为主体的实验教学，根据实验报告的设计思路，完成实验方案的问题解答，形成关于金属冶炼的实验结论，完成实验方案设计，考查学生的理论掌握情况及理论联系实际解决问题的能力，实验方案的设计体现了学科教学和综合实践能力。

温馨提示：

此类试题在情境创设方面经常出现的问题和有关注意事项是：

1. 实验设计题的情境创设一般只能源自基本实验。这样的试题对于平时教学中，教师习惯于讲解实验、演示实验、阅读实验、视频播放实验，而不主动让学生亲自参与实验的现象是一种强力扭转。

2. 传统实验设计试题常常集中考查实验药品的使用、仪器的识别、步骤的填写、装置的选择、气体收集方法的记忆等。素养立意下的此类试题情境创设，应着力于立意、思路、方法、途径等方面，试题做到稳中求新，走出以知识考查为主的设计套路，创设多样化情境创设，如创新设计实验过程等。要特别注意的是实验方案的设计不同，情境的切入角度也是有较大差异的。实验应以开放性、探究性和灵活性为主，尤其在“问题与交流”部分设置的问题应是升华实验内涵、拓展实验外延的内容。

第六节　道德与法治：让道德认知和价值判断在情境中发生

一、课程标准要求

情境是表现核心素养的“舞台”，是核心素养的载体。课程内容只有与具体情境相整合，才能真实体现出它的素养价值。对于被评价者来说，唯有凭借这个“舞台”，运用课程内容应对各种复杂的、不确定的问题和挑战，才能表现自己的正确价值观、必备品格和关键能力。因此，设置具体的情境是评价核心素养水平不可或缺的维度。

在课程实施板块“教学建议”中讲到：“要积极探索议题式、体验式、项目式等多种教学方法，引导参与体验、促进感悟与建构。要采取热点分析、角色扮演、情境体验、模拟活动等方式，引导学生开展自主探究与合作探究，让学生认识社会。”

在讲到学业水平考试“命题原则”中，有两处提到情境问题。第一处：“严格依标命题。要全面落实课程目标、课程内容、学业质量等要求。要理解和把握核心素养与学业质量标准的关系，根据所要考查的正确价值观、必备品格和关键能力，选择测试内容，明确具体任务，并保证试题情境、任务难度、答案制订等准确体现学业质量标准的要求。”第二处：“探索素养导向的命题方式，试题设计要在情境创设、任务设置、评分方式等方面有所突破。试题材料呈现方式要丰富多样。试题任务要体现综合性、开放性、应用型、探究性，使学生可从多个角度分析问题、解决问题，考查学生道德认知、价值判断等方面的表现。试题立意和考查内容应有利于促进教学方式改革，充分体现课程政治性、思想性和实践性的特点。”

在讲到学业水平考试“题目命制”时，又专门讲到：“试题情境创设要考虑情境的真实性、典型性、适切性、复杂性等，考查多层次、多角度分析和解决问题的能力，引导学生学会生活、学会思考、学以致用。情境素材选取要源于真实的社会生活，情境的描述和展开要符合生活常识。情境既要具有一定的复杂性，又要符合学生的认知发展水平。情境类型多样，能多角度、多层次反映道德与法治学习主题的要求。情境呈现方式多样，充分利用文字、数据、图片等表达形式。”

二、情境主要来源

道德与法治课程是义务教育阶段落实立德树人根本任务的关键课程，对处于“拔节孕穗期”的青少年来说，扣好人生第一粒扣子至为重要和关键；对青少年思想政治素质、道德修养、法治素养和人格修养的不断提高具有不可替代的重要作用；能够为培养以实现中华民族伟大复兴为己任的有理想、有本领、有担当的时代新人打下牢固的思想根基。

基于以上原因，本学科情境素材选取与其他学科相比，就更需要讲求政治性、权威性和正面导向性。

近年来，山西中考命题主要从《半月谈》、《时事资料手册》、央视新闻、《山西日报》、人民网等渠道获取情境素材，以保证素材的正确价值观导向及理论解读数据统计的准确和权威。

关于道德与法治试题的情境类型，结合韩震教授主编的《义务教育道德与法治课程标准（2022 年版）解读》中关于道德与法治命题情境的分类，制作了如下表格：

道德与法治课程情境类型及素材具体来源

类型	情境素材来源
个人生活情境	指义务教育阶段学生在成长过程中面临的生理、心理变化与挑战及问题，以及树立正确生命健康观所面临的挑战与问题。 情境素材可以从中青网、中少网等有关权威媒体、中学生期刊、青少年网站、微信公众号等渠道获取。

（续表）

类型	情境素材来源
人与自然情境	指义务教育阶段学生在成长过程中正确处理人与自然界的关系，树立正确生态文明观所面临的问题与挑战。 可以从权威新闻报道中获取有关环境问题、生态文明等情境素材。
人与社会情境	指义务教育阶段学生在成长过程中正确处理与家人、同学、老师的关系，做一个良好的社会公民，树立集体主义观所面临的问题与挑战。 可以从权威媒体、影视剧、中学生期刊、青少年网站等渠道获取相关素材；宪法和民法典等法律条文，权威媒体报道的法治新闻、法治案例等也是重要的素材来源。
人与国家、国际情境	指义务教育阶段学生在成长过程中正确处理个人与国家、国际社会的关系，继承和弘扬社会主义先进文化、革命文化和中华优秀传统文化，正确对待世界文明，树立正确国家观、人类文明观所面临的问题与挑战。 素材来源包括：党史、新中国史、改革开放史、社会主义发展史；党的百年奋斗历程中所取得的重大成就；国际、国内重大时政新闻、数据、图片等；中华文化代表性成果；中国历史上的神话、经典故事、佳言金句、民俗、文物图片等；历史上、新时代我国所取得的重大科技成就；党和国家重要政策文件；英雄模范人物的故事和感人事迹。

三、经典例题解读

下面遴选经典例题，对单项选择题、简答题、实践探究题（项目式学习题）等题型的情境创设进行解读。

（一）单项选择题

选择题是本学科客观题的重要题型，山西中考命题强调真实任务情境的创设，每一道选择题要通过一个个不同的情境，承载相关学科信息。学生需要经过阅读情境、提取关键信息、分析关键信息、作出正确判断，同时突出学生解题的过程是在用学科知识或学科思维对情境中的内容进行思考和分析，因而选择题在一定程度上能反映出对学生的理解能力和思维能力的考查。

典型例题 1　（2023・山西）

近日，初二某班准备模拟县人民代表大会召开的场景，在布置会场时需要张贴有关标语。以下四条标语中最适合用于该会场的是　（　　）

A. 标语 1：平等团结互助和谐

B. 标语 2：自我管理、自我服务、自我教育、自我监督

C. 标语 3：长期共存、互相监督、肝胆相照、荣辱与共

D. 标语 4：坚持党的领导、人民当家作主、依法治国有机统一的根本政治制度安排

情境解读：

1. 情境创设的导向性

中国特色社会主义制度体系由基本经济制度、根本政治制度、基本政治制度以及相应的体制机制构成，这一制度体系是人民当家作主的保证。2022 年版课程标准在学段目标部分的第四学段要求“认识国家基本制度”，具体到课程内容部分，要求了解人民代表大会制度是我国的根本政治制度，了解中国共产党领导的多党合作和政治协商制度，了解民族区域制度对拥护和发展平等团结互助和谐的社会主义民族关系的意义，认识基本民主制度对保障人民知情权、参与权、表达权、监督权的作用。

据此，本题旨在引导学生在真实情境中准确理解和把握国家的各项政治制度，增强制度自信和国家认同。这个考查目标的设计确定了试题对于学生成长的正确价值导向。

2. 情境创设的真实性

社会主义政治制度明确了人民行使国家权力的不同途径和形式。只有抓住几项制度中不同的重要信息，才能真正从不同角度理解和体会其各自优越性，从而增强制度认同。

因此，本题不孤立地就概念考概念，而是以完成会标张贴任务为切入点，创设真实任务情境，抓住四项制度中各自的重要信息，以会标内容的形式设计选项，使学生在对四个选项的分析中认真体会四项制度各自不同的具体价值取向或特点，实现对四项制度的准确把握。模拟人大会议召开，符合新课标倡导的“教学要与社会实践活动相结合，加强课内课外联结，实现隐性课程与显性课程相结合”教学理念，张贴会标又是会议召开时布置会场的一个常见举动，情境真实自然，学生代入感强。

3. 情境创设的适切性

从知识点来看，试题考查目标是准确把握四项政治制度，从情境创设和问题设计来看，是考查知识的迁移与运用，故学生需从四个选项创设的“会

标”中提取信息。情境内容、情境素材的阅读量、考查层级等都与学生现实生活相契合，符合大多数学生已有认知水平和生活经验，比较好地体现了情境创设的适切性原则。

典型例题 2　（2023 · 山西）

全过程人民民主其实离我们并不遥远，反映在社会政治生活的方方面面。某校九年级（1）班正在创办一期相关主题板报，下图是板报组同学准备使用的一张图片。请你帮他们把该图片放到板报的相应位置。

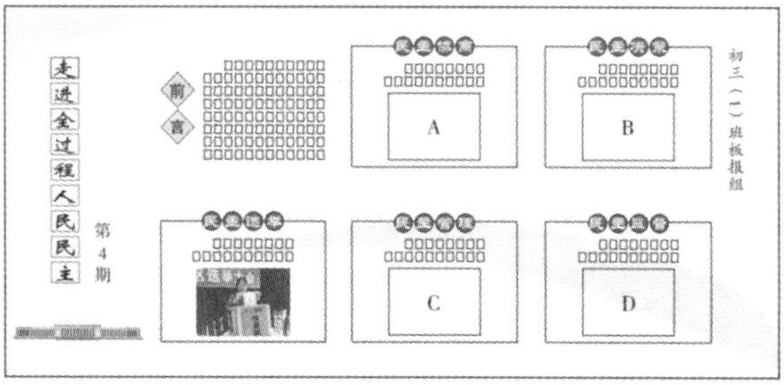

情境解读：

1. 情境创设的导向性

2022 年版课程标准在课程目标中要求：“具有民主意识，依法依规参与公共事务和校园民主实践。”具体到初中学段的课程内容部分，进一步要求：“理解全过程人民民主的制度优势，增进对全过程人民民主的理解。坚定正确的政治方向，坚持道路自信、制度自信。”

依据以上课标要求，通过真实任务情境的创设来帮助学生更好地理解全过程人民民主的不同环节，加深对全过程人民民主的认识，从而增强政治认同、坚定四个自信。这样的考查目标及情境创设立意高远，回应时代重大主题，对于增强学生社会责任感、成长为合格的社会主义事业的建设者和接班人具有很强的现实意义，充分体现了情境创设的正面导向原则。

2. 情境创设的真实性

公民参与民主生活，需要不断推进社会主义民主的制度化、规范化和程序化建设。民主选举、民主协商、民主管理、民主决策、民主监督作为全过程人民民主的不同环节，虽存在一定交叉，但又各有侧重。本题创设了一个真实任务情境——为“全过程人民民主”主题板报配图，将对全过程人民民主不同环节的问题理解任务化，使抽象的学科概念在特定的情境中变得可理解、可触摸。创办板报是学生日常学习生活的一种真实反映，为板报配图这一情境任务真实具体，符合生活逻辑，情境真实而自然。

3. 情境创设的多样性和关联性

试题情境由图片和文字两种形式组成，版面活泼，给考生以良好的阅读体验；更重要的是，本题情境不仅是题干的文字和图片部分，而且包括选项的图片和文字导引部分。题干和选项共同构成一个完整的任务情境，二者水乳交融、不可分割，具有很强的关联性。

4. 情境创设的适切性

选项既是任务要求，又巧妙地以板报内容的方式镶嵌其中，形式活泼、表达简明，任务指向又非常明确。试题难度中等偏易，学生可以利用所学知识在比较短的时间内作出正确的选择，符合其认知水平和经验与能力，较好地体现出适切性原则。

温馨提示：

首先，这类试题命制时最关键的一点就是要保证答案的唯一性，这就需要在情境信息的严密性、充分性上仔细考量、反复斟酌。问题的指向性也必须明确而具体，需要对答题方向给出必要的限制。

其次，一般而言，选择题的情境材料信息要大于选项，这是为了保证考生可以从中获取充分的信息，从而实现答案的唯一。

再次，选择题在中考试卷的各种题型中属于相对比较简单的一种题型。但选择题并不是只能一味的简单。从考查科学性的角度来考虑，选择题当中可以有也应当有较小比例的中等难度的试题。我们可以通过改变考查的角度、调整情境信息等方式调整试题难度。

最后，按照试题规范性要求，选择项应该具有同质性。本题的四个选项就符合同质性的标准，符合试题的规范性。

（二）简答题

简答题一般考查考生在考题与已获得的知识之间建立联系，并在此过程中将新发现的知识整合到已有知识图式和认知框架中。此类试题比较常见的考查目标层级是“理解”和“应用”，即在提供情境信息后，要求考生从中提取出抽象的主题或相关的结论，如“运用所学知识谈谈你的感悟”；或要求考生在对情境信息阅读思考后，对某一事件或事物进行因果分析，如“请你简要分析该服装厂老板受到处罚的原因”。在“一核・六维・四手段”理论体系指导下，山西中考道德与法治试题着力在命题思路上积极探索、大胆创新，在简答题当中同样创设任务情境，引导学生将所学知识用来解决实际问题，展现其通过学习所获得的素养水平，如“假如你是该社团成员，请运用所学知识为他排解烦恼”。这就避免了学生简单抄书、机械应对的低层次水平表现，而较好地考查了其解决实际问题的能力，简答题的境界得以提升。

典型例题 3　（2022・山西）

14. 山西某农村中学加强劳动教育，在校内“A”和“B”两块空地（见下图）修建劳动基地，分别为养鸡场和种植园。据此请完成下列任务：

（1）根据学校平面示意图，你认为养鸡场修建在哪一块空地合适？并说明选择的理由。

（2）一段时间后，个别同学觉得劳动又脏又累，浪费时间，不如多做几道练习题。假如你是班干部，你会如何加以劝说？

（3）暑假，学校食堂暂停，种植园生产的蔬菜出现剩余。请你针对这一问题，结合学校周边环境，提出自己的合理化建议，并说明理由。

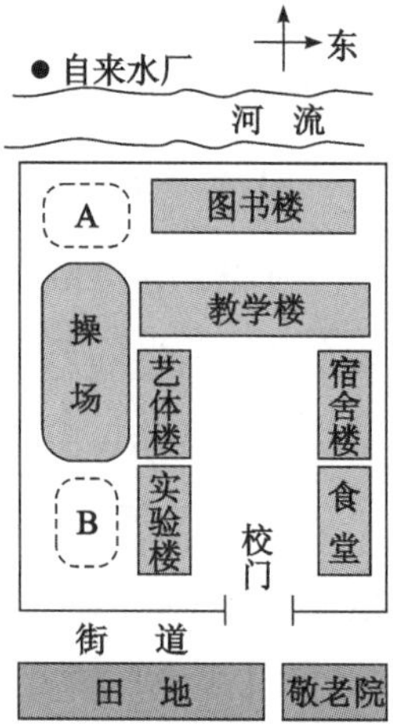

学校平面示意图

情境解读：

该试题命题依据是课程标准中“体会生态环境与人类生存的关系，爱护环境”“形成热爱劳动、注重实践的个性品质”，及课程内容中“了解不同劳动和职业的特点及其独特价值”等。

1. 该试题是根据山西省部分学校在加强劳动教育过程中的真实案例改编的，具有真实的特性。三个任务也按现实的顺序构成一个任务链：先为养鸡场选址，再解决劳动中出现的矛盾，最后分享劳动果实，符合生活中真实的场景和逻辑。

2. 在这个具体的情境载体中，体现上述课程标准要求，还有机融入了“人与自然”“人与人”“人与社会”三个不同角度的价值观导向，引导学生合理应对人与人、人与自然、人与社会等方面的问题与挑战，树立正确的生态文明观、集体主义观、国家观，从而发挥试题的正面导向作用。

3. 试题情境中“为养鸡场选址”问题的解决需要初中地理相关知识的支持，体现了“跨学科整合”手段的运用，“劝说同学”的任务则考查学生“交流共享”的能力，这都是山西中考“一核・六维・四手段”命题理论在命题过程中的具体运用，为构成“真实任务情境”发挥了重要作用。

4，本题的情境由文字和学校平面示意图两个部分组成，这种形式上的多样性既使试卷版面活泼，给考生以良好的答题体验，示意图又是学生解答问题、完成任务所必不可少的重要元素，学生只有从示意图中提取到相关位置或布局信息，才能对（1）题和（3）题作出相对合理的解答，情境与任务之间表现出很强的关联性。

5. 本题作为一个简答题，每一个问题学生只要简要回答即可，但整个试题的完成却是一个比较完整的做事的过程；三个问题又构成一个有逻辑的体系，在一定意义上具有“大任务”的色彩，又是“做中学”的体现。

温馨提示：

1. 既然是简答题，情境就应该典型、简约，不出现与答题无关的材料。

2. 在素养立意下的中考试题要防止采用非情境化的、直问直答的方式命制，而应该源于真实的社会生活，创设真实、适切的情境。此类试题的情境必须是“新材料”，是生活中存在但教学过程中没有使用过的材料，以确保考生不能仅靠记忆来答题。

3. 简答题也可以体现出一定的综合性，但要注意考查目标、情境、任务设计的一致性，防止情境与任务“两张皮”。

4. 设问的指向性要明确，有利于考生复现相关事实性知识。

（三）实践探究题（项目式学习题）

实践探究题的关键之处在于要求学生积极参加“实践”，在“实践”中进行主动探究。具体到纸笔测试中，就要创设包含有多个任务的真实任务情境族，要求学生结合情境族进行探究、分析，综合运用所学知识分析问题，创造性地提出解决问题的合理方案或策略。其特点主要表现在：

1. 主题性。实践探究题都有一个明确的探究主题，这些主题或来自学生自身的生活，或来自社会热点问题。

2. 活动性。实践探究题以学生进行实践活动为载体，要求学生能够在实践活动中发现问题、分析问题、创造性地提出解决问题的方案。

3. 综合性。实践探究题将多方面的学习内容进行有机整合，既有学科内部的综合，也有学科之间的综合，体现出明显的综合性。

4. 开放性、探究性。实践探究题的情境建立在学生实践活动的基础上，社会生活是复杂的，解决问题的方案就不可能是唯一的，因此答案具有开放性。既然要考查学生解决问题的能力，就需要考生结合情境信息，在新情境中运用所学知识进行分析探究，而不可能简单照搬课本知识，因此试题具有明显的探究性。

典型例题 4　（2023・山西）

16.　**校园节能新举措**

山西某初中是当地一所规模较大的学校，依山而建，北高南低。多年来，该校注重节约意识的培养，师生随手关灯、节约用水等低碳生活方式已经蔚然成风。去年 11 月，该校启动项目式学习，初三（6）班道德与法治学科确定的项目如下：

> 任务：开展我校低碳节能现状的深度调研；在此基础上，制订一份相关创新方案。
>
> 要求：全班分 6 个组各自完成；半个月后进行展示评估，优胜方案将向学校推荐。

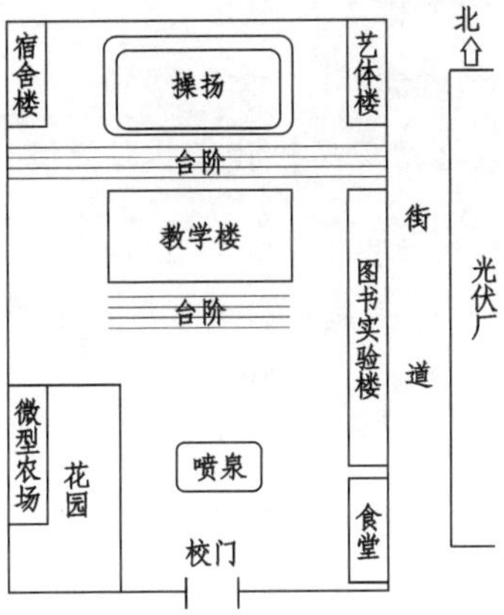

学校平面示意图

假如你被确定为该班第一组组长，请带领同伴共同完成下列任务。

【阶段一　任务分工　全员参与】**小夏，来我们组吧！**

（1）老师布置任务、提出要求后，同学们开始通过自由组合和组长选择相结合的方式进行分组。小夏平时性格内向，很少与同学交流，此时表现得有些不知所措。

见此情景，你准备邀请小夏入组，请向组员说明理由。

【阶段二　合作探究　寻找突破】**我们想出“金点子”了！**

（2）具体实施开始：调查走访、实地考察、交流探讨……大家很快进入各自角色。

调查 1	全校所有楼内、室内照明灯及路灯共 800 余盏，每年实际耗能支出是一笔不小的费用。
调查 2	学校地处水资源缺乏地区，师生用水较为紧张，校园绿化及农场浇灌等又主要依靠自来水；与此同时，夏季大量的雨水却白白流走。

根据以上调查情况，结合学校具体实际，请你们组从节水或节电的角度，为学校提一个有创意的金点子。

（3）喜欢生物学的小夏提出了一个更有创意的想法，并画出一个示意图，组员们纷纷点赞。经过讨论，大家决定一起完善、解读该示意图（见右图），然后写入方案中。

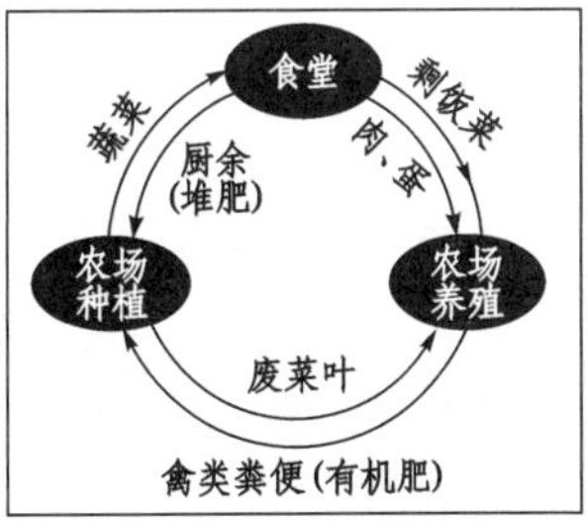

______示意图

①请给该示意图加一个名称。

②该示意图体现了什么理念？

【阶段三　展示交流　总结反思】**我们收获满满！**

(4）半个月后，各组分别完成了各自的“创新方案”。在小组展示环节，你们组选用了 PPT 形式进行总结汇报，其中要呈现参加本次活动的主要收获。

请把你们组的收获展示出来。(100 字左右)

情境解读：

本题将项目式学习的理念运用到实践探究题中，围绕项目主题创设项目任务，并设置了分阶段完成任务的具体问题。该题主要有如下四个特点：

其一，新课标理念的本质是突出“整体性学习”，规避碎片化考试带来的“只见树木、不见森林”的割裂和局限，让考生在“学会完整做一件事情”的情况下，探究并运用知识解决某个具有一定挑战性的实际问题，从而考查学生的多种综合实践能力和素养，尤其是创新意识和能力。此时，学生所学教材知识完全降格为解决实际问题的工具。本题无疑是上述理念的集中体现，完成“我校低碳节能创新方案”正是这样一件完整的事情。

从新课标理念的角度来说，大情境承载大任务。这里的“大任务”便是聚焦校园节能新举措，而“大情境”表现在情境呈现中蕴含的信息量，以及多角度、分阶段设置的任务和问题中。

其二，该题在情境结构和表现形式上有所创新。首先，用文字和示意图创设了一个“依山而建、北高南低”的较大规模的、东邻一家光伏厂的初中学校情境。情境中安排有两处伏笔，构思巧妙，图文并茂，有利于考查学生的观察能力和分析信息能力。其次，试题的主体部分由三个环节共四个情境构成，如下表：

情　境	用　意
(1）小夏同学性格内向，在同学们自由组合小组时表现出了不知所措。 请“很少与同学交流”的小夏入组，并要说服组员同意。 （导入环节）	能够与人合作是一个现代公民的基本素养，强调团队合作也是集体温暖的表现。完成项目首先需要“组织”保障，项目式学习之所以强调小组合作，实为有意识地模拟亚社会状态，创设与人合作的环境。任务设计是“向组员说明理由”，体现出鲜明的能力及素养倾向，同时也使情境更加贴近学生现实生活，更加趋近于生活和逻辑的真实。

（续表）

情　境	用　意
(2) 呈现两个“调查结果”，以此为前提，要求考生结合校园具体实际提出一个有关节能“金点子”。 （探究环节）	两个“调查结果”不仅照应了题面预设的“伏笔”，让考生注意到“学校地形特点”和东边光伏厂的存在，而且事实上成为项目式学习过程中所需要的思维支架，埋下了解决问题的思维线索，使解决学校实际问题的探究性深度学习得以开始，新课标所强调的“学科实践”“知行合一”等核心理念得以体现。项目式学习进入主体阶段。
(3) 之前“不知所措”的小夏主动画了一个示意图交回小组，组员们纷纷点赞的同时决定继续完善它。任务是给这个示意图加名称并思考其背后所体现的理念。 （探究环节）	在这个环节，有四点值得注意：一是情境呈现的是生物循环利用知识，但落脚点在本学科核心概念上，应属情境创设中“跨学科整合”手段的典型运用；二是命题成本极低，总共5分、占用八行，却饱含探究成分，特别是为一直难以体现的“大任务体现大概念”的整体性学习找到了一个抓手；三是小组力量与个人能力在此得到完美结合，项目式学习期待的教学目的达成；四是“思考示意图背后所体现的理念”事实上反映了项目式学习的重要特征——通过探究活动获取知识，加深对学科知识的认识与理解。这是项目式学习的高潮部分。
(4) 探究活动结束，交流展示汇报。任务为呈现汇报时小组成员的收获。 （展示环节）	项目式学习非常看重学生最后产生的成果，即要有一个“可视性”的积极作品，并进行公开展示、交流和评估。情境创设及设问避繁就简，巧妙地抓住展示交流时“汇报的PPT该写什么”这个关键节点，四两拨千斤，既是对整个活动的总结，突出体现学生的心得体会；又是对基层学校平时类似训练的回应和尊重。任务完成要求形成篇章，旧有今新，写作表达等能力跃然纸上。

此外，试题情境中还暗示了小夏的性格发展过程——由原先的“很少与人交流”到主动“画出一个示意图”，可见小夏在小组集体活动中正在发生可喜变化，体现出对人全面发展的价值导引。

其三，实践创新是核心素养的制高点，也是新课标的着力点。该题的第（2）问和（3）问通过创设真实任务情境，进行了积极探索。创新意识和能力的培养需要质疑批判、联想想象和动手实证三大能力的支撑，这里无论节水还是节电，都需要建立在“学校地势”“紧邻光伏厂”以及两个调查基础之上的科学而大胆的想象，并进而得到“在学校中部和南部分别修建、挖掘蓄中水池和蓄雨池，且蓄中水池还可以利用落差自动流入喷泉”等答案。这种建立在物理学知识上的联想，无疑是创新教育的基础思维与常规范式。答案的产生是建立在对导引部分的图片情境及探究环节的思维支架情境的综合分析、深入探究基础上的，没有情境中的充分而具体的信息，问题无从答起。情境与任务之间的关联性非常突出。

温馨提示：

1. 既然是实践探究题，就应创设基于生活热点又符合学生生活的实践活动情境，也可以在学生真实开展的项目式学习活动基础上进行情境与任务的创设与改编。

2. 实践探究题的开放性、综合性、探究性较强，一般会至少包括三个及以上的任务。这就要求必须要确定一个鲜明的主题，而且情境与任务也一定要围绕这个主题展开。主题应该成为探究的实质和核心，而不是串起几个问题的线。避免实践探究题成为缺乏内涵上深刻关联的若干个简答题的“大拼盘”。

同时，围绕主题的几个任务之间应存在着严密的逻辑关系，应循着发现问题—分析问题—解决问题的顺序展开。

3. 情境创设应服务于高阶思维能力的考查，具有一定的复杂性。实践探究题必然要突出解决问题和探究能力的考查。解决问题的过程就是学生运用已知探究未知的过程，是展现学生分析、评价、创造等高阶思维能力的过程。情境创设过于简单，便无法完成高阶能力的考查目标。

4. 任务及答案设置应更具有开放性，做到有参考答案及答案示例，但不是唯一的标准答案。即给出原则性、过程性、框架性的要求和示例性答案，并将采点评分与采意评分、等级评分结合起来，强调质性评分，对学生核心素养发展水平给出更为科学、更为合理的评价。

第七节　历史：以任务情境为背景探寻历史的现实意义

一、课程标准要求

《义务教育历史课程标准（2022 年版）》在课程实施板块“教学建议”中提到：历史是过去的事情，为了促进学生了解、感受、体会历史的真实情况和当时人们面临的实际问题，需要拉近学生与历史之间的距离。因此，在教学过程的设计中，教师要先设法引领学生在历史情境中展开学习活动。创设历史情境有多种方式，如通过展示历史文献、历史影像，参观历史遗址、历史博物馆、纪念馆等再现历史情境；通过当前国内外发生的事件回溯历史的源头，即在现实情境中探寻历史问题；通过衣食住行、言谈话语等日常生活情境，使学生感受与之相关的历史由来，切入所要认识的历史问题。

在课程实施板块“学业水平考试题目命制”中提到：题目命制时要创设新情境，可以从学习、生活、社会等方面选取素材。所选素材要与学生所学内容、具备的关键能力具有一定关联。设置的问题、任务要与新情境高度融合，指向明确，符合学生的认知水平。

可见，运用新情境解决新问题是教学和考试中检测学生核心素养达成度的必要途径。表现在试题命制上，新情境的营造是素材选择与试题命制的立足点与突破口。创设问题情境是考试测量常用的方式，创设新情境与历史课程核心素养考察紧密相关，要将核心素养培养作为考试命题的出发点和落脚点。

在初中阶段，随着历史课程的学习，历史知识的掌握和运用也在不断增加，对学生学科核心素养的培育需要一个过程。因此，新情境的创设要符合学生实际，结合学生自身的认知水平，所选情境素材要与学生所学内容、具备的关键能力具有一定关联。设置的问题要与新情境高度融合，指向明确，符合学生的发展特点。

由此可见，情境作为中考命题考查学生核心素养的载体，在创设过程中一定要注意其导向性、真实性、适切性、关联性、多样性等特点，在有限的卷面中创设与学生真实生活、生长的社会环境相关联的场景，培养学生运用所学知识解决问题的能力，真正使学生变为学以致用、全面发展的人才，落实国家立德树人的根本任务。

二、情境主要来源

历史试题情境创设是通过文献史料、时政热点、学生生活、乡土话题、历史故事、活动探究等材料营造具体生动的特定历史背景，并将课程标准规定的学业水平考试的考查知识点融入其中，形成情景交融、立意新颖的历史测试试题。情境素材具体来源如下：

类别	情境素材来源
学习情境	指在历史学习中遇到的问题，主要有以下来源： 1. 文献史料：选材广泛，内容丰富，可以从文献著作、名人名言、报纸杂志、诗歌等文学作品中选取文字史料。 2. 图像表格资源：图片如文物图片、历史照片、历史地图、历史漫画、美术作品等；图表如表格、曲线图、饼状图、年代尺等。
生活情境	指在个人生活、家庭生活、社区生活中遇到的历史有关问题，如倾听长辈的回忆、观看历史影视剧作品、听红色歌曲、传媒广告、邮票、游览名胜古迹等，体现了“学习生活中的历史，让历史走进生活”的重要理念。
社会情境	指对社会问题的历史考察，如国际国内时政热点、当今社会普遍关注的问题、某种社会风俗的来源、某一国际争端中的历史背景问题等。
学术情境	指历史学术研究中的问题，如历史学家对某一历史问题有多种看法等。

初中义务教育阶段的试题命制从学生的认知水平和年龄特征出发，采用的情境主要是学习情境和生活情境，更有利于学生在自己熟悉的环境中解决内生于情境中的任务，通过完成这些任务检验学生掌握的必备知识和关键能力，体现对核心素养和核心价值观的培养。

无论是情境的分类还是素材的来源都具有多样性，在命制试题时，教师要尝试多维度地创设试题情境，依托情境设计层层递进的问题来引导学生思维，充分体现情境创设与问题设置的有机融合，有利于检测和评价学生的历史学科核心素养水平，使学生的思维得到充分训练，达到学科育人目的。

三、经典例题解读

下面遴选经典例题，对选择题、材料解析题、探究题等三类题型的情境创设进行解读。

（一）选择题

选择题是中考历史试卷中主要的客观题题型。试题由题干和若干选项组成，在命制时要注意题干所创设的情境描述要完整，内容既要符合生活的真实性，还要符合初中学生的认知水平。典型的选择题一般有四个备选项，目的是减少学生猜测得分的可能性。选择题所能测量的考核目标层次比较广，不仅考核记忆目标知识，而且也能考核领会、应用、分析、评价等能力。选择题形式小巧多变，考查的知识面可宽可窄，往往能够考查到大主题式主观题不易涉及的地方，便于平衡试卷考点分布。选择题考查角度灵活，变化性强，可以通过调整选项和修改题干设问变成一道新的选择题，可以不断变换新的情境和设问，反复考查学生对重大主干知识的把控程度。选择题的难度易于预设和把控，既可考查对概念或知识的理解、运用，也可以考查学生在新情境中对问题的分析、评价和创造能力，且选择题难度差别大、区分度高，能满足初中学业水平考试合格性和选拔性的共同需求。

选择题的思维过程是主观的，但是答案结果却是客观固定的，不会因为阅卷人掌握评分标准不同而产生误差。从命题技术层面来讲，命制选择题时应遵循以下几点要求：

1. 选择题的题干创设的情境要具有真实性和适切性，各选项与题干在内容上的表述形成内在逻辑关系，体现选项与主题的关联性。

2. 各选项之间要彼此独立，选项之间不能相互重叠或者相互排斥。

3. 选项要避免强化考生的错误认识，不能出现“为错而错”的选项，不可故意设置。

4. 选择题的答案要明确且唯一，不能出现有争议的选项。

5. 选择题命制时所有选项的长度都要大致相等，在文法上与题干保持一致并且没有文法错误。

典型例题 1　（2022 年 · 山西）

1. 考古发现是了解史前社会历史的重要依据。下面的出土文物从器物造型和图案设计上可以印证我国原始居民　　（　　）

河姆渡遗址 · 猪纹陶钵

仰韶遗址 · 鱼鸟纹彩陶壶

马家窑遗址 · 舞蹈纹彩陶盆

A. 会农业种植　　B. 具有朴素审美观念

C. 会制作陶器　　D. 开始饲养家禽家畜

情境解读：

《义务教育历史课程标准（2022 年版）》要求学生认识到考古挖掘、历史遗迹等是了解史前时期人类历史的重要依据，本试题精选能反映中国史前时期原始农耕时代的三则典型实物史料创设了真实的任务情境，体现了情境创设的真实性；且三件文物史料图片符合学生审美水平的认知，体现了情境创设的适切性。题干设问根据情境素材指向两个观察角度，即器物造型和图案设计，体现了情境材料与问题设计的关联性，引导学生多角度思维，树立证据意识，突出审美教育，考查学生阅读观察能力和从情境材料中获取有效信息的能力。学生通过解读本题中的陶器，认识到在漫长的历史进程中，我国各族人民密切交往，休戚与共，最终形成了中华民族多元一体的格局特点，从而确立正确的民族观、历史观、文化观和国家观，试题具有正确的价值导向作用。

温馨提示：

1. 选择题根据题干内容要提出一个明确的问题，在题干中必须把问题交代清楚，避免不必要的复杂用语或难以理解的句型。

2. 选择题情境创设时要保证表述的完整性和严谨性，考查学生的理解和应用能力时，最好使用具有典型代表的新史料，否则测出的很可能是记忆能力而非理解和应用能力。

3. 选择题的设问要跟情境素材具有关联性，使学生依据情境进行作答，不能脱节于情境素材。

4. 选择题在编写干扰选项时，不能出现原则性错误，不能给学生造成阅读障碍，要保证答案的唯一性。

5. 在命制大概念或大单元知识架构题型时，要注意内容架构间的内在联系，指向要准确。

（二）材料解析题

材料解析题是一种常见的主观性综合试题，通常在试题中呈现同类型组成或不同类型组成的史料，考查学生获取信息、表述观点的能力，发现和提出问题的能力，分析和解决问题的能力。此类试题一般包括材料和问题两部分，创设情境所选用的素材既可以是文字，又可以是图表、地图、漫画等，还可以兼而有之，与此相关的任务是在一系列材料之后由若干个问题组成的任务链，其设置由易到难，体现多层次、多角度，学生在作答时会有不同程度的收获和所得。材料解析题呈现出以下特点：

1. 强调对材料内容的理解。任何历史事件或者历史现象都是发生在特定的历史时空条件下，都会呈现出前因后果，要求学生能理解历史文献所记载的内容，或对历史遗存有一定的认识。

2. 强调知识和观点的理解与运用。要求学生根据材料中的情境素材并结合所学知识，初步运用辩证唯物主义等一些基本观点去理解、说明历史现象。

3. 强调从分析历史材料中得出结论。要求学生依托情境并结合所学知识得出观点正确、态度鲜明的结论，且可以作更深层次的发挥，提升学生的思维能力。

4. 强调试题的设问要依据情境材料，限定从材料中提取信息的方向，限定材料内容之间的相互关系，限定测试能力的方向。

材料解析题在命制时依据素材创设真实任务情境和问题设置，下面从情境材料选取和情境问题设置两方面，提出命制材料解析题的基本要求。

情境材料选取方面：

1. 要突出导向性。树立正确的政治方向、价值观导向和学科核心素养价值。

2. 要体现权威性。情境素材要选自权威著作、杂志或相关主流媒体等，并注明出处。

3. 要具有适切性。情境材料应与课程标准中要求的考查目标一致，应与学生的学习水平和认知水平相一致。

4. 要确保关联性。所有素材聚焦于一个主题之下，所选用的素材之间具有必然的关联性，从而容易形成对比分析，引发学生思维层级的提升。

问题设计方面：

1. 问题设计要与情境材料保持一致性。应引导学生通过阅读材料进行信息提取，通过分析加工后进行问题解答。

2. 问题与问题之间应具有逻辑性。不同的问题之间应有一定的内在逻辑联系，不应把不相干的问题拼凑在一起。

3. 问题的设计应体现层次性。问题的设计要根据情境素材由易到难，设问的行为动词指向不同层级的能力考查，最终指向高阶思维能力的考查。

4. 问题设计需体现开放性。对于开放性的情境材料，其问题的设计也应体现出适度的开放，从而更好地激发学生思维向纵深延展。

典型例题 2　（2023・山西）

18. 实现现代化是推动国家发展的重要途径。阅读下列材料，结合所学知识回答问题。

材料一　英国的现代化历史堪称全球现代化的经典模式。以 1500 年为开端，在外部世界的影响和内部因素的作用下，海外殖民、资产阶级革命、工业革命，一波又一波的历史浪潮终于把英国推上了世界现代化的前沿，造就了世界历史上第一个资本主义现代化的模型。

——周穗明《现代化：历史、理论与反思》

材料二　19 世纪，美国完成了从乡村社会向城市社会转变。在这个过程中，领土的扩张、西部的开发、科技和制度的创新、经济能量的空前增长、国内市场的拓展，推动美国社会发生了深刻的转型。进入 20 世纪以后，伴随着工业化和城市化的完成，美国逐渐成为世界上现代化程度最高的国家之一。

——钱乘旦《世界现代化历程・北美卷》

材料三

1982 年	邓小平指出，我们的现代化建设，必须从中国实际出发。“把马克思主义的普遍真理同我国的具体实际结合起来，走自己的道路，建设有中国特色的社会主义”。由此，中国式现代化成为时代的命题。
2020 年	中国国内生产总值达到 101.6 万亿元人民币，是 1978 年的 276 倍，人均国内生产总值是 1978 年的 187 倍。

——据马敏《中国式现代化新道路的历史演进及前瞻》整理

（1）根据材料一、二，结合具体史实说明英、美两国现代化进程的相同之处。（4 分）

（2）根据材料三，列举社会主义现代化建设中具有中国特色的两例具体举措，并简述现代化建设产生的影响。（4 分）

（3）综上所述，你从中西方现代化历程中得到了哪些启示？（2 分）

情境解读：

《义务教育历史课程标准（2022 版）》指出：“学业质量是学生在完成课程阶段性学习后的学业成就表现，反映核心素养要求。”历史课程标准中对学业质量标准提出如下三方面的要求：一是掌握历史发展过程中的重要史事；二是了解历史发展过程中的各种联系；三是认识历史发展的基本规律和大趋势。

依据历史课程标准要求，本题聚焦在“实现现代化是推动国家发展的重要途径”这一主题下，旨在考查中外现代化发展历程中，中西方实现现代化的不同途径。试题情境创设分别选择了世界现代化进程中具有代表性的三个国家英国、美国和中国，素材全部为文献史料，均来自权威著作，材料内容与学生所学知识联系比较紧密，符合初中学生的认知水平，学生在阅读时不存在障碍，体现了情境创设的真实性和适切性的原则。

由于情境材料都聚焦在同一主题下，所以各情境材料之间也存在着必然的关联性。如本题材料一中关于英国的描述“以海外殖民、资产阶级革命、工业革命，一波又一波的历史浪潮终于把英国推上了世界现代化的前沿”，和材料二中对美国的描述“领土的扩张、西部的开发、科技和制度的创新、经济能量的空前增长、国内市场的拓展，推动美国社会发生了深刻的转型”，其中关于英美两国现代化历程的共同之处的描述就是两段情境材料的关联点，也是第（1）小问问题设计的测量点，体现了问题与情境之间的内在联系，符合情境创设关联性原则。学生经过对三则材料的解读，可以得出三个国家实现现代化过程中的重要历史事件，试题考查学生史料实证、历史解释等学科素养的目标达成。通过材料三还可以看到，改革开放后中国国民生产总值提高，综合国力和影响力不断提高，国家的实力越来越强，通过第（2）小问增强了学生的爱国情感，坚定中国特色社会主义道路自信、理论自信、制度自信和文化自信，体现了情境材料导向性的原则。在任务设计层面，依据情境材料设计了一系列问题链，问题根据行为动词的不同体现了梯度性，学生在解答问题时，需要在阅读理解、对比分析史料的有效信息中，对重大史事进行重构和归纳，并在此基础上形成新的认识，通过第（3）小问的作答，实现了知识的迁移和运用，实现学科育人价值。

典型例题 3　（2022·山西）

17. 音乐创作来源于生活，从独特视角反映社会风貌和时代特征。阅读下列材料，结合所学知识回答问题。

材料一　宋元时期市井音乐生活最活跃的场所设在市镇贸易中心的“瓦肆”“勾栏”。艺人们迎合城镇中下层听众的需求，创造了许多群众喜好的说唱曲种。部分专业艺人和艺人班社还发扬隋唐散乐百戏传统，采用化装演示故事人物的形式，融合说唱、歌舞和器乐艺术为一体来进行演出，从此开辟了中国戏曲音乐表演艺术的先河。

——摘编自伍国栋《中国古代音乐》

（1）根据材料一，概括宋元时期市井音乐的特点和出现这些特点的原因。（3 分）

材料二

战争期间产生了大量战歌，不少战歌采用流行曲调，填上新词，反映当时的情况。如嘲讽英军将领败北，赞扬“波士顿茶党”的倾茶行动，呼吁奴隶获得自由等。	蓄奴制被废之前，奴隶们在白人不在场的情况下唱讴歌自由的歌曲；现在他们公平唱这些歌了。如《我的行动不再受约束》《蓄奴制已废除》《主人跑了》等。

——袁华清译《美国黑人音乐史》

（2）材料二所述内容反映了不同时期美国民众怎样的时代诉求？（4 分）

材料三

反映中国近现代不同时期部分流行歌曲名称

1931—1945 年	◆《松花江上》 ◆《十送红军》《四渡赤水出奇兵》 ◆《义勇军进行曲》《八路军军歌》
①1949—1953 年	◆《东方红》《翻身农奴把歌唱》《中国人民志愿军战歌》
1956—1976 年	◆《社会主义好》《学习雷锋好榜样》
1978 年以后	◆《春天的故事》《七子之歌》

（3）根据材料三中的歌曲名称，简述 1931—1945 年间国内形势发生了哪些变化，并概括①处的阶段特征。（3 分）

情境解读：

本题围绕“音乐”这一话题切入，重在引导学生运用跨学科知识解决实际问题，突出正确的价值观，将美育融入情境中。本题结合学生学情，精选古今中外历史上与音乐主题相关的文字史料创设情境，从独特的视角反映社会风貌和时代特征。试题立意与课程标准中“认同中华民族的优秀文化传统”“认识中国共产党在中国革命、建设和改革事业中的决定作用”“理解历史上的革命在不同程度上促进了社会的进步”等相关情感态度与价值观的考查目标一致。

试题根据命题立意和测量目标精选素材，创设学习情境，材料一精选了宋代反映市井音乐的文字材料，素材来源于权威著作，信息量充分，突出了宋元时期市井音乐的特点，体现了情境素材创设的真实性。设问采用“概括”这一行为动词，需要学生通过阅读材料进行信息的提取，符合学生的认知水平，证明了情境素材的适切性和关联性。材料二精选了美国两次资产阶级革命时期黑人音乐的流行与变化，素材同样来源于权威著作，内容与学生所学知识联系紧密，体现了情境创设的真实性等原则。材料二将美国独立战争和南北战争革命时期的歌曲情境进行了重构，以双栏的形式直观呈现，利于学生进行对比分析，设问采用“反映”这一行为动词，培养学生的高阶思维能力和学科素养能力。材料三精选了中国近现代史上 4 个不同阶段、时代特征鲜明的 12 首歌曲名称作为情境素材呈现，这些歌曲素材全部来自学生日常生活中熟悉的红色革命经典歌曲，与学生的生活和学习联系紧密，增强了学生的体验感，加强了学生对“音乐艺术来源于生活，从不同侧面反映了社会风貌和时代特征”的认识，发挥了学科的育人价值，同时使学生感悟近现代中国人民为实现民族独立和实现中华民族伟大复兴而进行的英勇奋斗和艰苦探索，树立中国特色社会主义理想信念，反映了情境素材的正确价值观导向功能。学生在整个试题的作答过程中，也体现出不同程度的答题思维层级水平。

温馨提示：

1. 材料解析题在选择素材创设情境时，要选与试题主题契合度高的材料进行创设，无论采用哪种类型的素材，必须要注意其出处的权威性。

2. 要注意情境素材之间的内在联系，材料字数不宜过多，要减少学生的阅读障碍；情境的创设要有利于要考查学生的多角度思维和探究能力，学生通过阅读材料，可以进行知识的整合、迁移，从而形成对比，得出结论。

3. 问题的设计要与材料建立联系，问题要内生于材料中，不能与材料脱节；问题设置要有梯度性，难度适中，符合学生的学情特点和思维模式。

4. 情境创设选取的素材渠道具有广泛性、新颖性，具有积极正面的价值导向，适合考查本学科的重要概念和关键能力，呈现的方式应多样化。

（三）探究题

探究型试题的特征是题目本身没有给出明确的结论或是得出结论的方法，学生需要运用观察、分析、比较、归纳等科学方法才能得出结论。整道试题要求围绕一个中心，将散落在课本各章节的有关知识点串联起来设置任务，历史学科的各项能力如记忆、分析、归纳等，学生的综合能力、论证能力、逻辑思维能力、文字表达能力等，无一不在试题的考查范围之内。探究型试题通常可分为“动手做”和情境探索考查模式，前者在中考命题中常以基础知识的梳理为背景，探究相关问题，以考查学生多样化学习方式的落实情况。情境探索考查模式则是将不同情境与相应的探索活动有机结合，考查学生的学习态度、创新意识和实践能力，体现学科育人功能。

《义务教育历史课程标准（2022 年版）》中关于课程理念提到“树立以

学生为主体的教学观念，注重学生自主探究的学习活动，鼓励教学方式的创新，通过学生自主探究的学习活动，体现学生在教学中的主体地位，实现历史课程育人方式的变革”等内容。山西省中考试题在探究题方面选取素材时突出其类型多样性，如以历史图片、历史图表、美术作品、文献资料、绘制大事年表等多种形式的史料创设探究问题的情境，引导学生感知历史，提取历史信息，利用情境材料创设的真实任务情境具体分析和解决历史问题，获取历史智慧。试题通过开放式问题设计体现答案的不唯一性和多元性，引导学生形成发散性思维，增强学生思维的深度和广度，提升思维认知。

总体上，探究型试题围绕一个主题，利用符合要求的素材创设情境，考查学生的能力主要包括以下几点：

1. 考查学生运用基础知识的能力，包含考查知识的重点性、知识联系的关联性等。历史知识构成体系依靠具体知识之间的联系，既有时间上的横向联系，也有知识上的纵向联系，纵横联系交织又进一步形成更错综复杂的联系，需要通过情境的创设从不同角度来解读历史。

2. 考查学生独立见解的能力。探究性试题中有部分问题属于开放性问题，评分标准答案不唯一，目的在于检测学生的综合素质和潜能，学生遇到命题者设计的任务情境时必须充分调动自己的全部能力，运用所掌握的知识进行表述，把知识与能力、史实与理论用好用活。

3. 考查学生文字表达的能力。命制试题时必须重视对文字表达能力的考查。如历史试题中的小作文，首先要求学生的语言描述要准确，尤其是对于历史概念和历史史实的表述要准确无误；其次，要求语言逻辑严谨，要把所述内容的内在联系表达清楚；最后要史论结合，要求在表达上要有鲜明的观点，同时有适量的史实作为支持，史论之间的关系是一致的，不能自相矛盾。

典型例题 4　（2022・山西）

19. 国家名片是代表国家形象的符号，以其独特的风格与意蕴从不同侧面展现了各国、各民族的文明成果。九年级（1）班的同学们以“国家名片”为主题开展项目化学习，下面是各小组承担的不同任务，请你参与完成。

任务一【推介建筑遗址——设计文化名片】（4 分）

（1）一组同学准备介绍下面两处建筑遗址。请根据他们给出的推介理由，帮他们写出推介词。

 名称：中国北京故宫 推介词：__________ 推介理由：体现中国建筑文化的独特性，是当时世界上最宏大、最辉煌的皇家建筑群。	 名称：古罗马大竞技场 推介词：__________ 推介理由：体现古罗马奴隶制的高度发达，是迄今遗留下来的古罗马建筑中最卓越的代表。

任务二　【阅读名人传记——制作人物名片】（4 分）

（2）二组同学阅读了马克思和孙中山的人物传记后，准备为其制作人物名片。请你仿照示例从中任选一位，和他们一起完成名片制作。

人物：甘地 身份：印度民族解放运动领导人  主要事迹：20 世纪二三十年代，他多次领导印度人民开展非暴力不合作运动，打击了英国的殖民统治，增强了印度人民的民族自尊心和自信心，被誉为“圣雄”甘地。	人物：__________ 身份：__________ 主要事迹：

任务三　【查阅文献资料——展示中国名片】（7 分）

（3）三组同学查阅资料后，整理出下面代表国家形象的“中国名片”。他们准备以宣讲的方式展示学习成果，请据此以“中国名片 · 点亮世界”为题，为其撰写 150 字左右的宣讲稿。

古代
- **丝绸 瓷器 茶叶**
- **造纸术 活字印刷术 指南针 火药**

现代
- **求同存异 乒乓球 人类命运共同体**
- **中国高铁 中国航天 中国电商**

情境解读：

《义务教育历史课程标准（2022 年版）》课程实施中提到“教师要以大任务、大问题来统领整个学习过程，引领学生构建合理的历史知识结构，避免碎片化，促进学生掌握探究历史的方法和路径，拓宽学生认识历史的视野”。本题命题立意以“国家名片”为主题，创设了学生开展项目化学习的活动，学生通过项目化学习可以主动探索现实世界，解决面向真实世界的问题。“国家名片”是代表国家形象的符号，以其独特的风格从不同的角度展示了各国、各民族的文明成果。

本题根据学生的实际学情，围绕主题选取素材内容，创设了贴近学生学习、生活实际的真实任务情境，从不同角度设置了三个任务项目，每一个项目的任务设置依托不同的历史学习方法，通过不同的视角，综合考虑任务与情境的适切性和关联性，指向不同水平的思维层级，保证情境与任务问题的高度融合。

任务一聚焦“推介建筑遗址——设计文化名片”的项目任务，选取具有代表性的中西两处建筑遗址：中国北京故宫和古罗马大竞技场，任务中给到的情境是第一小组同学准备为两处历史建筑遗址撰写推荐词。两处遗址的相关信息学生在日常的教学中都已经进行了深度的学习，任务设置符合学生对于知识的认知。问题的设计要求学生依托情境中的推介理由写出推介词，学生借助情境中的素材并结合所学知识进行作答，考查了学生对知识的整理、归纳和应用能力。学生通过完成任务一，体会到中外古代劳动人民的智慧和创造力，认识到各大文化区域的文明成果构成了人类文明的多元性特点，增强对伟大祖国和中华民族的认同感，形成正确的价值导向。

任务二聚焦“阅读名人传记——制作人物名片”的项目任务，任务给到的情境是第二小组同学在阅读完人物传记后选取中外两位历史重要人物中的一位完成名片制作。两位历史人物都是学生熟悉的历史人物，为了降低难度，给出了一个示例作为参考，情境真实而适切，学生需要根据所学知识客观叙述，有理有据地表达自己的看法，既考查了学生的学科核心素养，又能使其感受杰出人物对于历史的贡献。

任务三聚焦“查阅文献资料——展示中国名片”的项目任务，任务给到的情境是第三小组同学查阅文献资料后呈现能够代表国家形象的若干“中国名片”的思维导图，并以宣讲稿的形式展示其项目化学习成果，此任务设计具有开放性，整个情境的创设都符合学生的基本认知。任务三考查了学生的表达交流能力，把历史思维品质和语文写作能力相结合，让学生在对知识进行创造性重构的基础上，对史料作出合理、正确的解释，学生在进行表述的过程中，不同能力层级的学生表述会有所不同，有利于学生高阶思维能力的锻炼，既考查了学生历史解释、史料实证等学科核心素养能力，又通过以“四大发明、中国高铁、中国航天”等为代表的“中国名片”，向世界展示了中国形象，弘扬了中国优秀传统文化、革命文化和社会主义先进文化，从而树立了文化自信、道路自信、制度自信和理论自信，增强了民族自尊心，自信心和自豪感，这也是社会主义核心价值观的本质要求。

温馨提示：

1. 探究型试题的主题选择和任务之间契合度要高，要有正确的导向，命制试题要符合科学性和规范性。

2. 探究型试题的情境素材要符合学生的认知水平，不能超出学生的认知范畴。问题设置要与情境素材关联，不能脱离情境素材设置问题。

3. 探究型试题中的历史小作文为开放性试题，应引导学生在阐述观点时，紧扣主题，逻辑严密，语言表达流畅，符合历史学科的知识体系，赋分评价标准要有层级区分，指向思维层级的不同水平。

4. 探究型试题整体的情境素材选取类型可以多元化，情境创设依托素材呈现多样性。

第八节　生物学：将生命观念融入真实的生物学探索实践

一、课程标准要求

《义务教育生物学课程标准（2022 年版）》中指出：基于真实的生物学问题情境，描述生物学现象或与生物有关的特征，运用生物学的结构功能观、物质能量观、进化与适应观、生态观等生命观念解释产生特定生物学的原因，分析生物学的发展趋势及对社会的影响，针对生物学相关议题进行科学论证与合理决策，并尝试探究生命活动过程、人体健康、生物与环境等方面的问题。在这一过程中，能够初步形成从不同生命观念的视角认识和分析生物学问题的意识；初步形成基于证据、逻辑分析和解决问题的科学思维方式；形成科学态度和健康意识，并具有一定的责任担当。

在与健康和疾病相关的问题情境中，识别人体结构，描述其发生的变化；根据生理指标等方面的检测结果，运用结构与功能观、生物与环境的关系等知识进行分析，推测产生特定病症的可能原因；从机体生理功能稳定、经济成本、社会伦理、环境保护等方面考虑，尝试提出可能的疾病预防或治疗方案；形成健康生活的态度和行为习惯，学会对自己的健康负责；鉴别与疾病治疗、营养健康有关的传言或伪科学，主动传播生命安全与健康生活的观念和知识。

在与生物资源开发和利用有关的问题情境中，如粮食生产、水资源保护、优良品种选育、生物材料应用等，运用光合作用、呼吸作用、蒸腾作用、生物进化等生物学概念，确定生物资源生产和应用过程中的关键因素；结合研究结果运用物质与能量、进化与适应等生命观念，分析生物资源生产或应用等社会性议题中有待解决的问题，并作出合理的判断；认识到生物资源的开发与利用对缓解生态压力、提高人类生活质量具有重要作用。

在与生物和环境有关的问题情境中，如环境污染治理、生物多样性保护、生物防治等，识别生态系统中的不同成分，分析其作用；运用进化与适应观和生态观，分析生物在生态结构和行为等方面与环境相适应的特征；结合有关生态环境、生物多样性等方面的监测结果，分析环境污染、生物多样性变化等现象产生的原因；针对相关的生态学问题，从生物与环境的关系、生态可持续发展、经济效益等方面，尝试提出研究思路或可能的解决方案，积极参与环境保护实践，展现生态文明观念。

在与生物技术有关的问题情境中，如人体生理指标的智能监测产品、转基因技术、利用人造器官治疗疾病的新技术等，分析相应技术中所涉及的生物学原理；运用生物学、物理、化学、地理、数学、技术与工程学等多个学科的知识和思想方法进行分析，尝试提出生物技术产品的设计或改进方案；尝试从技术进步、个体生存、种群延续、生态安全、社会发展和伦理等方面辩证地分析生物技术的前景及应用中需要解决的问题。

二、情境主要来源

类型	情境素材来源
学习情境	指学生在校园及课堂学习生活中获得的真实情境，主要有：学生在课堂学习活动中的真实情境，如观察种子的结构、制作临时装片观察细胞等实验操作经验及观察到的现象；体验种植一种植物、调查周边环境中的生物等实践活动；探究环境因素对鼠妇的影响等探究活动；模拟探究保护色的形成过程、模拟酸雨对生物的影响等模拟探究活动；课堂各种学习活动，例如小组讨论，观察各种文本、图片、视频、模型、实物等。
生活经验	来自学生的个人生活、家庭生活、社区生活中遇到的与生物学有关的情境。个人生活方面如自己身体的生长发育、摄入营养、睡眠休息、运动、排泄、生病后的身体症状等；家庭生活方面如家庭中蒸馒头、发豆芽、做酸奶、养殖花卉、养宠物等；社区生活方面如参与社区绿化，了解社区医疗卫生状况，了解社区食堂的卫生、营养、配餐等。

（续表）

类型	情境素材来源
社会情境	社会生活中与生物学相关的事件，例如我国空间站进行的多种生物学实验，袁隆平等著名科学家在杂交水稻等领域取得的重大成果，社会生活中交通、环保、医疗、农业、林业等涉及生物学的事件，各种科普杂志、报刊、书籍、网络等中的文本、图片等。
学术情境	生物学学术研究中可用于义务教育生物学命题的情境。例如屠呦呦关于青蒿素的生物学研究成果，克隆猴种种和华华的相关研究成果，从无机物起步人工合成淀粉的科研成果等，以及多种学术刊物中的情境素材。

三、经典例题解读

下面遴选经典例题，对选择题、材料分析题、识图作答题等三类题型的情境创设进行解读。

（一）选择题

中考生物学试卷中常见的选择题为单项选择，即每个题目只有一项符合题意。题目情境多以文本或图文形式呈现真实情境，少数以表格、统计图等形式呈现。考查内容为课程标准中需要学生明确分辨的基本概念、基础知识、核心生理活动等内容。

选择题既可用于考查单一的生物学次位概念，亦可考查辨析多概念的综合能力；既可考查学生的低阶思维，即用单一基础知识解决单一的浅显问题，亦可考查其高阶思维，这就需要学生运用多个重要概念及其之间的关系进行深度辨析，才能作出正确选择。无论是哪一种考查意图，均需要命题人对课程标准进行深度解析，对学生认知水平和思维特点有深度了解，对真实情境创设有准确把握与熟练运用。

该题型多为一个真实情境素材对应一道试题，也可以以一个真实情境素材为基础，设置不同题目考查不同概念，设置多个选择题。

典型例题 1　（2023・山西晋中）

唐代医学家孙思邈在《千金方》中写道：“预防诸病……常习不唾地……”现在看来，这正是倡导传染病预防措施中的（　　）

A. 控制传染源　　B. 杀死病原体

C. 切断传播途径　　D. 保护易感人群

情境解读：

本题考查课程标准大概念“人体生理与健康”之下的次位概念“控制传染源、切断传播途径和保护易感人群等措施可以控制传染病的流行”。这是人体健康的重要概念之一，需要学生能够对常见的预防措施进行判断，对常见的传染病懂得采取一定的预防措施。本题要求学生从创设的情境中选择对应的预防措施，情境素材来自我国唐代著名医药学家孙思邈的医学古籍《千金方》中的原文，其中“常习不唾地”是解答本题的任务情境，与所设计的四个选项内容密切相关，学生需读懂其中信息才能运用知识解决问题，体现了情境与任务的高度关联。试题直接引用古籍原文，需要学生运用语文学习中积累的文言文阅读能力解答问题，体现了跨学科融合的特点，并把弘扬我国传统中医文化精粹、树立文化自信的价值观渗透其中，较好地发挥了选择题的考查功能。

典型例题 2　（2023·山西晋中）

2023 年 5 月 10 日，我国天舟六号货运飞船发射成功！飞船携带的神秘生物材料——人体干细胞（一种具有分裂、分化能力的体细胞）将在空间站用于实验，其中一部分将被诱导为生殖细胞，该过程中染色体数应会　（　　）

A. 增加一倍　　B. 减少一半　　C. 增加两倍　　D. 保持不变

情境解读：

本题考查课程标准中大概念“遗传与进化”之下的次位概念“基因是包含遗传信息的 DNA 片段，随配子由亲代传给子代”。选用了我国最近发生的航空航天重大事件“天舟六号货运飞船发射成功，飞船上搭载的人体干细胞将在空间站实施科研实验”这一真实情境素材，重点考查的是人体内形成生殖细胞的细胞分裂过程中染色体数目发生的变化，这一基本认知是学生在后续理解生物的遗传和变异、基因组成控制生物的性状、人的性别决定、杂交育种等重要概念的基础知识。

本题巧妙利用真实发生的航空航天事件和将要发生在空间站的科研实验创设情境，引导学生扩大视野，关注国家大事。利用将要进行的实验中干细胞转化为生殖细胞这一事实，关联到人体内生殖细胞形成过程中染色体的变化，过渡自然，情境与问题设计高度融合，考查目标指向明确。本题特别对

“干细胞”作出解释，是考虑到“干细胞”这一概念学生知道但并不熟悉，以减少学生在读题中的障碍，体现了情境创设的适切性原则。

典型例题 3　（2023 · 山西晋中）

观察下图所示蓝脚鲣（jiān）鸟的形态，你推测其很可能善于　（　　）

A. 飞行和游泳　　　　B. 飞行和爬行

C. 跳跃和游泳　　　　D. 奔跑和爬行

情境解读：

该题将摄影图片（蓝脚鲣鸟在岩石上的侧立位照片）作为情境素材，考查学生观察图片提取信息的能力和运用所学知识解决问题的能力。义务教育生物学学科核心素养中，“生命观念”处于第一位，课标要求学生应达成“掌握生物学基础知识，形成基本的生命观念”，要让学生建立“结构功能观”。本题要求学生通过观察图片中的蓝脚鲣鸟具有“前肢变成翼”和后肢的“趾间有蹼”的特点，来判断其主要运动方式为飞行和游泳，考查了学生读图提取信息的能力和运用“结构功能观”解决问题的能力。

精美的动物摄影图片为人们所乐见，更是深受学生喜爱，教师在课堂教学中常选择精美的生物摄影图片用于教学，成为激发学生学习和思考的重要载体，本题情境设置就是源于此。同时，选择了学生并不熟悉的动物——蓝脚鲣鸟作为素材，图片中所隐含的核心信息易于被直接观察到，符合八年级学生的认知特点，也使任务情境素材与问题高度关联。

典型例题 4　（2023 · 山西晋中）

几位同学正在谈论有关“健康生活”的话题（如下图），他们的观点中，你不认同的是　（　　）

情境解读：

该题创设的真实任务情境是模拟学生日常生活学习中常见的小组讨论形式，通过呈现图片中四位同学发表各自观点和看法的形式，给出关于“健康生活”话题的四个方面的表达，分别涉及健康的概念、日常生活中的健康意识、安全用药常识、拒绝毒品等内容，考查生物学学科核心素养“态度责任”中的“健康意识”和“形成健康生活的态度和行为习惯”。

试题运用图配文形式复现学生学习生活中的真实情境，形式直观明了，契合学生生活实际，涉及“健康话题”的内容精选了与青少年生活既密切相关又分属关注健康的不同层面的内容，文字信息易于阅读，语言生活化，符合学生认知能力和语言习惯。

典型例题 5　（2023 · 山西晋中）

为了探究植物的生命活动，小芸剪下锦紫苏的一个枝条，去掉大部分叶后将其下端插入清水中，然后把装置放在阳台上，每天换水。不久，枝条下端生出了根（如右图）。请结合图文信息回答第 5~8 题。

5. 小芸培育锦紫苏的这种方法利用了植物的　（　　）

A. 分裂生殖　　B. 出芽生殖

C. 有性生殖　　D. 无性生殖

6. 小芸向水中加入几滴红色食用色素，几小时后，摘下一片叶，将其横切，切面示意图如下。叶中变红的部分、拉动色素随水分向上运输的主要动力分别是　（　　）

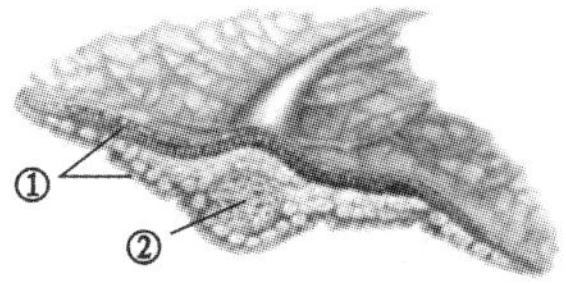

A. ①、蒸腾作用　　B. ①、呼吸作用

C. ②、蒸腾作用　　D. ②、呼吸作用

7. 一段时间后，小芸发现叶片有些发黄，这很可能是由于缺少了植物生长所需的　（　　）

A. 阳光　　B. 无机盐

C. 氧气　　　　　　　　　　D. 有机物

8. 小芸将锦紫苏枝条长成的小植株移栽至花盆中。经过精心培育，植株上长出了许多新叶，开出了美丽的花朵。这些新叶和花朵在植物体的结构层次上都属于　　（　　）

A. 细胞　　　　　　　　　　B. 组织

C. 器官　　　　　　　　　　D. 系统

情境解读：

本题考查内容覆盖了课程标准中的两个大概念，其一是大概念“植物的生活”之下的“植物可以通过扦插、嫁接、组织培养等无性生殖的方式繁殖后代”“植物根部吸收生活所需的水和无机盐，通过导管向上运输，供植物利用，其中大部分水通过蒸腾作用散失”，其二是大概念“生物体的结构层次”之下的“绿色开花植物体的结构层次包括细胞、组织、器官和个体……”。这体现在试题考查中呈现出的是在一个大情境素材下连续展开的 4 个选择题，一个情境中包含多项任务，使所设置的若干问题（在这里是 4 个选择题）有机联合，形成一个整体。4 个选择题的顺序以情境中的锦紫苏植株生长发育过程为内在逻辑顺序，体现生物体生长发育的动态过程。另外，题目内容涉及植物的生殖、蒸腾作用和光合作用等重要生理活动和生长所需营养等多角度内容的考查，使整体情境与 4 个选择题构成的问题链立体丰富。

温馨提示：

选择题命制时，在真实情境创设和问题设置方面应注意以下两点：

1. 题干语言描述与选项应形成完整的语言，即四个选项的语言与题干均应自然连接成文。尽量不用让学生选择“不正确的”或“错误的”等否定式选择，减少对学生无谓的思维干扰。

2. 在命题情境创设中，题干和选项的语言要尽量简练，减少不必要的阅读内容，让学生在所创设的情境中能够快速获得信息并解答问题，体现情境与学生答题思维的适切性。

（二）材料分析题

山西省中考生物学试卷中，材料分析题是常见题型之一，可用于将课程标准的多个概念融于一个主题，覆盖性强，考查面广，便于设置不同类型的问题，考查学生运用所学知识解决简单问题和复杂问题的能力水平。

该题型材料素材的选取一般围绕一个主题进行。材料来源广泛，如科普杂志、学术文章、网络图片，各版本、学段的生物学教材、高校专业书籍，以及医学、自然科学等古代典籍等。部分材料分析题还可涉及跨学科领域，例如物理、数学、地理、天文、化学等与生物学相关的常识内容。多个情境素材之间以及情境与任务和问题之间要高度关联，避免“穿靴戴帽”。无论是材料选取的语言表述还是选择题中的题干陈述均应通俗易懂，便于学生提取信息并作答。

典型例题 5　（2022 · 山西晋中）

虎年说虎

2022 年是中国农历虎年。在中国人眼里，虎具有“王者”风范，是“祥瑞”的象征。现在请把目光聚焦于我们的“王者”吧。

东北虎豹国家公园

2021 年 10 月，在联合国昆明生物多样性大会期间，我国政府确立了首批国家公园，东北虎豹国家公园名列其中，主要保护东北虎、东北豹等。该公园地处亚洲温带针阔叶混交林的中心地带，跨吉林、黑龙江两省，与俄罗斯、朝鲜毗邻，生存着我国境内唯一具有繁殖家族的野生东北虎种群。

东北虎

由于人类的大肆猎捕，以及乱砍滥伐导致其栖息地缩减和碎片化，野生东北虎已成为世界上最濒危的动物之一。幼虎成长十分艰难，通常雌虎一胎繁育 3 只幼虎，只有 1 只能成功长大。东北虎主要捕食野猪（杂食性动物），以及梅花鹿、狍子等大型植食性动物，偶尔也会捕食松鸡等小型动物。对其猎物的乱捕乱猎，也是导致东北虎濒危的重要原因。

分析以上资料，结合相关知识回答问题：

（1）东北虎豹国家公园主要的生态系统类型是____________，其中影响东北虎生活的非生物因素有__________（答出一种即可）等。东北虎是生态系统中的顶级捕食者，其参与的食物链有________________（答出一条即可）等。

（2）东北虎属于________动物，依据之一是____________________。

（3）虎的毛色一般为黄色，带有黑色条纹。曾有人发现一只罕见的雄性孟加拉白虎，让其后代之间进行的一次近亲繁殖如图所示。据此推测，隐性性状是________。你认为留住白虎这一稀有类型有什么意义？____________________________________（答出一点即可）

（4）人常说“照猫画虎”，但从下图可以看出，与虎亲缘关系最近的不是猫，而是________。猫科动物如此多姿多彩，按照达尔文的观点来解释，这是____________的结果。

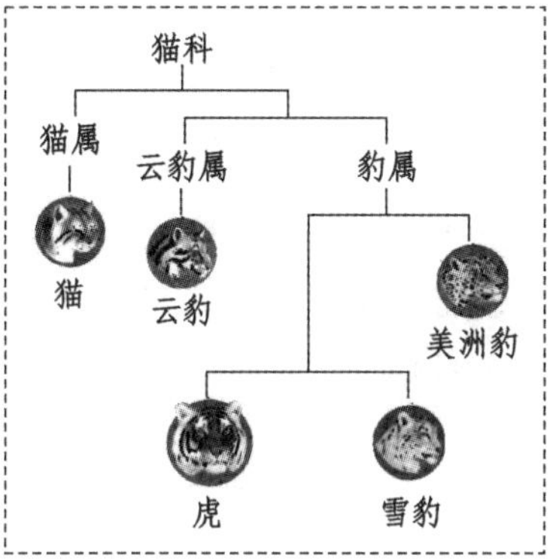

（5）研究发现，用山羊奶人工喂养的幼虎与虎母乳喂养的幼虎相比，肠道中益生菌减少、致病菌增多，这对保护东北虎有什么启示？____________________（答出一点即可）。除了这一点，以及建立国家公园，你认为还可以采取哪些措施保护东北虎？____（答出一种即可）。

情境解读：

2022年是中国农历虎年，本题以“虎年说虎”为主题，以我国珍惜濒危动物“东北虎”为话题引入情境。

题目中的文本素材主要来源于科技新闻报道、科普读物、学术文章等相关内容。选取其中部分文本，加以修改、组合及语句变化，形成了对东北虎豹国家公园和东北虎的介绍文本，其中“东北虎豹国家公园”内容涉及我国首批国家公园、公园所在地理位置、生态系统类型、所保护的主要物种等；“东北虎”内容涉及东北虎濒危的主要原因、东北虎的生殖和幼虎的发育、东北虎的食性等。

本题共设置5个小题，其中第（1）题考查课程标准大概念“生物与环境”之下“水、温度、空气、光等是生物生存的环境条件”“生态系统中不同生物之间通过捕食关系形成了食物链和食物网”两个次位概念。题目中的3个设问内容全部需要从创设的情境素材中获取答案，体现了问题与情境的高度关联。第（2）题考查课程标准大概念“生物多样性”中哺乳动物的特征，需要学生从情境素材中观察图片中虎的特征，并联系所具有的知识经验解答问题，体现了目标、情境、任务的一体化设计。第（3）（4）两题均涉及“遗传与进化”和“生物多样性”两个大概念的内容，分别从“生物的性状是由基因组成和环境共同决定的”“遗传变异和环境因素的共同作用导致了生物的进化”“根据生物之间的相似程度将生物划分为界、门、纲、目、科、属、种等分类等级”几个次位概念进行考查。设问形式包括填空题、简答题，简答题的设问具有开放性，需要学生从题目所给出的遗传图解和分类图解两个情境素材中读取信息，进行深度思维并分析判断，考查了学生的中阶思维和高阶思维。第（5）题考查“生物多样性”大概念之下的次位概念“可以通过就地保护、迁地保护等多种方式保护生物资源；有关野生动植物资源保护的法律法规是保护生物资源的基本遵循”，设问形式为两个完全开放性试题，要求学生针对幼虎的喂养和东北虎的保护措施这两个问题，从生物与环境的关系、生态可持续发展、经济效益等方面，尝试提出保护东北虎的具体方案，积极参与环境保护实践，展现生态文明观念。

从整体来看，本题开放性强，设问角度广，基于学生的年龄特点、认知能力和思维水平，给学生提供了充足的思考空间和发挥余地。

温馨提示：

命制材料分析题时，在情境创设方面应注意以下几点：

1. 创设试题情境时，将围绕一个主题所遴选的材料进行增减、修改、组合、语言的变换以及图片修饰、表格简化设计等加工，以文本为主，图片、图解、统计图、表格等为辅，选择其中 2~3 种方式，组合加工成简洁清晰、通俗易懂的真实情境材料，以板块化形式呈现在卷面上。

2. 材料分析题的小题设置不宜过多，一般为 3~5 个小题，设问形式有填空、简答、举例、选择等多种形式。每小题均与材料密切相关，小题之间有内在的逻辑联系，一般排列顺序为先客观题后主观题，按照思维的逻辑顺序从低阶到高阶，开放性问题一般在最后。

（三）识图作答题

识图作答题常用于考查课程标准的学业质量描述中“基于真实的生物学问题情境，描述生物学现象或与生物有关的特征，运用生物学的结构功能观、物质能量观、进化与适应观、生态观等生命观念解释产生特定生物学的原因，分析生物学的发展趋势及对社会的影响，针对生物学相关议题进行科学论证与合理决策，并尝试探究生命活动过程、人体健康、生物与环境等方面的问题”。

此类题型所给定的真实情境素材一般以生物的器官或系统结构示意图、人体生理活动图解、生物体或生态系统构成图解等为主，辅助简洁清晰的文本内容。所包含的小题可用于让学生识图说出结构名称，生物识图是生物学的基础，在此基础上才涉及生物的结构与功能相适应的“结构功能观”、生命需要物质和能量用于生理活动的“物质能量观”等重要的生命观念。设问形式包括填空题、主观开放性或半开放性简答题，少数情况会有绘图、列表等形式。

典型例题 6　（2022·山西阳泉、长治）

16. ［识图作答］

聚焦马铃薯

小林同学在读一本英文科普书时了解到，世界“第四大主粮”——马铃薯是全世界 120 多个国家 13 亿人的主粮，因此其安全、品质和产量事关重大。如图是该书中的一幅马铃薯图片：

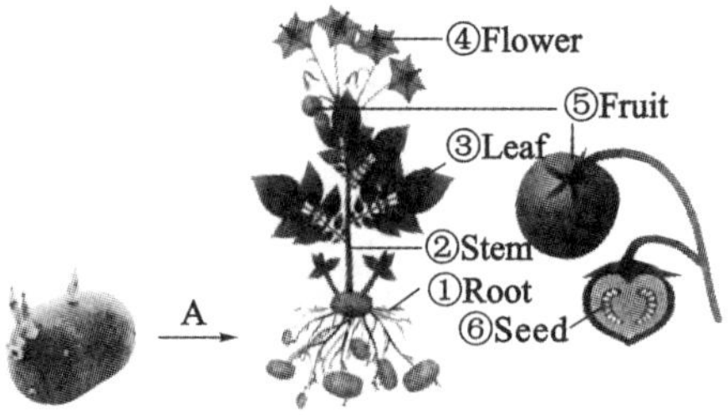

请结合所学知识回答问题（[　]内填图中标号）：

（1）A过程所示的生殖方式属于________。

（2）该马铃薯植株的生殖器官有[　]、[　]、[　]。图中所示的“Seed”来源于“Flower”中的________（填“子房壁”或“胚珠”）。

（3）2021年6月24日《细胞》（*Cell*）杂志报道，我国科学家黄三文团队培育出一种用种子繁殖的杂交马铃薯新品种——“优薯1号”。用种子繁殖与A过程所示生殖方式相比，优势之一是，后代________________（填“能保持母体的优良特性”或“具有双亲的遗传特性”），因而适应复杂环境的能力较强。

（4）马铃薯晚疫病是由一种叫作“致病疫霉”的真菌寄生引起的，可导致马铃薯大幅减产。由此可推测，这种真菌是靠________________（填“自己制造的有机物”或“马铃薯体内的有机物”）生活的。

（5）除了培育新品种和防治晚疫病外，请你再提出一种有利于马铃薯增产的措施：________________（提示：可联系光合作用、呼吸作用以及田间管理等方面的知识）。

情境解读：

本题以“马铃薯”为主题创设情境，设计问题，引导学生关注世界粮食问题，增强人类命运共同体意识，立意高远，具有较强的导向性。

马铃薯的块茎即俗称的土豆，是北方常见的农作物，关于土豆发芽现象、土豆的吃法等，无论城市或乡村的学生对此均有较为丰富的生活经验。以此主题来创设情境，与学生的生活实际关联度高、适切性强。

本题情境素材由多个来源的图片组合加工而成，图片来源于科普读物、网络等，美观清晰地展示了发芽的马铃薯块茎，马铃薯植株的六大器官、果实及其内部结构，自然呈现出了植物生殖、生长和发育的动态生命过程，包含的信息完整。此外，该情境素材还运用了跨学科融合的思路，将马铃薯植株的六大器官名称均以英文呈现，增加了新颖性和趣味性。

本题包括 5 个小题，分别考查绿色开花植物体的结构层次、植物的有性生殖和无性生殖、农作物的增产措施、马铃薯晚疫病病原真菌的营养方式等内容、主要涉及“生物体的结构层次”“植物的生活”和“生物的多样性”三个大概念。其中考查农作物增产措施的设问形式为开放性的简答题，学生可以从植物的光合作用、呼吸作用、田间管理等多角度进行思考作答，开放性较强。

温馨提示：

识图作答题的情境创设应注意以下方面：

1. 题中的图片情境素材必须来源可靠，特别是生物体结构示意图、生理活动示意图等图片，一般可选用不同版本教材或教学参考书中的原图，根据情境创设需求进行修改、增删。其他来源的图片一定要保证真实、可靠、清晰。

2. 图片中的各类信息序号标注要统一，不宜出现多种形式的标注，如字母、多种形式的数字等同时出现，以免给学生带来阅读困扰。要清晰简洁，利于学生提取信息和思考作答。

第九节　地理：抽象的地理概念与时代主题和学习体验水乳交融

一、课程标准要求

在《义务教育地理课程标准（2022 年版）》中谈到：“核心素养应通过学生在应对复杂现实情境时的外在表现加以推断。由此可见，复杂多变的现实世界成为评价核心素养发展水平的重要砝码。”关于情境创设，课程标准有如下表述：

1. 地理学业质量评价中的情境

情境是问题产生的背景和基础。试题情境的主题类型是指试题背景所涉及的问题或其来源，分为三种：学科情境、生活情境和学术情境。情境创设要考虑情境的真实性、适切性、多样性等。

2. 情境创设的基本要求

精选情境素材后，更为重要的是利用这些素材创设适宜的情境。情境不是可有可无的标签，而是素养立意得以实现的基石。在学业水平考试中，要注意通过创设不同情境，考查学生多层次、多角度解决问题的能力，引导学生学会认知、学会思考、学以致用。

3. 情境创设要考虑情境的真实性、适切性、多样性、契合度等

情境的真实性是指情境素材选取要源于地理环境中真实存在的具体事物或现象，情境的描述和展开符合生活常识与地理学逻辑。

情境的适切性指情境新颖但所涉及的地理事物和现象未超出初中地理范畴，具有一定的复杂性，但对其理解未超出初中学生认知发展水平。

情境的多样性是指情境类型多样，能多角度、多层次反映地理事物和现象；情境呈现方式多样，能充分利用文字、图表、地图等表达形式加以呈现。

情境的关联性即情境的契合度，是指情境契合试题立意蕴含的地理思想、价值和主题，情境蕴含问题解决所必需的地理基础指向或线索。

4. 情境创设的策略

（1）“因问设境”。情境要实现支撑问题的功能，必须体现问题导向。因此，构建情境要遵循“针对考查目标提出问题—根据问题，遴选典型素材—遵循问题线索，组织情境—着眼问题，增删信息—形成紧扣问题的完整情境”的步骤，引导学生有序地从情境中获取关键信息和思维线索，并应用知识和方法解决问题。

（2）“主题统领”。创设情境要注意主题明确，突出核心地理事物、现象和过程，形成丰富、完整、清晰的认识线索，认识线索要与考查目标、设问同处在一个主题之中，相互联系，具有整体性和明确的逻辑关系。

（3）“引发思考”。一方面要将地理概念、规律、原理融入情境；另一方面要给予学生生活和学习体验，激发学生兴趣，唤起情感共鸣，产生联想和疑问，引导学生利用已有知识和方法认识情境、解决问题。

二、情境主要来源

新课程标准提倡在不同情境中考查学生核心素养的发展水平，我们可以利用时代主题作为情境素材来源，如国家发展战略、区域发展战略、人与自然生命共同体、人类命运共同体等时代主题，其内容丰富，时代气息浓厚，能有效地承载地理学科知识与核心素养的考查。

1. 情境的分类

划分依据	主要类型
信息来源	日常生活情境、生产实际情境、地理学术研究情境
复杂程度	简单情境、复杂情境
创设目的	思维情境、认知情境、心理情境
创设形式	想象情境、问题情境、推理情境
创设手段	模拟情境、实体情境、语言情境
情境范围	学科的、个人的、区域的、全球的

2. **素材来源整理**

地理学主要包括自然地理学、人文地理学和区域地理，因此试题情境的来源可以从这三个角度的发展趋势、研究热点以及关注的重要领域来获取。

素材来源	主要方面
自然地理学	地表与全球环境变化及人类活动研究；生物地理学；全球气候变化；资源环境承载力评估；国土资源开发整治与优化；生态安全格局构建与生态文明建设等
人文地理学	人类活动与全球气候变化（粮食问题、水资源短缺、化石燃料使用、全球气候变暖等）；城乡可持续发展；经济全球化下的生产与消费；健康地理学（极端天气对健康的影响、气候变化引起的空气污染、生态系统功能和服务与健康的关系）
区域地理	区域协调发展战略（西部大开发、东北全面振兴、中部地区崛起、东部率先发展等）；建设海洋强国（海洋权益、海洋空间资源、海洋生态保护）；区域重大战略（京津冀协同发展、长江经济带发展、粤港澳大湾区建设、长三角一体化发展、黄河流域生态保护和高质量发展）；国家安全（耕地与粮食安全、水资源安全、矿产资源安全、石油安全、地质安全等）；建设美丽中国（推进绿色发展、解决突出环境问题、加大生态系统保护力度、优化国土空间开发格局、实现碳达峰和碳中和）；“一带一路”倡议；等等

3. **情境素材的选择注意事项**

通过创设不同的情境，考查学生多层次、多角度解决问题的能力，引导学生学会认知、学会思考、学以致用，要注意从不同的内容来源中选择真实、多样化的素材创设情境。

要注意利用地理与日常生活有密切联系的素材创设情境。围绕地理环境与衣食住行等创设联系日常生活的情境，引导学生在这样的情境中，从地理视角对生活现象与地理环境的联系加以解释、分析，据此观察学生在此类情境中完成相关任务的表现，能够测评学生相关素养的发展水平。

要注意利用地理与生产实际有密切联系的素材创设情境。地理与生产的联系十分密切，利用此类素材创设情境，引导学生用地理学的视角审视生产领域的某些现象，作为检测学生核心素养的表现形式。

要注意利用地理学术研究材料创设情境。地理学术研究材料一般选自地理研究文献，有些则来自地理学者的实地考察与研究案例。该类情境材料适度复杂但主题指向明确，利用这些材料创设情境，需要针对学生认知水平进行改造与简化。应以不超出初中学生认知发展水平为原则，按照情境创设的基本要求形成相应的地理学术情境，引导学生通过理解情境材料发现问题，运用已有知识储备建构解决问题的路径并加以应用。一般认为，地理学术情境试题的优势和价值在于其符合核心素养和思维能力的测评要求，有助于激发学生的科学兴趣，培养学术意识和科学精神，引导学生建构知识，解决问题。

三、经典例题解读

下面遴选经典例题，对跨学科主题学习、项目化学习、案例分析等三类题型的情境创设进行解读。

（一）跨学科主题学习类试题

“跨学科整合”是山西中考命题理论体系中提出的四大手段之一，其立足于本学科，打破学科界限，将其他学科知识有机整合，使学生对知识形成整体性和系统性认识，从而提高学生运用所学不同学科的知识解决实际问题的能力。跨学科主题学习类试题的命制是基于学生的基础、体验和兴趣，围绕某一个研究主题，以地理课程内容为主干，运用并整合其他课程的相关知识开展综合学习，具有三大特性：

1. 发展性。跨学科主题学习是从学生本体生发的，学生的基础、经验尤其是兴趣，是推动跨学科主题学习发生发展的动力，情境创设围绕学生核心素养的提升和发展水平展开，有利于对不同层次学生的核心素养发展水平进行测评。

2. 综合性。跨学科主题学习突破单一地理课程内容的应用局限，倡导跨学科内容融合，实现地理课程与其他课程内容之间的有效连接，重视学科知识与学生经验、生活世界的联系。

3. 活动性。跨学科主题学习以综合实践活动的方式进行，强调学生在学习过程中的亲身实践和积极探究，学生在发现、分析、解决问题的过程中，既能实现“做中学”，获得相应的结果性知识，又能经历知识的获得过程，掌握问题解决和地理实践的必备知识、方法与能力。

典型例题 1　（2022 · 山西）

【“冰海霸王”——北极熊】 极地地区是研究地球环境的“天然实验室”。阅读图文资料，完成下列要求。

探究一　生物与环境

北极熊即白熊，是北极地区的代表动物，素有“冰海霸王”之称。北极熊毛长而稠密，全身白色，稍带淡黄，皮下脂肪层厚达 6~7 厘米。

（1）根据北极熊的体貌特征，推测其栖息地的自然环境。（6 分）

探究二　环境与生活

北极熊栖息地示意图（略）

（2）读图，说出北极熊栖息地所涉及的大洲、大洋的名称。（4 分）

探究三　气候变化与环境

北极熊常在较低纬度陆地和较高纬度海区之间南北迁徙，海冰是其在海上觅食、繁殖、休憩的主要场所，冬季是北极熊海上捕食的黄金期，主要以海豹为食；夏季海冰大量消退时，北极熊南撤回到陆地，主食植物。近年来，由于气候变化导致极地地区环境发生变化，意味着北极熊必须游相当长的时间才能找到结实的冰层，生存环境受到极大影响。

（3）气候变化对北极熊栖息地的影响很大，简析气候变化的人为原因。（3 分）

（4）为应对气候变化、保护地球环境，提出合理化建议。（3 分）

情境解读：

本试题属于跨学科的典型案例，将地理学科和生物学学科有机融合，围绕“生物与环境”“环境与生活”“气候变化与环境”三个探究主题展开。

1. 情境创设的真实性

本试题情境一“生物与环境”的素材改编自《辞海（生物）》中有关北极熊体貌特征的描述，任务指向推测北极熊生存的自然环境。情境选取符合真实性原则。将素材进行了学科化加工后，任务指向更明确。

2. 情境创设的关联性

本试题跨学科情境的任务设置立足地理学科主干知识，情境偏向于生物学知识，但是任务指向是生物与地理环境的关系，考查了地理学科的主干知识。情境与任务之间保持着较好的关联度，从“生物与环境”到“环境与生活”再到“气候变化与环境”，情境设置呈现出逻辑递进关系，确保情境的完整性和任务设置的高度关联性。

3. 情境创设的适切性

本试题在设计情境时查阅了生物学的课程标准，找到与地理课程内容要求的交叉点，考虑到学生的认知水平和理解能力，在情境素材的加工处理上围绕课标要求，避免增加学生的阅读负担，突出考查重点，增强试题的适切性。

4. 情境创设的多样性

“环境与生活”通过北极熊栖息地的分布图，让学生写出其栖息地所涉及的大洲，以图代替文字说明，体现出情境的多样性，能有效地考查学生运用所学知识发现、处理和解决复杂情境中问题的能力。

5. 情境创设的导向性

“气候变化与环境”情境素材的选取以北极熊生活场所中海冰的数量变化危及北极熊的生存环境为切入点，任务指向“极地气候变化的人为原因，及为应对气候变化、保护地球环境提出合理化建议”，引导学生通过探究人类活动与地理环境的关系，认识到生态环境是脆弱的，形成保护地球家园的观念以及关心世界的态度，加强责任担当意识。

温馨提示：

跨学科主题学习类试题可以加强学科间的相互关联，引导学生将不同学科的知识、方法融会贯通来认识这个世界，探究现实问题，考查学生综合运用所学知识解决现实世界真实问题的能力。命制此类试题时应注意：

1. 注重真实任务情境的创设。跨学科试题的根本价值在于高质量地与真实生活对接，因此命制跨学科试题首先要把多学科知识融于鲜活的具有挑战性的、与学生生活相关的真实任务情境与问题中。

2. 加强多学科融合下的问题设计。跨学科试题命制的关键是找准不同学科之间的融合点，问题设计要真实、自然，有助于学生综合运用所学知识解决问题。同时也要注意跨学科整合设计的学科概念、方法必须严谨，经得起推敲。

3. 关注高阶思维能力的考查。高阶思维是指发生在较高认知水平层次上的心智活动或认知能力，它在教学目标分类中表现为分析、综合、评价和创造。命制跨学科综合试题，意味着站在更宏观、更综合的角度去考查学生的认识，往往更关注高阶思维能力的考查，引导学生在不同学科领域之间建立更完整的知识体系，引发更有深度的思考。

（二）项目化学习类试题

1. 侧重考查地理学科核心素养。地理实践活动是培养学生地理核心素养的重要手段。作为地理实践活动的重要载体，项目化学习类试题在情境创设与任务设置时，要侧重考查信息搜集处理能力、创新能力、问题解决能力，评价学生对问题的认知深度及其核心素养的发展水平。

2. 贴近学生生活实际。课程标准中明确指出项目式学习的主题和内容，包括生态文明建设、环境保护、资源利用、家乡环境与人们生产生活的变化、乡村振兴等方面真实存在的事物和现象。选择素材时要深入研究地理课程标准，关注它与其他各学科课程内容的交叉点来确定主题；结合当地或国家时事热点来确定主题；追溯科学发现史来确定主题。通过此类项目化学习试题的命制，将丰富的地理素材与鲜活的地理活动有机结合，促使学生在做中学、做中考，获得并积累学习经验，引导学生关心并乐于探究现实中的地理问题。

3. 符合学生年龄特点。项目主题和内容的情境创设依据学生的认知基础和成长规律，充分考虑学生的生活经验和差异性，项目涉及的跨学科知识也需要与其他学科的课程标准相匹配。

4. 聚焦真实问题的发现和解决。项目化学习的情境选取要源自真实的复杂世界，引导学生关注社会发展，建构理想生活，同时确保情境的创设有意义、有探究纵深，情境有一定的思维含量，通过高度精练的问题将真实问题学科化，引导学生从学科角度予以分析和解决。

5. 体现鲜活的实践性。项目化学习有别于其他类型的学习过程，其突出特点就是实践性。情境的创设和任务的设置要让学生体验“认知—实践—深化认知”这一完整的地理实践过程。情境的创设基于学生真实的体验，引导学生观察身边的地理环境与人类活动，从地理的视角发现问题，感悟人地关系。通过科学探究解决问题，构建地理学习内容间的知识体系，强化地理思维，养成求真求实的科学精神。

典型例题 2　（2023 · 山西）

【项目化学习】

项目主题　我的校园　我的家

项目背景　某中学校园内在连续较长时间降水或遇暴雨天气后，部分区域路面常会出现积水，给师生的学习生活带来不便。为解决这一问题，地理小组以“我的校园　我的家”为主题，开展项目化学习。

任务一　实地调查

小组成员测量并绘制了校园平面图。某次较强降水后，同学们找到积水位置，并把积水明显的区域标记在图中相应位置。

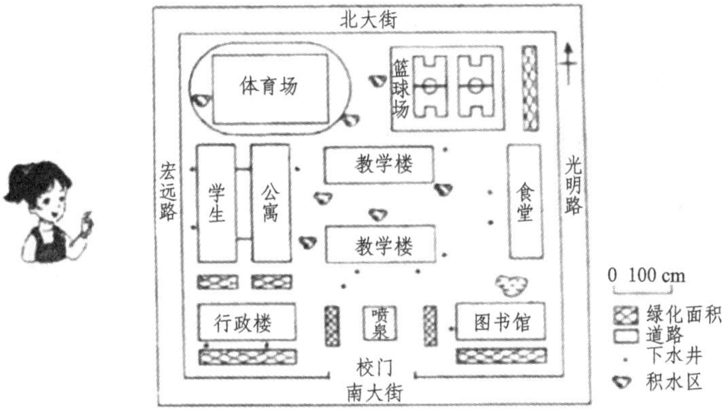

（1）调查发现有植被覆盖的区域积水现象不明显，试简要分析原因。（2 分）

任务二　分析探究

同学们收集了所在城市的气候资料，如下表：

月份	1	2	3	4	5	6	7	8	9	10	11	12
平均气温（℃）	−3.4	0.6	8.3	12.1	19.9	23.5	23.1	22.5	18.0	10.2	4.3	−4.9
降水量（毫米）	3.0	5.6	11.2	22.0	34.1	52.2	109.3	99.4	62.0	28.1	12.9	2.9

（2）根据资料，在图中补充绘制该市年降水量柱状图。（3 分）

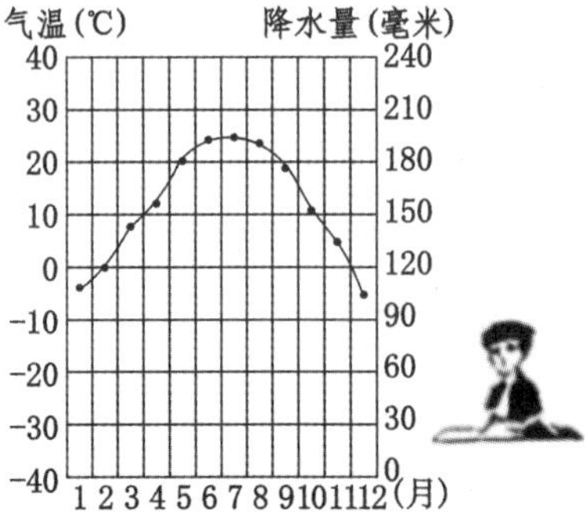

（3）说出校园最可能出现积水的时段，并从气候角度简要说明原因。（4 分）

（4）调查结论：校园积水主要与地面状况和______有关。（2 分）

（5）为创建良好的校园环境，请给学校有关部门提出改进方案。（2 分）

情境解读：

1. 情境创设的真实性

本试题以“我的校园 我的家”为项目主题。在情境素材的加工上，坚持以地理课程标准为主干，运用并整合相关学科的内容与方法，创设便于学生理解的真实情境，在有限的卷面中提供“具体、真实的世界”。以“解决学校积水问题”作为项目任务，通过“绘制校园平面图、校园实地调查积水位置并在地图上作标记”等一系列真实情境的设置，既能有效引发学生对社会生活的关注和真实体验，激发学生的兴趣，同时也能有效测量学生运用所学知识发现、处理和解决真实情境中问题的能力。

2. 情境创设的适切性

试题的考查内容以学习项目的形式呈现，其内容应符合学生的知识储备和认知规律，解决方案的提出和成果展示的方式契合学生的能力发展水平。情境任务的设置以课程标准为唯一依据。下表列出了本试题涉及的主要课程内容。

内容模块	内容要求	情境任务设置
认识全球 主题三 地球的表层	阅读某地区气温、降水数据资料，并据此绘制气温曲线和降水量柱状图，说出气温与降水随时间变化的特点	查阅气候资料，绘制降水量柱状图
		推测积水出现的时间，并从气候角度分析原因
	结合实例，说明天气和气候对人们生产生活的影响	校园积水问题影响师生的学习生活
认识区域 主题五 认识中国	运用地图和相关资料，简要归纳中国地形、气候、河湖等的特征；简要分析影响中国气候的主要因素	推测积水出现的时间，并从气候角度分析原因
	运用地图和相关资料，描述中国主要的自然灾害和环境问题；针对某一自然灾害或环境问题提出合理的防治建议；掌握一定的气象灾害和地质灾害的安全防护技能	请给学校有关部门提出改进方案
	举例说明家乡环境及生产发展给当地居民带来的影响和变化，并尝试用绿色发展理念，对家乡的发展规划提出合理化建议，增强热爱家乡、建设家乡的意识	
地理工具与 地理实践	在地图上辨别方向，判读经度和纬度，量算距离，识别图例所表示的地理事物或现象，并描述地理事物或现象的空间分布特征	绘制校园平面图并标注积水位置
	根据需要选择适用的地图，查找所需要的地理信息，养成使用地图的习惯	

3. 情境创设的关联性

试题情境与任务设置是否保持高度的关联度，在一定程度上反映了试题的品质。本题首先从“校园积水”这一生活问题引入，要求找到积水位置在哪（地图的使用），进一步探究为什么会出现积水（天气和气候对人类的影响），什么时间最容易出现（我国气候的主要特征及影响因素）。将生活问题学科化处理，任务的设置符合真实的项目化学习过程，情境创设环环相扣，问题不断深入，思维含量不断提升。

任务一通过查阅地图、识别图例来发现积水位置，进而分析积水与地面状况的关系。学生必须将情境素材进行内化，并结合生物学课程中“森林的功能”等跨学科知识，对自身知识结构进行重组形成新的知识。这在一定程度上满足了测评学生解决复杂现实问题的能力要求。

任务二和任务三将考查学生绘制图表的能力巧妙地融入情境中，要求对知识的学习不仅“会”，还得“用”，情境、任务与目标高度关联。

4. 情境创设的多样性

本题从地理、生物学、数学等学科多角度考查学生综合运用知识解决现实生活中问题的能力。此外，试题素材利用文字、图片、地图等方式加以呈现，更好地激发学生兴趣，关切学生考场体验，也更有利于考查不同学习程度的学生多层级的思维发展水平。

5. 情境创设的导向性

本题最后一个任务设置“向学校有关部门提出改进方案”，作为项目化学习的成果展示，在体现了项目化学习完整性的同时，也潜移默化地培养学生从地理的视角关注校园环境、关注身边事，呼应主题——做校园的主人。

试题采用项目化学习的方式，通过创设鲜活的生活情境和丰富多样的地理活动，将地理课程标准的学科性和生活性有机结合，促进学生获得并积累学习经验，培养学生探究现实中地理议题的广泛兴趣和能力，从而将地理学科核心素养落在实处。

温馨提示：

命制此类试题时，应重点关注以下两个方面：

1. 情境创设要与课程内容高度契合。项目学习围绕问题来设置情境，驱动问题的好坏是项目学习类试题成功与否的关键。好的情境创设和任务设置必须与课程中的内容要求契合度高，考查学生掌握课程标准要求的知识、技能和方法，且能体现项目主题，吸引学生参与到项目中来。因此在情境创设、素材选取和加工时，要严格依据课标要求，避免为了“项目化”而“项目化”。

2. 确保学生在解决实际问题中发生真正意义上的学习。项目化学习类试题的最后一个任务设置是成果展示，往往以开放性的试题呈现。故在任务创设时要注意实际可操作性，且试题设问的限定词要准确，学生解决此问题所经历的学习过程不是胡乱猜想，也不是异想天开，而是需要建立假设、寻找聚合性证据来支撑说明自己的设想，从而促进核心素养的全方位发展，以确保真正意义上的学习发生。

（三）案例分析题

1. 案例分析类试题是真实世界的浓缩反映，也是地理试题命制的一种常规类型。此类试题帮助学生形成问题意识，能够在世界、中国、家乡出现的一系列问题中，发现人口、资源、环境问题，有助于考查学生在处理复杂真实的任务情境时分析、解决问题的能力。

2. 素材选取范围广泛。此类试题情境的选取多取自与日常生活、生产实际密切相关的内容，贴近学生的生活体验，引导学生从地理视角对生活、生产中的一些现象或事物加以解释、分析；或是利用学术研究材料来创设情境，激发学生的科学兴趣，培养学术意识和科学精神，引导学生建构知识解决问题。

3. 有助于测评学生综合思维的发展水平。真实生活中的现象或事物背后的原因往往是多方面的，学生作答时必须调用已学的知识，对情境素材进行加工、分析，重新构建新的知识体系来对这些问题的成因与结果进行分析，并且能够进行简要的评价，从而落实对核心素养中综合思维能力发展水平的测评。

典型例题 3　（2023 · 山西）

【中国智慧　中国方案】“十四五”是我国落实“双碳”目标的关键期、窗口期，我国能源行业加快转型。新能源及其相关产业成为经济高质量发展的新引擎。阅读图文资料，完成下列要求。

探究一　能源革命　势在必行

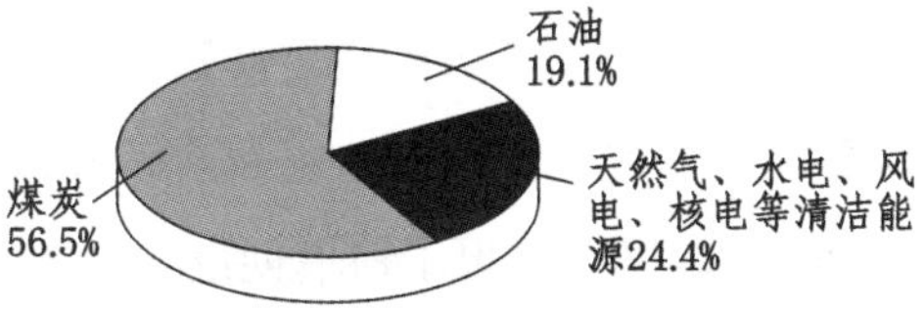

我国 2020 年能源消费结构示意图

（1）说出我国 2020 年消费占比最大的能源以及对环境造成的影响。（3 分）

探究二　以智创新　领跑全球

我国新能源汽车产销连续 8 年保持全球第一，是现阶段重点发展的战略性新兴产业。总部位于深圳的我国某汽车企业，以技术突破为基础，成为 2022 年全球新能源汽车销量冠军。

中国主要工业中心和工业基地示意图（略）

（2）说出深圳所在工业基地的名称，并简述其发展的有利条件。（5 分）

探究三　绿色方案　惠及世界

发展新能源汽车是我国应对气候变化，推动绿色发展的战略举措。“中国造”新能源汽车正成为中国工业的又一闪亮名片，为世界贡献中国方案。

（3）举例说明发展新能源汽车的重要意义。（2 分）

（4）小明家计划在传统燃油车和新能源汽车中选择一种购买，请给出建议并说明理由。（2 分）

情境解读：

1. 情境创设的多样性

地理课程标准明确提出，试题命制要重视创设真实任务情境，以便更全面地考查学生的地理学科核心素养。下表列出了本试题中的情境类型。

情境类型	具体表现
学术性情境	2020 年我国能源消费结构图
生产性情境	我国某企业新能源汽车销售全球第一
生活性情境	家庭购车建议

本题从情境选择的角度来看，将学术性情境、生产性情境和生活性情境融合呈现以突出试题情境创设的多角度；情境素材的选取包括图表、地图和文字等方式，形式多样，更容易激发学生的学习兴趣。

2. 情境创设的适切性

试题中第一个素材“2020 年我国能源消费结构饼状图”属于学术性情境，考虑到学生的认知发展水平，从初稿中用文字描述的形式改为饼状图的方式呈现，丰富情境素材呈现方式的同时，更符合八年级学生的认知发展水平，降低了学术材料的阅读难度，突出了情境创设的问题指向。

课程标准对中国工业这一内容的要求是“借助地图和相关资料，举例描述中国工业的分布，并用实例说明科学技术在产业发展中的重要作用”。在对情境素材进行加工时，加入了“位于深圳”这一限定词，并且在地图上突出了该企业的位置信息，任务设置为深圳所在的工业基地名称。这样对素材进行增删降低了任务难度的同时，又考查了学生从资料中获取信息的能力，使得任务指向更符合课程标准要求。

3. 情境创设的真实性

本题的情境素材不仅参考了《半月谈》等主流媒体的新闻报道，还结合了学术研究数据，是典型的跨学科领域的情境。情境来源真实，有助于引导学生利用地理的眼光去观察世界，也符合山西省中考命题“一核·六维·四手段”中真实任务情境的要求。

4. 情境创设的关联性

本题在情境创设时，十分注重情境素材的呈现顺序，从而体现任务的进阶。情境一从对“能源消费结构饼状图”的分析找出我国能源消费结构特点，并由此得出能源转型势在必行的观点。情境二利用“我国新能源汽车产业的发展成就”的文字素材，结合中国工业中心和工业基地的分布图，分析珠江三角洲工业基地发展汽车产业的有利条件，有效测量学生地理学科核心素养中综合思维和区域认知素养的发展水平。情境三从“绿色方案惠及世界”的文字情境中，提出我国发展新能源汽车的重要意义，有助于学生形成全球视野，将试题的育人价值潜移默化地植入任务中。最后的点睛之笔将情境与任务融合呈现：“小明家想在传统燃油车和新能源汽车中选择一种购买，请提出建议并说明理由”，用开放性的任务设置将情境从全球拉回学生的生活，表达观点符合学生的认知水平和能力水平。情境与任务之间衔接自然，既体现了国际视野、家国情怀，又导向了健康生活、勇气担当的个人价值。

5. 情境创设的导向性

地理学科承载着生态文明教育的重要功能。本试题在“双碳”时代背景下，通过“能源转型 势在必行”“以智创新 领跑全球”“中国方案 惠及世界”三个素材的展示，包含了与国家安全相关的忧患意识、保护国家生态环境的责任意识、促进社会可持续发展的绿色低碳理念，并且集中展示了我国工业的发展成就，引导学生树立国家自豪感和民族自信心，有助于学生在生活中践行低碳行为，树立绿色发展的生态观念，具有较强的育人价值。

温馨提示：

1. 情境素材的选取应与课程目标一致。案例分析类试题的情境来源多样，命制试题时容易出现“因境设问”的情况，使得情境任务与课标要求的不一致，导致考查目标的偏差。因此选取素材时要注意将学科知识与情境材料相融合，让学生感受学科知识与生活、生产实际和学术情境的一致性，真正做到运用已有知识解决实际问题，通过作答测量出学生地理核心素养的发展水平。

2. 情境素材的选取与学生的认知水平一致。案例分析类试题最大的特点就是它是真实生活的浓缩反映，但是真实的问题情境往往是复杂的不良结构，如果素材取舍不当，会导致情境素材与学生的认知水平不匹配，从而造成学生的阅读障碍，难以激发学生自主探究的欲望等。此类试题命制时要注意情境选取应兼顾到大多数学生的生活体验和认知水平，将学科知识融于生活、生产和学术情境中，考查学生的综合思维素养水平。

3. 情境任务的呈现要有梯度。案例分析题的情境创设往往包含两到三个子情境，在编排顺序时要注意情境的顺序符合学科内在逻辑，符合事物发展和思维进程的逻辑。任务设置因由易到难，关注到不同学习程度的学生，考查学生地理核心素养的发展水平。

参考文献

[1]李萍.中考命题技术研究蓝皮书[M].太原:山西教育出版社,2022.
[2]中华人民共和国教育部.义务教育语文课程标准[M].北京:北京师范大学出版社,2022.
[3]中华人民共和国教育部.义务教育物理课程标准[M].北京:北京师范大学出版社,2022.
[4]中华人民共和国教育部.义务教育历史课程标准[M].北京:北京师范大学出版社,2022.
[5]中华人民共和国教育部.义务教育道德与法治课程标准[M].北京:北京师范大学出版社,2022.
[6]中华人民共和国教育部.义务教育数学课程标准[M].北京:北京师范大学出版社,2022.
[7]中华人民共和国教育部.义务教育英语课程标准[M].北京:北京师范大学出版社,2022.
[8]中华人民共和国教育部.义务教育化学课程标准[M].北京:北京师范大学出版社,2022.
[9]中华人民共和国教育部.义务教育地理课程标准[M].北京:北京师范大学出版社,2022.
[10]中华人民共和国教育部.义务教育生物学课程标准[M].北京:北京师范大学出版社,2022.4
[11]罗少茜,张玉美,赵海永.语言测试与评价:理论与实践[M].北京:外语教学与研究出版社,2021.
[12]刘润清,胡壮麟.语言测试和它的方法(修订版)[M].北京:外语教学与研究出版社,2010.
[13]李萍,刘庆昌.山西中考命题研究蓝皮书[M].太原:山西教育出版社,2019.

[14]李萍. 中考语文命题研究蓝皮书(2021)[M]. 西安:世界图书出版公司,2020.
[15]李萍. 中考数学命题研究蓝皮书(2021)[M]. 西安:世界图书出版公司,2020.
[16]李萍. 中考英语命题研究蓝皮书(2021)[M]. 西安:世界图书出版公司,2020.
[17]李萍. 中考物理命题研究蓝皮书(2021)[M]. 西安:世界图书出版公司,2020.
[18]李萍. 中考化学命题研究蓝皮书(2021)[M]. 西安:世界图书出版公司,2020.
[19]李萍. 中考道德与法治命题研究蓝皮书(2021)[M]. 西安:世界图书出版公司,2020.
[20]李萍. 中考历史命题研究蓝皮书(2021)[M]. 西安:世界图书出版公司,2020.
[21]许芬英等. 数学命题技术研究[M]. 杭州:浙江教育出版社,2017.
[22]苏耀忠,石颐园,张峰,等. 坚持素养立意 重视“四基”“四能” 关注实践创新——2022年山西省初中学业水平考试数学试题分析[J]. 教育理论与实践,2022. 42(32):13—17.
[23]韩震,万俊人. 义务教育道德与法治课程标准(2022年版)解读[M]. 北京:高等教育出版社,2022.
[24]朱志平. 全国初中学业水平考试典型试题案例集——(2018—2019)道德与法治[M]. 北京:人民教育出版社,2019.
[25]陈伟国,何成刚. 历史教育测量与评价[M]. 北京:高等教育出版社,2003.
[26]周继荣,武燕珍,狄峰,等. 立德树人 彰显学科育人价值 素养立意 提升学生综合能力——2022年山西省初中学业水平考试历史试题分析[J]. 教育理论与实践,2023. 43(02):7—11.
[27]徐蓝,马敏. 义务教育历史课程标准(2022年版)解读[M]. 北京:北京师范大学出版社,2022.
[28]吴慧娟. 例谈初中历史情境创设策略[J]. 中学历史教学参考,2022(23):67—69.